George Macleod

Homöopathischer Ratgeber
HUNDE

George Macleod

HOMÖOPATHISCHER RATGEBER

HUNDE

Erprobte Rezepturen

Übersetzung: Gerald Bosch

Titel der englischen Originalausgabe:
DOGS: Homoeopathic Remedies
© George Macleod 1983
Erschienen 1989 bei C. W. Daniel
Company Limited
1 Church Path, Saffron Walden
Essex, CB10 1JP, England

Die Deutsche Bibliothek –
CIP-Einheitsaufnahme

Macleod, George:
Homöopathischer Ratgeber Hunde:
erprobte Rezepturen / George Macleod.
Übers.: Gerald Bosch. –
München; Wien; Zürich: BLV, 1992
  Einheitssacht.: Dogs: homoeopathic
  remedies 〈dt.〉
  ISBN 3-405-14272-5

BLV Verlagsgesellschaft mbH,
München Wien Zürich
8000 München 40

Deutschsprachige Ausgabe:

© 1992 BLV Verlagsgesellschaft mbH,
München

Übersetzung aus dem Englischen:
Gerald Bosch
Bearbeitung und Redaktion:
Inken Kloppenburg Verlags-Service,
München
Lektorat: Dr. Friedrich Kögel
Herstellung: Sylvia Hoffmann
Einbandgestaltung:
Studio Schübel, München
Einbandfoto: Pictor International

Gesamtherstellung: F. Pustet, Regensburg

Printed in Germany · ISBN 3-405-14272-5

WICHTIGER HINWEIS

Die Ratschläge und Behandlungsmethoden in diesem Buch beruhen auf langjährigen Erfahrungen des Autors. Sie sollen es ermöglichen, selbst Heilmittel auszuwählen und in verantwortungsvoller Weise zu behandeln. Jeder Fall kann jedoch individuelle Unterschiede aufweisen, so daß nicht jede Aussage uneingeschränkt gültig ist. Bei der Vielzahl an Einzelaspekten und den sich daraus ergebenden Verknüpfungen kann das Werk trotz sorgfältiger und umfassender Darstellung keinen Anspruch auf Vollständigkeit erheben. Bei Unsicherheiten oder Komplikationen ist deshalb unbedingt der Besuch beim Tierarzt angezeigt.

Inhalt

Aus dem Vorwort des Autors

Das vorliegende Buch entstand, weil immer mehr homöopathisch orientierte Hundebesitzer und -züchter ihren Wunsch nach einem solchen Buch geäußert haben, in dem die häufigsten Krankheiten und Leiden der Hunde in ihren Grundzügen, aber dennoch detailliert aufgeführt sind. Selbstverständlich kann auch der »Homöopathische Ratgeber Hunde« nicht alle homöopathischen Arzneimittel berücksichtigen und aufzählen, die je nach vorliegenden Symptomen bei einer bestimmten Krankheit benötigt werden. Diejenigen Mittel, die hauptsächlich eingesetzt werden, wird man jedenfalls hier finden. Die angegebenen Potenzen verstehen sich nur als Richtlinie, denn je nach Symptomen braucht der kranke Hund manchmal ein Mittel in höherer oder tieferer Potenz. Als Faustregel kann man mit Tiefpotenzen (z. B. D6) weniger akute Erkrankungen behandeln, während Hochpotenzen für den akuten Krankheitszustand benötigt werden. Ob ein Mittel erneut gegeben werden muß, hängt stark davon ab, wie das Tier auf die Behandlung anspricht oder wie schnell die Krankheit fortschreitet. Bei einer akuten Krankheit gibt man drei bis vier Gaben innerhalb von 24 Stunden, bei weniger akuten Erkrankungen hingegen zwei Gaben pro Woche. Vielfach hängt die genaue Dosierung vom jeweiligen Hund ab, und daher sollte immer ein Fachmann zu Rate gezogen werden.

Geben Sie dem Hund seine Medizin immer direkt auf die Zunge, am besten mit Hilfe eines Löffels. Sehr gut lassen sich Pulver verwenden. Tabletten verabreicht man besser zusammen mit anderer Nahrung, z. B. mit einem Hundekuchen oder Zwieback. Arzneien sollten kühl und trokken gelagert werden und keinen Sonnenstrahlen oder stark riechenden Substanzen (Kampfer, Parfüm) ausgesetzt sein. Tablettenfläschen immer nach Gebrauch gut verschließen!

Wenn eine Urtinktur (∅) äußerlich angewandt wird, sollte sie nie unverdünnt benutzt werden. Das gilt insbesondere für äußerliche Behandlungen am Auge oder der Schleimhäute. Ein Tropfen ∅ wird zu einem Teelöffel Wasser gegeben, und anschließend träufelt man diese Mischung mit Hilfe einer Pipette in das erkrankte Auge.

Zu guter Letzt noch einige Dankesworte: Insbesondere möchte ich mich für die Unterstützung und Aufmunterung der »Homoeopathic Development Foundation« bedanken, die mir mit manchem Ratschlag zur Seite stand und auf viele unklare Punkte verwiesen hat. Ferner gilt mein Dank Mrs. Diana Killick, die das Manuskript trotz zahlreicher recht außergewöhnlicher Fachausdrücke standhaft und unermüdlich getippt hat.

Lindfield, George Macleod

Vorwort zur deutschen Übersetzung

Mit dem »Homöopathischen Ratgeber Hunde« liegt dem Leser und Hundefreund ein sehr umfangreiches Werk über die Einsatzmöglichkeiten der einzelnen Arzneimittel bei den verschiedensten Hundekrankheiten vor. Besonderheiten bei der Wahl der Potenzen, aber auch in der Nomenklatur der Materia medica (wie beispielsweise eine unterschiedliche englische und deutsche Bezeichnung für das gleiche homöopathische Mittel) wurden bei der Übersetzung berücksichtigt. Da auch im Deutschen manchmal für ein Mittel mehrere Bezeichnungen nebeneinander existieren, habe ich die Begriffe aus »Homöopathische Arzneimittelverzeichnis – Remedia homoeopathica« (herausgegeben von der Deutschen Homöopathischen Union [DHU], Karlsruhe; Ausgabe 8, 1991) verwendet, um eine einheitliche Linie zu finden. Die herkömmlichen Namen wurden als Synonyme gekennzeichnet und in Klammern hinter den modernen Namen gestellt, z. B. *Natrium chloratum* (syn. *Natrium muriaticum*). Bei besonders »populären« Namen, deren neue Bezeichnungen sich noch nicht durchgesetzt haben, wurde ausschließlich der alte Name benutzt, z. B. *Silicea* statt *Acidum silicium* oder *Arsenicum album* statt *Acidum arsenicosum*.

Da in England überwiegend C-Potenzen verwendet werden, in Deutschland jedoch fast ausschließlich D-Potenzen üblich sind, wurden bei der Übersetzung – nach Rücksprache mit dem Autor – alle C-Potenzen in D-Potenzen geändert. Im Bereich der tiefen und mittleren Potenzen (bis C 200) ist dies auch problemlos möglich. Gelegentlich werden Potenzen wie M1 oder M10 auftauchen. Dabei handelt es sich um eine traditionelle Abkürzung für die Hochpotenz C 1000 (in Anlehnung an die römische Ziffer M für 1000).

Alle Potenzangaben verstehen sich nur als Empfehlung. Im Zweifelsfall ersetzt die homöopathische Behandlung keinesfalls den Gang zum Tierarzt. Insbesondere wenn Sie noch wenig Erfahrung mit der Homöopathie und den möglichen Krankheitssymptomen besitzen, sollte unbedingt ein Fachmann zu Rate gezogen werden.

Ein Wort noch zu den Nosoden: Häufig zählt der Autor Nosoden auf, die ganz individuell zusammengestellt sind, z. B. gegen einen bestimmten Erreger. Sofern diese Nosoden im HAB aufgeführt sind, sollte eigentlich jede Apotheke in der Lage sein, sie Ihnen zu beschaffen.

An dieser Stelle möchte ich mich sehr herzlich bei Frau Dr. Barbara

Rakow (Zeil am Main), Herrn Dr. Hoffmann (DHU Karlsruhe), Herrn Ulrich Janowitz (Weeze), Herrn Thomas Lück (Gelsenkirchen) sowie den Apothekern Werner Lau (Schleswig), Dietrich Höhn und Christian Emmerich (Düsseldorf) für hilfreiche Ratschläge und Hinweise bedanken.

Düsseldorf, Gerald Bosch

Einführung

Homöopathie – Was ist das?

Für diejenigen Leser, die kaum oder gar keine Kenntnisse über Homöopathie besitzen, ist eine Kurzbeschreibung ihrer Grundlagen erforderlich, damit sie die Rolle der einzelnen Arzneien während der Behandlung richtig verstehen.

Die Homöopathie ist ein Zweig der Medizin. Sie geht davon aus, daß eine Substanz, die in einem Menschen oder Tier die Symptome einer Krankheit hervorruft, auch zur Behandlung eines Leidens eingesetzt werden kann, das ähnliche Symptome aufweist. Besondere Betonung wird auf das Prinzip der Ähnlichkeit zwischen Krankheitszustand und Arznei gelegt. Wenn man davon ausgeht, daß die Krankheit und das Erproben der Arznei an einem Gesunden zwei unterschiedliche klinische Bilder darstellen, dann sollte man während der Behandlung so weit wie möglich bemüht sein, das eine Bild mit dem anderen in Übereinstimmung zu bringen. Je stärker die Annäherung (oder Ähnlichkeit) zwischen den beiden Bildern gelingt, desto größer wird die Wahrscheinlichkeit, daß die Behandlung erfolgreich verläuft. Beim Menschen läßt sich dies leichter durchführen als bei Tieren, da der Veterinär die subjektiven (psychischen) Krankheitssymptome, die nur vom Menschen geäußert werden können, von einem kranken Tier nur mit großen Schwierigkeiten oder überhaupt nicht erfährt. Bei der homöopathischen Behandlung eines erkrankten Menschen spielen die psychischen Krankheitssymptome (Geist- und Gemütssymptome) eine bedeutende Rolle.

In der Kleintiermedizin wird dieses Problem durch die genaue Beobachtung gelöst: Wie reagiert z. B. ein Hund (bzw. eine Katze) in einer bestimmten Situation, wie auf andere Tiere, Menschen, auf Lärm usw.? Die so gewonnenen Erkenntnisse können in gewissem Maß die mangelnde sprachliche Verständigung aufwiegen. Unter bestimmten Umständen kann man sich eventuell auch in die Gemütslage des Tieres versetzen – beispielsweise in die Haut eines Hundes, der Trauer wegen des Verlustes eines Kameraden empfindet, oder der sich, vorübergehend von seinem Herrchen getrennt, in einer Kleintierpension aufhält, oder vielleicht nach einer Operation unter einem »psychischen« Schock steht.

Homöopathische Arzneimittel sind Naturprodukte

Homöopathische Arzneimittel werden aus allen möglichen natürlichen Quellen gewonnen; sie kommen beispielsweise aus dem Tier- und Pflanzenreich, können aber auch Mineralien und Mineralverbindungen sein. [Neuerdings finden in zunehmendem Maße auch synthetische organische Verbindungen, z. B. Chloroform (*Chloroformium*) in der Homöopathie Verwendung.] Die Homöopathie wird häufig (ziemlich irreführend) als Pflanzenheilkunde bezeichnet. Diese Gleichsetzung liegt jedoch weit von der Wahrheit entfernt, wie es sich bei näherem Hinsehen rasch zeigen wird. Zwar bedient sich die Pflanzenheilkunde sehr erfolgreich zahlreicher Heilpflanzen, sie ist aber nicht in der Lage, deren innere »Werte« in der gleichen Weise wie die Homöopathie zu nutzen.

Herstellung der Arzneimittel

Die Herstellung homöopathischer Arzneimittel ist ein wissenschaftlicher Prozeß und sollte am besten von einem qualifizierten Apotheker durchgeführt werden, der mit dieser besonderen Technik gut vertraut ist. Schließlich ist es in der Homöopathie von großer Wichtigkeit, daß die Arzneimittel nur aus den besten Zutaten hergestellt werden. Kurz gesagt: Das homöopathische System beruht auf einer Reihe von Verdünnungen und Schüttelvorgängen (von denen später noch die Rede sein wird), so daß selbst eine giftige Substanz gefahrlos verwendet werden kann.

Zur Herstellung einer potenzierten Arznei wird ein Tropfen einer Urtinktur (∅), die aus pflanzlichem oder anderem biologischen Material gewonnen wird, zu neun Tropfen einer Wasser-Ethanol-Mischung gegeben. Die so entstandene Verdünnung wird mechanisch durch sog. Schüttelschläge durchmischt. Dieser Vorgang ist für die Herstellung wesentlich und verleiht dem Medium die stabilisierende Kraft. Ein Gemisch aus einem Teil Urtinktur und neun Teilen Wasser-Ethanol-Mischung wird als 1. Potenz oder D1 bezeichnet; man spricht auch von der Dezimalpotenz. Durch wiederholtes Verdünnen und Schütteln erzielt man höhere Potenzen, die mehr Kraft während des Prozesses freisetzen. Die Homöopathie wird deshalb als eine Form der Medizin geschätzt, die sich mit der Kraftsteigerung und nicht mit der stofflichen Dosierung einer Droge auseinandersetzt. Außer der Dezimalpotenz gibt es noch die Centesimalpotenz oder C1, wie es beispielsweise in den USA, Großbritannien oder Frankreich üblich ist. Hierbei wird ein Teil Urtinktur mit 99 Teilen Wasser-Ethanol-Mischung verdünnt. Weitere Potenzen, wie die Korsakoff-Potenzen (CK) oder die sog. LM-Potenzen, sollen an dieser Stelle nur erwähnt, aber nicht weiter erläutert werden, da sie in diesem Buch nicht verwendet werden. Gelegentlich werden Potenzen wie M1 oder M10 auftauchen. Dabei handelt es sich um eine traditionelle Abkürzung für die sehr hohe Potenz C1000 (in Anlehnung an die römische Ziffer M für 1000).

Wenn die Potenz D6 erreicht ist, was einer Verdünnung von 1 : 1 000 000 entspricht, sind alle giftigen oder schädlichen Wirkungen einer Substanz verflogen und nur ihre Heilkräfte übriggeblieben.

Auswahl der Potenzen

Wenn man sich für das »ähnlichste« Mittel entschieden hat, stellt sich nun die Frage, welche Potenz am besten geeignet ist. Grundsätzlich sollten nach den Erfahrungen des Autors höhere Potenzen, die kräftiger als die niedrigen sind, bei akuten Infektionen oder Krankheitsbildern eingesetzt werden, während sich niedrigere Potenzen eher für chronische Zustände – mit oder ohne sichtbare pathologische Symptome – eignen. Gelegentlich gibt es auch davon abweichende Erfahrungen. Viele Ärzte neigen sogar generell eher dazu, niedrigere Potenzen zu verschreiben.

Die Potenzangaben zu den einzelnen Medikamenten im Text, die bei verschiedenen Erkrankungen verschrieben werden können, verstehen sich nur als Richtlinien. Bei höheren Potenzen als den hier angegebenen sollte unbedingt ein Fachmann zu Rate gezogen werden.

Verabreichung der Arzneimittel

Die Arzneimittel werden in fester Form als Tabletten (Pressung), Streukügelchen (Globuli) und Pulver (Verreibungen), in flüssiger Form als Tinkturen und Lösungen (Tropfen) im Handel angeboten. Wenn man bei einer Behandlung tatsächlich zu Medikamenten greifen muß, sind Hunde im allgemeinen kooperativer als Katzen; eine Patentlösung, die auf jedes Tier zutrifft, gibt es allerdings nicht.

Der Halter eines Tieres muß vor der Behandlung selbst entscheiden, welche Darreichungsform für seinen Liebling am geeignetsten ist. Manche Hunde oder Katzen schlucken bereitwillig Tabletten, andere eher ein Pulver, und andere wiederum nehmen ihre Medizin nur in flüssiger Form mit Hilfe einer Flasche oder Spritze ein. Bei extremen Problemfällen kann die Arznei mit dem Futter vermischt werden. Dies ist zwar nicht die ideale Lösung, jedoch hat sich in der Praxis gezeigt, daß die Arzneimittel ihre übliche volle Wirkung auch entfalten, wenn sie auf diese Weise verabreicht werden.

Vor allem sollte man vermeiden, das kranke Tier einem unnötigen Streß auszusetzen. Und wenn Maunz und Strupi ihre Arznei wirklich nicht schlucken wollen, kann sie immer noch zusammen mit dem Futter verabreicht werden.

Aufbewahrung der Arzneimittel

Die Arzneimittel sind von ihrer natürlichen Beschaffenheit her sehr empfindlich. Daher können sie unversehens durch Geruchsübertragung streng riechender Substanzen, wie beispielsweise Kampfer oder Desinfektionsmittel, aber auch durch starke Sonneneinstrahlung leicht verändert oder zerstört werden. Deshalb ist es von großer Wichtigkeit, daß die Arzneien von derartigen äußeren Einflüssen ferngehalten und an einem kühlen, trockenen Ort gut verschlossen gelagert werden. Tabletten sind übrigens in Braunglasflaschen bestens aufgehoben.

Nosoden und Oral-Vakzine

Im Zusammenhang mit der Behandlung unterschiedlicher Leiden taucht im Text häufig der Begriff Nosode auf, der an dieser Stelle definiert werden soll. Nosoden sind homöopathische Arzneimittel, die aus verschiedenen Produkten erkrankter (und manchmal auch gesunder) Organe hergestellt und zur Behandlung des gleichen Leidens eingesetzt werden. Eine Nosode (von altgriechisch: »ho nosos« = Krankheit) ist also ein Krankheitsstoff, der während einer Krankheit aus dem befallenen Organismus gewonnen und anschließend verdünnt wird. So wird beispielsweise die *Katzengrippe*-Nosode aus den Atemwegssekreten erkrankter Katzen bereitet. Bei speziellen Krankheiten, die beispielsweise durch Bakterien, Viren oder Einzeller (Protozoen) hervorgerufen werden, kann der Erreger im Ausgangsmaterial für die Nosode vorhanden sein. Dies ist aber nicht unbedingt notwendig, da die Wirksamkeit der Nosode nicht davon abhängt, ob der Erreger darin vorkommt. Das von Bakterien oder Viren infizierte Gewebe bildet als Antwort auf diesen Befall Substanzen aus, die die eigentlichen Ausgangsstoffe für die Nosode darstellen.

Ein Oral-Vakzin wird aus dem Erreger selbst hergestellt, der eine Krankheit hervorruft. Das Oral-Vakzin kann aus Filtraten bereitet werden, die nur die Ektotoxine (ausgeschiedene Giftstoffe) der Bakterien enthalten, aber auch aus Emulsionen, in denen beide, Bakterien und deren Toxine, vorhanden sind. Diese Filtrate bzw. Emulsionen werden anschließend verdünnt und somit zu Oral-Vakzinen.

Nosoden und Oral-Vakzine können auf zwei unterschiedliche Weisen eingesetzt werden, nämlich therapeutisch (behandelnd) und prophylaktisch (vorbeugend).

Wenn Nosoden in der Therapie verwendet werden, können sie gegen ein Leiden eingesetzt werden, aus dessen Erreger die Nosode ursprünglich stammt, beispielsweise die *Grippe*-Nosode bei der Behandlung einer virusbedingten Nasen-Luftröhren-Entzündung (Rhinotracheitis). Dies kann man als Isopathie bezeichnen, d. h. als Behandlung mit einer Substanz, die von einem Tier stammt, das an derselben Krankheit leidet. Die Nosode kann aber auch gegen jedes beliebige Leiden eingesetzt werden, dessen Symptome dem Symptomkomplex einer bestimmten Nosode ähneln. Beispielsweise wird die *Psorinum*-Nosode zur Therapie einer bestimmten Hauterkrankung verwendet, die während der Arzneimittelprüfung dieser Nosode aufgetaucht ist. In diesem Fall spricht man von Homöopathie, d. h. der Behandlung mit einer Substanz, die von einem Tier stammt, das an einer ähnlichen Krankheit leidet. In diesem Zusammenhang sei daran erinnert, daß viele Nosoden wie selbständige Materia medica (Ausgangsstoffe) geprüft wurden – mit anderen Worten, jede Nosode hat ihr eigenes Arzneimittelbild. In der Veterinärmedizin wurden viele Nosoden entwickelt, ohne daß es für sie eigene Arzneimittelbilder gibt, und sie werden fast ausschließlich zur Behandlung oder Vorbeugung der zugehörigen Krankheiten eingesetzt.

Autonosoden

Diese spezielle Nosode wird aus Substanzen gebildet, die ausschließlich von einem kranken Tier stammen, wie beispielsweise Eiter aus einer chronischen Fistel. Dieses Material wird verdünnt und in der Therapie desselben Tieres verwendet. An dieser Stelle ließen sich viele Beispiele nennen, doch reicht die Erklärung des Prinzips wohl schon aus. Autonosoden werden im allgemeinen bei hartnäckigen Fällen verwendet, bei denen genau angezeigte Arzneien die gewünschte Wirkung nicht erbracht haben. Autonosoden können dann häufig überwältigenden Erfolg haben.

Oral-Vakzine

Oral-Vakzine können, ähnlich wie Nosoden, therapeutisch und prophylaktisch eingesetzt werden. Wenn das Leiden ausschließlich durch Befall mit Viren oder Bakterien hervorgerufen wurde, kann der Erfolg eines Oral-Vakzins oft spektakulär sein.

Dies ist jedoch weniger wahrscheinlich, wenn die akute Infektion durch eine unterschwellige chronische Krankheit kompliziert wird. In diesem Fall werden konstitutionelle oder andere Heilmittel notwendig.

Vorgehen beim homöopathischen Impfen

Die hier ausgesprochenen Empfehlungen beziehen sich auf Nosoden und Oral-Vakzine. Es gibt keine eiserne Regel, wie oft ein Tier geimpft werden soll. Wenn eine Nosode bzw. ein Oral-Vakzin bereits einmal erfolgreich verwendet wurde, kann man dem kranken Tier morgens und zur Nacht drei Tage lang eine einzelne Dosis oral (als Pulver oder Tablette) verabreichen. Anschließend gibt man vier Wochen lang eine Dosis pro Woche und darauf folgend eine monatliche Dosis über sechs Monate. Zwischen der herkömmlichen Impfung durch Injektion und der homöopathischen oralen Impfmethode besteht ein grundsätzlicher Unterschied. Bei der herkömmlichen Methode wird ein Impfstoff, das sog. Antigen, in einen Muskel bzw. unter die Haut gespritzt. Nach einer gewissen Zeit hat das körperliche Abwehrsystem (Immunsystem) gegen diesen Impfstoff, den es als Fremdkörper identifiziert hat, Antikörper gebildet, die über die Blutgefäße im gesamten Körper verteilt werden. Obwohl in den meisten Fällen der Körper hierdurch gegen eine bestimmte Krankheit immun wird, kann man gegen dieses Verfahren zwei Bedenken einwenden. So werden beispielsweise nicht alle Bestandteile des körperlichen Abwehrsystems eingeschaltet, und außerdem besteht ein hohes Risiko, daß Nebenwirkungen eintreten. Diese sind deshalb zu erwarten, weil das Immunsystem den Impfstoff wie einen »normalen« anderen Krankheitserreger betrachtet und mit zum Teil heftigen Abwehrreaktionen antwortet (z. B. Impffieber, allergischer Schock).

Eine orale Impfung bietet einen viel solideren Immunschutz, da sämtliche Abwehrmechanismen des Körpers (z. B. Mandeln, lymphatische Organe) mobilisiert werden, sobald das Tier den Impfstoff geschluckt hat. Die Abwehrkräfte des Körpers werden dabei mit jeder weiteren Dosis verstärkt. Dieser Vorgang entspricht viel eher einer Impfung auf natürlichem Wege – etwa in der Art, wie sich ein Hund oder eine Katze durch Umgang mit anderen Tieren mit einem bestimmten Virus infiziert und dadurch gegen dieses Virus immun wird.

Einige Hersteller konventioneller Impfstoffe haben dieses Prinzip erkannt und ein Produkt auf den Markt gebracht, das mit Hilfe eines Zerstäubers direkt in die Nasenlöcher geblasen wird.

Ein weiterer Vorteil der homöopathischen Impfung ist, daß gerade sehr junge Tiere schon zu einem frühen Zeitpunkt geimpft werden können, beispielsweise schon in der ersten Lebenswoche. Dabei kommt es zu keinen störenden Wechselwirkungen mit Antikörpern, die von der Mutter stammen (über Milch oder Plazenta). Wenn sich bei einer konventionellen Impfung unerwünschte Nebenwirkungen einstellen, können diese auch durch Gabe der entsprechenden Nosode (in steigenden Potenzen und unterschiedlichen Intervallen) behoben werden. Solche Nebenwirkungen kommen bei Hunden häufiger vor als bei Katzen. Gravierende Nebenwirkungen durch homöopathische Oral-Vakzine sind nicht bekannt; wenn es tatsächlich einmal zu einer Reaktion kommen sollte, fällt diese meist leicht aus und geht rasch vorbei.

Intestinale Nosoden (nach Paterson)

Normalerweise werden intestinale Nosoden unter der Überschrift »Oral-Vakzine« abgehandelt, da auch die verdünnten Vakzine aus den eigentlichen Erregerkulturen gefertigt werden. Einleitend zum Studium der intestinalen Nosoden soll die Aufgabe des Darmbakteriums *Escherichia coli* innerhalb des Organismus betrachtet werden. Beim gesunden Tier haben die Bakterien eine nützliche Funktion, da sie wichtige Substanzen liefern, die im Rahmen des Verdauungsprozesses anfallen. Wenn sich das kranke Tier aber in einer veränderten Situation befindet, wie beispielsweise Streß, der sich auf die Magenschleimhaut auswirkt, wird das Gleichgewicht zwischen gesundem Zustand und Krankheit gestört, und die Darmbakterien werden dadurch möglicherweise zu pathogenen Erregern (Krankheitserregern). Diese Veränderung im Patienten muß nicht unbedingt schädlich sein, da sie auch durch die Verabreichung potenzierter Homöopathika bewirkt werden kann. Die Ursachen der Erkrankung liegen daher möglicherweise im Patienten (bzw. kranken Tier) selbst, der die Bakterien zu dieser Änderung ihres Verhaltens veranlaßt.

In Laboruntersuchungen tauchte bei einem Patienten, bei dem bisher nur *E. coli* diagnostiziert wurden, plötzlich ein größerer Anteil von Bazillen auf, die keine Laktosegärung (Milchzuckergärung) durchführen und zu einem pathogenen Typ gehören, der Typhus/Parathyphus hervorruft. Da dieser Bazillustyp nach einer zehn- bis vierzehntägigen Latenzzeit erschienen war, nachdem das Mittel (erstmals) eingesetzt wurde, sieht es offenbar so aus, als habe das potenzierte Homöopathikum die Darmflora verändert. Im vorliegenden Fall war der pathogene Erreger die Folge einer Vitalreizung, die das homöopathische Mittel im Patienten auslöste. Der Erreger war also keinesfalls die Ursache für irgendeine (pathologische) Veränderung. Zu jedem Erreger (Bazillus) gehört ein charakteristisches symptomatisches Gesamtbild, und auch aus dem klinischen wie dem Laborbild kann man bestimmte Schlüsse ziehen. Diese lassen sich folgendermaßen zusammenfassen:

▷ Ein spezieller Erreger steht mit der Krankheit in Bezug.
▷ Ein spezieller Erreger steht mit dem homöopathischen Mittel in Bezug.
▷ Ein homöopathisches Mittel steht mit der Krankheit in Bezug.

Folgende intestinalen Nosoden (nach Paterson) sind in der praktischen Veterinärmedizin von Bedeutung:

Morgan (Bach) oder Morganscher Bazillus

Klinische Beobachtungen haben gezeigt, daß das symptomatische Gesamtbild des Morgan-Bazillus die Bereiche Magen-Darm-Trakt und Atemwege abdeckt. In den Wirkungsbereich fallen aber auch Fasergewebe und Haut. Hauptsächlich wird es gegen Ekzeme bei jungen Tieren, besonders bei Katzen, eingesetzt, und zwar kombiniert mit Mitteln wie *Sulfur*, *Graphites* (syn. *Carbo mineralis*), *Petroleum* und *Psorinum*.

Bazillus Proteus (Bach)

Das zentrale und periphere Nervensystem heben sich während der Arzneimittelprüfung dieser »Nosode« heraus: Man beobachtet Krämpfe und plötzliche Anfälle, parallel dazu Spasmen in der peripheren Durchblutung. Auch Muskelkrämpfe sind ein häufiges Zeichen, desgleichen oft auch ein angioneurotisches (gefäßneurotisches) Ödem. Das Tier ist erhöht gegen UV-Licht empfindlich. Ähnliche Mittel sind *Cuprum metallicum* und *Natrium muriaticum* (syn. *Natrium chloratum*).

Gärtnerscher Bazillus (Bach)

Mit dieser »Nosode« sind ausgeprägte Abmagerung und Unterernährung verbunden. Das Tier leidet an chronischer Gastroenteritis (Magen-Darm-Grippe), kann kein Fett verdauen und wird häufiger als gesunde Tiere von Würmern befallen. Ähnliche Arzneien sind *Mercurius, Phosphorus* und *Silicea* (syn. *Acidum silicicum*).

Dysenterie-Bazillus (Bach)

Die Wirkungsrichtung dieser »Nosode« sind der Magen-Darm-Trakt und das Herz. Beim kranken Tier treten Pylorusspasmen (Krämpfe des Magenpförtner-Muskels) auf, verdauter Mageninhalt wird zurückgehalten, was zu Erbrechen führt. Manchmal wird bei nervösen Tieren eine funktionelle Störung der Herzarbeit beobachtet, die mit einem Reizzustand einhergeht. Ähnliche Mittel sind *Arsenicum album* (syn. *Acidum arsenicosum*), *Argentum nitricum* und *Kalmia latifolia* (Berglorbeer).

Sycoccus (Paterson)

Im wesentlichen wirkt diese »Nosode« bei subakuten und chronischen Entzündungen der Schleimhautepithelien – insbesondere im Darmtrakt, wo eine chronische Darmschleimhautentzündung (Dünndarmkatarrh) auftritt. Chronische Bronchitis und Schnupfen kommen ebenfalls vor. Ähnliche Arzneien sind *Mercurius corrosivus, Acidum nitricum* und *Hydrastis*.

Hauptindikationen für die Verwendung von intestinalen Nosoden

Wenn ein krankes Tier in der Arztpraxis vorgeführt wird, das ein oder zwei Leitsymptome aufweist, die auf ein bestimmtes Homöopathikum hinweisen, dann sollte man dieses Mittel anwenden. Falls die Resultate unbefriedigend sind, müssen nötigenfalls auch unterschiedlich starke Potenzen eingesetzt werden, ehe man die Therapie verwirft und zu einem anderen Mittel greift. Bei chronischen Krankheiten können miteinander kollidierende Symptome auftreten, die wiederum auf unterschiedliche, miteinander konkurrierende Homöopathika verweisen. In solchen Fällen läßt sich eine intestinale Nosode hervorragend einsetzen. Durch die Untersuchung der ähnlichen Mittel wird man schließlich auf die Nosode der Wahl stoßen. Wenn man den Gebrauch einer intestinalen Nosode in Erwägung zieht, verlangt die Frage der Potenz und der Dosierungswiederholung besondere Sorgfalt. Die Geist- und Gemütssymptome, wie sie beim kranken Menschen häufig anzutreffen sind, stehen einem Veterinär nicht zur Verfügung. Daher muß er sich ausschließlich mit den objektiven (klinischen) Zeichen und pathologischen Veränderungen befassen. Die Tief- und Mittelpotenzen (D6 bis D30) sind für diesen Zweck besser geeignet als Hochpotenzen (D30 bis D200) und können gefahrlos einige Tage lang täglich eingenommen werden. Intestinale Nosoden sind

Arzneien mit hoher Tiefenwirkung und sollten erst wieder eingesetzt werden, wenn einige Monate seit der Erstverordnung verstrichen sind.

Für die kritische Abhandlung, die der verstorbene Dr. John Paterson verfaßt hat, bin ich in besonderem Dank verbunden.

Ausgangsstoffe in der Homöopathie: Materia medica

In der Einführung dieses Buches wurde bereits auf Nosoden und Oral-Vakzine verwiesen. In den nun aufgelisteten Ausgangsstoffen (Materia medica) sind alle Nosoden durch einen Stern (*) gekennzeichnet. Im Zusammenhang mit den Nosoden sollte notwendigerweise erwähnt werden, daß alle Krankheitsprodukte, die in den Nosoden und Oral-Vakzinen verwendet werden, ab der sechsten Dezimalpotenz (D6) bzw. der dritten Centesimalpotenz (C3) unschädlich sind. Diese Potenz entspricht einer Verdünnung der Ursubstanz (∅) von 1 : 1 000 000. Nosoden und Oral-Vakzine werden in der Potenz D30 verwendet.

Abies canadensis (syn. *Tsuga canadensis*) Hemlocktanne, Familie Pinaceae (Kieferngewächse)

Die Urtinktur (∅) wird aus der frischen Rinde und den jungen Knospen hergestellt. Das Mittel hat im allgemeinen eine hohe Affinität zu Schleimhäuten, insbesondere zur Magenschleimhaut, deren Entzündung diese Pflanze hervorruft. Eine Beeinträchtigung der Leberfunktion kann auftreten und zu Blähungen und ungenügender Gallenbildung führen. Der Appetit wird gesteigert, und es können Heißhungergefühle eintreten. *Abies* wird hauptsächlich als Verdauungsmittel eingesetzt.

Abrotanum (= *Arthemisia abrotanum*) Eberraute, Familie Asteraceae (Korbblütler)

Eine Tinktur aus den frischen Blättern bildet die ∅. Diese Pflanze verursacht Muskelschwund in den unteren Gliedmaßen und wird bei Tieren mit entsprechenden Schwächen eingesetzt. Ein besonderes Leitsymptom ist, wenn bei Neugeborenen Sekret oder Blut am Bauchnabel austritt. Neben anderen Mitteln dient *Abrotanum* zur Bekämpfung von Wurmbefall bei jungen Tieren. Das Mittel gilt auch als erfolgreiche Arznei bei bestimmten akuten Formen der Arthritis, wenn alle anderen Symptome ebenfalls dafür sprechen.

Absinthum (= *Artemisia absinthum*) Absinth, Familie Asteraceae (Korbblütler)

Die Urtinktur stammt aus einem Aufguß des Wirkstoffs. Die Wirkung dieser Substanz auf den gesamten Organismus besteht darin, einen Verwirrungs- und Krampfzustand zu erzeugen, dem ein Muskelzittern vorausgeht. Besonders stark ist das zentrale Nervensystem (ZNS) betroffen, so daß das Tier häufig umfällt. Die Augenpupillen können ungleichmäßig geweitet sein. *Absinthum* gehört zu den Mitteln, die am häufigsten gegen die unterschiedlichen Formen der Epilepsie eingesetzt werden.

Acidum benzoicum e resina Benzoësäure

Die Potenzen werden aus Benzoëharz gewonnen, das verrieben und in Alkohol (Ethanol) aufgelöst wird. Die Wirkungsrichtung dieser Arznei ist der Harntrakt. Farbe und Geruch des Harns werden durch die Säure verändert: Der Urin verfärbt sich dunkelrot und enthält Harnsäuresediment. Benzoësäure wird gelegentlich bei manchen Blasen- und Nierenleiden verwendet.

Acidum fluoricum (syn. *Acidum fluoratum*) Flußsäure

Die Potenzen werden durch Destillation von Kalziumfluorid (CaF_2) mit Schwefelsäure (H_2SO_4) hergestellt. Seine Wirkung erstreckt sich auf die meisten Gewebstypen, wo *Acidum fluoricum* tief liegende Geschwüre und Degenerationsschäden hervorruft. Bei der Behandlung der Aktinomykose (Strahlenpilzkrankheit) und bei Geschwürbildungen in Maul und Hals wurde *Acidum fluoricum* erfolgreich eingesetzt. Mit hoher Wahrscheinlichkeit kann dieses Mittel auch manche Knochennekrosen heilen.

Acidum muriaticum (syn. *Acidum hydrochloricum*) Salzsäure

Die Potenzen werden durch Verdünnung der Säure mit destilliertem Wasser hergestellt. Durch die Säure wird im Blut ein krankhafter Zustand hervorgerufen, der dem Krankheitsbild chronischer Fieberzustände entspricht. Der Rachen wird dunkelrot und ödematös; parallel dazu entstehen Geschwüre an den Lippen, Zahnfleisch und Halsdrüsen schwellen an.

Acidum nitricum Salpetersäure

Die Potenzen werden aus einer Lösung in destilliertem Wasser zubereitet. Die Säure wirkt sich vornehmlich auf Körperöffnungen aus, wo Oberhaut und Schleimhaut zusammentreffen. Sie ruft Geschwüre und Bläschen (mit abstoßenden Absonderungen) im Maul hervor. Die Geschwürbildung (Ulzeration) kann sich auch auf andere Bereiche der Mukosa (Schleimhaut) ausdehnen. Manche Schleimhauterkrankungen sprechen gut auf dieses Mittel an.

Acidum phosporicum Phosphorsäure

Die Potenzen werden aus einer Verdünnung der Säure mit destilliertem Wasser hergestellt. Die Säure ruft einen Entkräftungszustand hervor, der durch Aufgeblähtheit und Durchfall charakterisiert ist.

Acidum salicylicum Salicylsäure

Eine Verreibung (Trituration) des Pulvers liefert die ∅. Die Wirkungsrichtung dieser Säure sind Gelenke, wo Schwellungen und in manchen Fällen auch Knochenfraß hervorgerufen werden. Während der Arzneimittelprüfung treten auch starke Magenblutungen und andere Magensymptome auf. Eine Behandlung mit *Acidum salicylicum* ist bei rheumatischen Beschwerden, Knochengelenksentzündungen (Osteoarthritis) sowie spontanen (idiopathischen) Magenblutungen geeignet.

Aconitum napellus Blauer Eisenhut, Sturmhut, Familie Ranunculaceae (Hahnenfußgewächse)

Zur Bereitung der Urtinktur (∅) wird die gesamte Pflanze verwendet, da alle Teile den Wirkstoff Aconitin enthalten. *Aconitum* wirkt sich vorzugsweise auf seröse Membranen und Muskelgewebe aus, wo funktionelle Störungen hervorgerufen werden. Alle Körperteile werden unter

Spannungszuständen plötzlich be-fallen. Diese Arznei sollte in den Frühstadien eines Fieberzustandes eingesetzt werden, wenn diese Symptome schlagartig auftauchen. Dies mag auch auf eine Verschlimmerung der Krankheit hinweisen, wenn beispielsweise das Fieber sehr hoch ansteigt. Zu den prädisponierenden Faktoren, die den Einsatz dieses Mittels gebieten, gehören Schock und Operationen; desgleichen kann ein Tier anfällig sein, wenn es längere Zeit kalten, trockenen Winden oder trockener Hitze ausgesetzt war. Auch bei den »Wochenbett-Beschwerden«, sofern diese plötzlich und mit Bauchfellkomplikationen auftauchen, kann dieses Mittel verwendet werden.

Actaea racemosa (syn. *Cimifuga racemosa*) Wanzenkraut, Traubensilberkraut, Familie Ranunculaceae (Hahnenfußgewächse)

Durch Verreibung (Trituration) des Harzes kommt die Ø zustande. Das Harz dieser Pflanze besitzt ein weites Wirkspektrum auf unterschiedliche Körperteile, vor allem auf den weiblichen Genitaltrakt und die Gelenke. Hierdurch können insbesondere Probleme mit der Gebärmutter (Uterus) und Entzündungen an kleinen Gelenken (Arthritis) entstehen. Muskelschmerzen sind deutlich zu erkennen, und eine Erkrankung der Halswirbel läßt sich anhand der steifen Nackenmuskulatur nachweisen.

Adonis vernalis Frühlingsadonisröschen, Familie Ranunculaceae (Hahnenfußgewächse)

Die Potenzen werden aus einem Aufguß der frischen Pflanze gewonnen. Das Hauptinteresse des Veterinärs an dieser Arznei ist ihre Wirkung auf eine geschwächte Herzarbeit, deren Folgen Ödeme (Wassersucht) und spärlicher Urinfluß sind. *Adonis* ist wichtig bei Erkrankungen der Herzklappen und erschwerter Atmung infolge einer Stauungslunge.

Aesculus hippocastanum
Roßkastanie, Familie Hippocastanaceae (Roßkastaniengewächse)

Die Ø wird aus der Kastanienfrucht (mit ihrer Hülle) bereitet. Diese Pflanze wirkt sich in erster Linie auf den unteren Darmbereich aus, wo sie venöse Stauungen hervorruft. Verdauungssystem und Blutkreislauf arbeiten generell langsamer, besonders schleppend ist die Arbeit der Leber und Pfortader. Der Kot des Tieres ist jetzt eher trocken. *Aesculus* wird erfolgreich bei Leberleiden mit venösen Stauungen verwendet, die den gesamten Kreislauf beeinträchtigen. Auch Stauungsbeschwerden (Wasser, Schleim) im Brustraum (Thorax) lassen sich hiermit gut behandeln.

Agnus castus (= *Vitex agnus-castus*) Keuschlamm, Mönchspfeffer, Familie Verbenaceae (Eisenkrautgewächse)

Die Ø stammt aus einer Tinktur der reifen Beeren. Eine der Hauptwirkungsrichtungen dieser Pflanze sind die Sexualorgane. Die Arznei ruft dort eine herabgesetzte Funktion hervor, begleitet von Schwächezuständen. Bei männlichen Tieren können die Hoden verhärten und anschwellen, bei weiblichen wurde Sterilität beobachtet.

Aletrix farinosa   Sternwurzel, Familie Liliaceae (Liliengewächse)

Die Ø wird aus der Wurzel hergestellt. Die Sternwurzel wirkt auf den weiblichen Genitaltrakt, besonders die Gebärmutter. Das Mittel wird gegen Fehlgeburt und zur Therapie von Uterusabsonderungen eingesetzt, aber auch zur Behandlung der Scheinhitze bei Tieren, die zusätzlich unter Appetitlosigkeit leiden.

Allium cepa   Küchenzwiebel, Familie Liliaceae (Liliengewächse)

Die Ø wird aus der ganzen Pflanze bereitet. Dem Arzneimittelbild dieser Pflanze sind Schnupfen, Nasenfluß sowie Kehlkopfbeschwerden zugeordnet. *Allium* eignet sich für alle Frühstadien eines Katarrhs, die in einen typischen Schnupfen (Coryza) ausarten.

Alumen   Alaun, Aluminium-Kalium-Sulfat

Alaun ist bei Erkrankungen der Gliedmaßen ein geeignetes Mittel. Dies gilt auch für Schleimhauterkrankungen (Austrocknung der Mucosa) in verschiedenen Körperbereichen. Häufig werden auch Erkrankungen des zentralen Nervensystems behandelt, die unterschiedlich ausgeprägte Lähmungserscheinungen (Paralyse) hervorrufen.

Amanita muscaria   (syn. *Agaricus muscarius*) Fliegenpilz, Familie Amanitaceae (Blätterpilze, Lamellenpilze)

Die Ø wird aus dem frischen Pilz (Fruchtkörper) hergestellt. Unter den verschiedenen Giftstoffen, die in diesem Pilz gefunden wurden, ist Muscarin der bekannteste. Die Vergiftungserscheinungen treten im allgemeinen verzögert auf, maximal aber zwölf Stunden nach Verzehr. Die Hauptwirkungsrichtung ist das zentrale Nervensystem (ZNS), wo Schwindel und Delirium hervorgerufen werden, gefolgt von Schläfrigkeit. Die cerebrale Erregung findet in vier erkennbaren Phasen statt: (1.) Leichte (sichtbare) Reizung. (2.) Vergiftung mit Gemütserregung. (3.) Delirium. (4.) Depression mit Neigung zum Einschlafen. Diese Wirkungen bestimmen den Gebrauch dieses Mittels bei Krankheiten des ZNS, wie beispielsweise Nekrosen der Hirnrinde oder Hirnhautentzündung (Meningitis), die von schubweisem schweren Magnesiummangel im Blut (Hypomagnesämie) begleitet werden können. Erkrankungen des Trommelfells, verbunden mit Blähungen, können gut auf die Arznei ansprechen, die auch als Rheumamittel und bei der Therapie bestimmter Muskelkrämpfe verwendet wird.

Ammonium carbonicum
Hirschhornsalz oder Ammoniumkarbonat

Hirschhornsalz wird in destilliertem Wasser gelöst, und daraus werden die Potenzen hergestellt. Vornehmlich wird es bei Erkrankungen der Atemwege eingesetzt, besonders wenn gleichzeitig die benachbarten Lymphdrüsen angeschwollen sind. Auch bei Leiden des Brustraums, wie Emphysem (Lungenerweiterung) und Lungenödem, kann diese Arznei Abhilfe schaffen. Das Salz ist außerdem bei Magenverstimmungen sehr hilfreich, und eine träge Magenperistaltik wird ebenfalls durch Hirschhornsalz angeregt.

Ammonium causticum
Ammoniak

Auch hier werden die Potenzen aus einer Lösung hergestellt – durch Auflösen der Substanz in destilliertem Wasser. Dieses Salz hat eine ähnliche, jedoch ausgeprägtere Wirkung auf die Schleimhäute als *Ammonium carbonicum* und ruft Geschwüre auf der Schleimhautoberfläche hervor. Außerdem ist es ein kräftiges Herzstärkungsmittel. Krankheiten der Schleimhäute können mit dieser Arznei behandelt werden, desgleichen Atemwegserkrankungen, bei denen die Lunge stark betroffen ist. Charakteristische Symptome sind starke Schleimbildung und feuchter Husten.

Angustura vera (syn. *Galipea officinalis*) Angustura, Familie Rutaceae (Rautengewächse)

Die Ø kommt durch Verreibung der Baumrinde zustande. Als Wirkungsrichtung dieser Heilpflanze kommen vornehmlich Knochen und Muskulatur in Betracht. Besonders ausgeprägt sind steife, schmerzende Glieder (in unterschiedlichem Ausmaß) sowie Knochenauswüchse (Überbein). Gelegentlich werden auch leichte Lähmungserscheinungen der Beine beobachtet. Die Auswirkung auf die Knochen kann zu Knochenfraß führen, eventuell können auch Brüche auftreten.

* Anthracinum Nosode aus Milzbrandpustel

Die Ø wird aus befallenem Gewebe oder Kulturen durch Auflösen in Alkohol hergestellt. Diese Nosode ist zur Therapie von Hauterkrankungen mit Ausschlag geeignet, die durch eiterbläschenartige Anschwellungen charakterisiert sind. Das Zellgewebe wird hart, und die benachbarten Lymphdrüsen schwellen an. Eine charakteristische Hautläsion hat die Form einer harten Beule, deren Mitte brandig (nekrotisch) ist und von einem schwarzen Rand umgeben wird. *Anthracinum* hat sich hervorragend bei der Behandlung stark infizierter Bißwunden bewährt.

Antimonium arsenicosum
Arseniges Antimon

Die Potenzen werden aus pulverisiertem kristallinem Salz hergestellt, das in destilliertem Wasser oder in Ethanol gelöst wird. Diese Substanz wirkt sich selektiv auf die Lungen aus und wird hauptsächlich bei der Therapie von Emphysemen und länger bestehender Lungenentzündungen eingesetzt. Wenn die Krankheit von Husten begleitet wird, verschlimmert sich dieser während des Fressens. Meist wollen die erkrankten Tiere lieber stehen als liegen.

Antimonium crudum Schwarzer Spießglanz, Grauspießglanzerz

Die Potenzen werden aus einer Verreibung des getrockneten Salzes bereitet. Das Mittel besitzt einen starken Einfluß auf Magen und Haut und löst dort Erscheinungsformen aus, die durch Hitze verschlimmert werden. Gute Heilwirkung ist bei Hautleiden mit Bläschen (Exanthemen) gegeben.

Antimonium tartaricum
Brechweinstein

Auch hier ist eine Trituration (Verreibung) des getrockneten Salzes die Ausgangsstufe der Potenzen. Dieses Mittel äußert sich vornehmlich bei den Atemwegen; die Erkrankungen werden von übermäßiger Schleimbildung begleitet, und dennoch fällt das Aushusten schwer. Da die Hauptwirkung dieser Arznei auf die Atemwege zielt, gilt sie als gutes Mittel gegen Krankheiten wie Herdpneumonie (Bronchopneumonie) und Lungenödem. Leiden, die eine Therapie mit diesem Mittel verlangen, werden häufig von Schläfrigkeit begleitet; zudem sind die erkrankten Tiere selten durstig. Bei Lungenentzündung können die Augenwinkel mit Schleim angefüllt sein.

Apis mellifica Honigbiene, Familie Apidae (Bienen)

Die Ø wird aus dem ganzen Insekt bereitet; sie kann aber auch aus dem Gift durch Verdünnung mit Ethanol hergestellt werden. Das Bienengift löst im Zellgewebe Ödeme (Wasseransammlungen) und Anschwellungen aus. Die Ausbildung eines Ödems an beliebiger Stelle im System (Körper) kann wiederum eine Vielzahl akuter und chronischer Krankheitszustände entfachen. Da das Arzneimittelbild für alle Gewebstypen und Schleimhäute sehr gut beschrieben ist, sollte man dieses Mittel für sämtliche Krankheiten mit ödemartigen Schwellungen in Betracht ziehen. Gelenke mit angeschwollener Synovia (Gelenkschmiere) können auf diese Arznei ansprechen. Atemwegserkrankungen mit übermäßiger Bildung von Lungenflüssigkeit oder Ödemen wurden ebenfalls erfolgreich behandelt. Außerdem wurde *Apis* mit guter Wirkung gegen Ovarialzysten (Zysten am Eierstock) eingesetzt. Alle (genannten) Krankheiten werden durch Hitze verschlimmert, und die erkrankten Tiere zeigen keinen Durst.

Apocynum cannabinum Kanadischer Hanf, Familie Apocynaceae (Hundsgiftgewächse)

Die Ø stammt aus dem Aufguß der frischen Pflanze. Durch die Droge wird die Magentätigkeit gestört und auch die Herzmuskulatur beeinträchtigt, welche langsamer arbeitet. Auch das Urogenitalsystem (Harnwege und Geschlechtsorgane) wird stark beeinflußt: Hier werden vermehrte Harnausscheidung (Diurese) und Blutungen am Uterus hervorgerufen. Charakteristisch ist, daß das Tier schläfrig und benommen ist. Häufig sind auch Symptome der oberen Luftwege, beispielsweise gelblich-schleimiger Nasenausfluß.

Apomorphinum hydrochloricum Apomorphin

Apomorphin ist ein Morphinalkaloid und wirkt sehr stark auf den Gehirnbereich, der das Erbrechen steuert. Das Tier erbricht sich mehrmals, nachdem sich bei ihm zuvor sehr viel Speichel und Schleim gebildet haben. Seine Pupillen weiten sich. Das Mittel wird in der praktischen Tiermedizin verwendet, um den Magen vollständig zu entleeren – wenn man beispielsweise eine Vergiftung vermutet oder ein Fremdkörper verschluckt wurde. In der Homöopathie wird dieses Mittel eingesetzt, um ein kontrolliertes heftiges Erbrechen zu erzielen.

Argentum nitricum Höllenstein, Silbernitrat

Diese Arznei wird durch Verreibung des Salzes bereitet, das anschließend in Alkohol oder destilliertem Wasser aufgelöst wird. Sie ruft unkoordinierte Bewegungen hervor, die ein Zittern an verschiedenen Stellen bewirken. Das Mittel übt eine Reizwirkung auf die Schleimhäute aus, die daraufhin mit einer starken schleimig-eitrigen Sekretabsonderung reagieren. Die Erythrozyten (rote Blutkörperchen) werden ebenfalls angegriffen, und deren Zerstörung kann zu einer Blutarmut (Anämie) führen. Aufgrund seiner Hauptwirkungsrichtung ist das Mittel ideal bei Augenleiden.

Arnica montana Arnika, Bergwohlverleih, Familie Asteraceae (Korbblütler)

Die Ø wird aus der ganzen, frisch gepflückten Pflanze bereitet. Das Mittel bewirkt im gesamten Körper (System) ein Gefühl von Wundsein oder Zerschlagenheit und wird daher hauptsächlich bei Verwundungen eingesetzt, bei denen die Haut nicht verletzt ist. Aufgrund seiner hohen Affinität zu Blutgefäßen ruft das Mittel dort Erweiterungen, Stauungen und vermehrte Durchlässigkeit hervor. Dennoch können unterschiedliche Formen der Blutung auftreten. Als höhere Potenz gegeben, verringert *Arnica* Schockzustände. Routinemäßig sollte man es vor und nach einem chirurgischen Eingriff verabreichen, weil die Blutungen auf diese Weise besser kontrolliert werden können. Wenn die Arznei nach der Geburt verabreicht wird, beschleunigt sie die Heilung von überdehntem, eventuell gequetschtem Gewebe, bei regelmäßiger Gabe während der Schwangerschaft fördert sie eine schonende Geburt.

Arsenicum album (syn. *Acidum arsenicosum*) Arsenige Säure

Diese Arznei wird durch Verreibung und anschließende Verdünnung hergestellt. Die sehr tiefgreifende Wirkung dieses Mittels zielt auf jedes Gewebe im Körper, und seine klar umrissenen charakteristischen Symptome machen den Gebrauch bei den unterschiedlichsten Krankheiten eindeutig. Die Ausscheidungen sind streng und brennend, durch

Hitzeeinwirkung tritt eine Erleichterung der Symptome ein. *Arsenicum album* findet bei vielen trockenen, schuppenden und juckenden Hauterkrankungen Verwendung. Infektionen mit Coli-Bakterien oder Kokzidien können ebenfalls durch diese Arznei kuriert werden. Außerdem ist sie manchmal bei Lungenentzündung angebracht, wenn das kranke Tier geringen Durst (kleine Wassermengen) zeigt und sich die Symptome vor Mitternacht verschlechtern.

Arsenicum jodatum   Arsenjodid

Dieses Mittel wird aus verriebenem Salz hergestellt, das in destilliertem Wasser gelöst wird. Wenn die Ausscheidungen weiterhin hartnäckig reizen und ätzen, mag diese Arznei besser geeignet sein als *Arsenicum album*. Die Schleimhäute verfärben sich rot, sind geschwollen und voller Ödeme, besonders im Bereich der Atemwege. Bronchitis und Lungenentzündung, die im Abklingen begriffen sind, sind Krankheiten, die man mit *Arsenicum jodatum* behandeln kann.

Atropinum   (syn. *Atropinum purum*) Atropin, ein Alkaloid aus *Atropa bella-donna* (s. *Belladonna*)

Dieses Alkaloid erzeugt einige der Effekte von *Belladonna*; jedoch hat es ausgeprägtere Wirkungen, insbesondere auf die Augen (Pupillenweitung), aber auch auf Schleimhäute im allgemeinen, die dann sehr stark austrocknen. *Atropinum* sollte überall dort verordnet werden, wo das Arzneimittelbild von *Belladonna* nicht ausreicht.

* Aviaria   (syn. *Tuberculinum aviaria*)

Das Gewebe, aus dem die Nosode gewonnen wird, stammt von erkrankten Vögeln. Die Nosode kann bei der Behandlung bestimmter Lungenentzündungen hilfreich sein. Den besten Heilerfolg haben chronische Erkrankungen.

* Bacillinum

Diese Nosode wird aus Gewebe von Tuberkulosekranken hergestellt. *Bacillinum* nur wenig Bedeutung. Die Nosode erweist sich bei Scherpilzflechte (Trichophytie) und ähnlichen Hauterkrankungen als sehr hilfreich.

Baptisia tinctoria   Wilder Indigo, Familie Fabaceae (Schmetterlingsblütler)

Die ∅ wird aus der frischen Wurzel und Rinde hergestellt. Das Arzneimittelbild dieser Pflanze ist Blutvergiftung (Sepsis), die zu Kraftlosigkeit und Mattigkeit führen kann. Typische Symptome sind erhöhte Temperatur und große Muskellethargie. Die ausgeschiedenen Sekrete und Stoffe sind allesamt sehr abstoßend. Außerdem beobachtet man einen erhöhten Speichelfluß sowie Geschwüre, die sich an dem farblos gewordenen Zahnfleisch bilden. Mandeln und Rachen verfärben sich dunkelrot, der Kot ist durchfallartig. Bei Durchfall (speziell bei Katzenruhr) sollte man sich dieses Mittels erinnern – vorausgesetzt, daß auch die übrigen Symptome stimmen.

Barium carbonicum
Bariumkarbonat

Diese Arznei wird durch Verreibung des Salzes hergestellt, das in destilliertem Wasser aufgelöst wird. Im allgemeinen zeigt Bariumkarbonat vornehmlich Symptome und Leiden von ganz alten bzw. ganz jungen Tieren. Man sollte daran denken, daß diese Arznei besonders bei bestimmten Atemwegserkrankungen hilft.

Barium chloratum (syn. *Barium muriaticum*) Bariumchlorid

Die ∅ wird aus der Lösung des Salzes in destilliertem Wasser gewonnen. Das Salz ruft periodische Krampfanfälle hervor, bei denen sich auch die Gliedmaßen verkrampfen können. Aus den Ohren läuft sehr abstoßendes Sekret, und die Ohrspeicheldrüse (Parotis) schwillt an. Die Drüsen im Unterbauch verhärten sich, darunter die Bauchspeicheldrüse (Pankreas). Bariumchlorid ist das geeignete Mittel, wenn Krebsgeschwüre im Ohr auftauchen. Es ist aber auch für die Behandlung von Tieren geeignet, die zu geschwollenen Drüsen bei gleichzeitigen Beschwerden am zentralen Nervensystem neigen.

Belladonnna (= *Atropa bella-donna*) Tollkirsche, Familie Solanaceae (Nachtschattengewächse)

Die ∅ wird aus der ganzen, voll erblühten Pflanze hergestellt. Die Wirkung dieser Pflanze auf das zentrale Nervensystem ist sehr tiefgreifend, sie ruft Erregungszustände und arterielle Hyperämie (Blutüberfülle der Arterien) hervor. Einen besonderen konstanten Einfluß besitzt *Belladonna* auch auf Haut, Drüsen und das Gefäßnetz. Eines der Leitsymptome, nach denen sich die Verschreibung dieser Arznei richtet, ist ein schnellender Puls bei allen fiebrigen Erkrankungen, die unter Umständen von nervösem Gesamtbefinden begleitet sein können. Ein anderes Leitsymptom sind geweitete Pupillen.

Bellis perennis Gänseblümchen, Familie Asteraceae (Korbblütler)

Die ∅ wird aus der ganzen, frisch gepflückten Pflanze hergestellt. Die Hauptwirkungsrichtung dieser kleinen Blume ist die glatte Muskulatur der Blutgefäße, wo Venenstaus hervorgerufen werden. Sämtliche Muskeln im Körper werden schwer wie Blei, was zu einem schleppenden, offenbar sehr schmerzhaften Gang führt. Dieses Mittel unterstützt die Regeneration von Gewebe nach Schnittverletzungen oder Operationen. Generell fallen Verstauchungen und Quetschungen in seinen Wirkungsbereich. Man sollte *Bellis* als ein ideales Zusatzmittel (Adjuvans) bei der Behandlung mit *Arnica* verwenden. Unmittelbar nach der Geburt verabreicht, beschleunigt die Arznei die Auflösung des überdehnten, eventuell gequetschten Gewebes, sie bewirkt außerdem, daß das Gewebe im Beckenbereich innerhalb kürzester Zeit wieder straff wird.

Berberis vulgaris Berberitze, Sauerdorn, Familie Berberidaceae (Sauerdorngewächse)

Die Ø wird aus der Rinde der Wurzel zubereitet. Dieser weitverbreitete Zierstrauch hat eine hohe Affinität zu den meisten Gewebstypen. Die durch *Berberis* hervorgerufenen Symptome neigen zu gewaltigen Schwankungen: Fieber mit starkem Durst kann beispielsweise rasch mit Kraftlosigkeit ohne jedes Durstgefühl abwechseln. Die Berberitze wirkt sich sehr stark auf das Venensystem aus und ruft besonders Stauungen in den Beckengefäßen hervor. In den Wirkungsbereich dieses Mittels fallen hauptsächlich Krankheiten an Leber und Niere, z. B. katarrhalische Entzündungen der Gallengänge und des Nierenbeckens. Häufig stellen sich zusätzlich zu diesen Erkrankungen noch Gelbsucht, Hämaturie (blutiger Harn) und Zystitis (Harnblasenentzündung) ein. Alle diese Leiden werden von einem Schwächegefühl im Kreuzbeinbereich und von Druckschmerzen in der Lendengegend begleitet.

Beryllium   Metallisches Beryllium

Durch Verreibung des Metalls und anschließende Auflösung in Alkohol wird die Urtinktur gewonnen, aus der dann die Potenzen zubereitet werden. Diese Arznei wird hauptsächlich bei Atemwegserkrankungen verwendet, deren Symptom eine erschwerte Atmung nach geringer Belastung ist und die in keinem Verhältnis zu den klinischen Befunden stehen. Gewöhnliche Begleiterscheinungen sind Husten und Emphyseme. *Beryllium* ist eine hilfreiche Arznei bei virusbedingter Lungenentzündung (akut und chronisch). Cha-

rakteristisch ist, daß sich beim ruhenden Tier kaum Symptome zeigen, sondern erst während der Bewegung deutlich werden. Seine Tiefenwirkung ist sehr groß; deswegen sollten keine Potenzen unter D30 verwendet werden.

Borax   (syn. *Natrium boracicum*)

Die Potenzen werden durch Verreibung des Salzes hergestellt, das in destilliertem Wasser aufgelöst wurde. Dieses Salz ruft eine Reizung des Magen-Darm-Traktes hervor, begleitet von vermehrtem Speichelfluß und Geschwürbildung im Maul. Die besondere Wirkung dieser Substanz auf die Schleimhautepithelien von Maul, Zunge und Wangen legen ihren Verwendungsbereich als Medizin fest: *Borax* wird beispielsweise bei Entzündungen der Maulhöhle (Stomatitis) mit Bläschenbildung verwendet, aber auch bei verwandten Krankheiten (Schleimhauterkrankungen).

Bothrops lanceolatus   Südamerikanische Lanzenschlange, Familie Crotalidae (Grubenottern)

Die Potenzen werden aus einer Lösung des Schlangengifts hergestellt, das in Glyzerin (Glyzerol) aufgenommen wurde. Dem Arzneimittelbild dieses Giftes sind Blutungen und anschließende rasche Blutgerinnung (Koagulation) zugeordnet. In der Regel findet auch eine Sepsis (Blutvergiftung) statt. Daher bietet sich die Arznei bei allen septischen Erkrankungen mit starken Blutungen an. Auch Hautgeschwüre (Gangräne) können auf *Bothrops* ansprechen.

Bromum Brom

Die Potenzen werden aus einer Salzlösung in destilliertem Wasser angefertigt. In der Asche von verbranntem Seetang findet sich neben Jod auch Brom (als Spurenelement); außerdem ist Brom in Seewasser enthalten. Ihre Hauptwirkung entfaltet die Droge bei den Schleimhäuten der Atemwege, insbesondere im oberen Bereich der Luftröhre, wo sie Kehlkopfkrämpfe auslösen kann. *Bromum* hilft gut gegen kruppösen Husten, begleitet von Rasseln und Schleimbildung. Das Mittel kann eventuell auch bei Erkrankungen verwendet werden, die durch allzu ausgedehnte Hitzeeinwirkung entstehen.

Bryonia alba Zaunrübe, Familie Cucurbitaceae (Kürbisgewächse)

Die ∅ wird aus der Wurzel hergestellt, bevor die Pflanze geblüht hat. Die Zaunrübe bildet ein Glukosid, das sehr stark abführend wirkt. Die Pflanze selbst wirkt hauptsächlich auf Epithelgewebe sowie auf Membrane, die Serum und Gelenkschmiere absondern. Einige Schleimhautoberflächen sind ebenfalls betroffen und reagieren mit Entzündungen, in deren Verlauf Fasergewebe abgestoßen und Serum abgesondert wird. Hierdurch wird das erkrankte Gewebe trocken, und es kann später zu Gelenkergüssen in Synovialhohlräume (Hohlräume mit Gelenkschmiere) kommen. Die Bewegung aller Körperteile ist gestört, und daraus leitet sich auch das entscheidende Kriterium für die Auswahl dieses Mittels ab: Durch Bewegung werden alle Symptome verschlimmert. Daher verhält sich das kranke Tier am liebsten völlig ruhig. Druck auf die erkrankten Stellen bringt dem Tier Linderung. *Bryonia* kann auch bei der Behandlung zahlreicher Atemwegserkrankungen sehr hilfreich sein, insbesondere bei Rippenfellentzündung (Pleuritis) – vorausgesetzt natürlich, daß die oben geschilderten Symptome beobachtet werden.

Bufo rana (auch: *Bufo bufo*) Erdkröte, Familie Bufonidae (Echte Kröten)

Die Lösung aus dem Krötengift ist die Grundlage der ∅. Die Droge wird bei Erregungszuständen des Gehirns eingesetzt; diese können manchmal in einen epileptischen Anfall übergehen. Auch können sich generell Ödeme bilden. *Bufo* wird in manchen Fällen von übersteigertem Sexualtrieb, insbesondere bei männlichen Tieren, verwendet.

Cactus grandiflorus (syn. *Cereus grandiflorus*) Königin der Nacht. Familie Cactaceae (Kakteengewächse)

Die ∅ wird aus den Blüten und den jungen Sprossen bereitet. Der Wirkstoff dieser Pflanze (Cactin) beeinflußt die Herz- und Gefäßmuskulatur und hat eine hohe Affinität zum Blutkreislauf. Die Verwendung des Mittels beschränkt sich auf Erkrankungen der Herzklappen, es kann aber auch bei einigen Störungen mit Neigung zu Blutungen eingesetzt werden.

Calcium carbonicum
Hahnemanni Austernschalenkalk

Verriebenes Salz wird in Alkohol oder schwacher Säure gelöst; aus dieser Lösung werden anschließend die Potenzen bereitet. Die Ausgangssubstanz stammt aus der mittleren Schicht der Austernschale. Austernschalenkalk ruft Spannkraftabfall und Muskelschwäche hervor, begleitet von Muskelkrämpfen. Diese können sowohl bei quergestreiften (Skelettmuskulatur) wie glatten Muskeln (Eingeweidemuskulatur) auftreten. Kalzium wird rasch vom Körper ausgeschieden (und aufgenommen), die Kalziumaufnahme bietet aber keinen ausreichenden Schutz vor Krankheiten, bei denen Kalzium in homöopathisch aufbereiteter Form erforderlich wäre. Diese Arznei ist ein sehr starkes Konstitutionsmittel und verursacht Fehlernährung. Tiere, die gerne Fremdkörper verschlingen, brauchen sie. Sie ist auch ein sehr wertvolles Mittel gegen Skelettmißbildungen bei Jungtieren sowie gegen Knochenerweichung (Osteomalazie) bei älteren Tieren.

Calcium fluoricum (syn.
Calcium fluoratum) Flußspat

Die Potenzen werden aus einer Verreibung des Salzes bereitet, das anschließend in destilliertem Wasser aufgelöst wird. Flußspatkristalle findet man in den Haversschen Kanälen (im Knochen). Hierdurch kommt die Knochenhärte zustande; wird jedoch zuviel Flußspat gebildet, dann werden die Knochen brüchig. Flußspat ist auch im Zahnschmelz und in der obersten Hautschicht (Epidermis) vorhanden. Aufgrund der Affinität zu all diesen Gewebstypen können sich Knochenauswuchs (Exostosen) und Drüsenvergrößerungen bilden. Außerdem ist *Calcium fluoricum* ein sehr effektives Gefäßmittel. Diese Arznei wird hauptsächlich bei Knochenverletzungen, insbesondere bei Knochenauswuchs eingesetzt. Aber auch Strahlenpilzkrankheiten (Aktinomykosen) werden durch dieses Mittel geheilt.

Calcium jodicum   Kalziumjodid

Die Ø ist eine Salzlösung in destilliertem Wasser. Dieses Mittel wird gegen verhärtetes Gewebe eingesetzt, insbesondere bei Drüsen und Mandeln. Gelegentlich werden auch die Schilddrüse und die Thymusdrüse angegriffen.

Calcium phosphoricum
Kalziumphosphat

Die Potenzen werden aus einer Verreibung und anschließender Verdünnung bereitet, wobei verdünnte Phosphorsäure zu Kalkwasser (wäßrige Kalziumhydroxid-Lösung) gegeben wird. Das Salz besitzt eine hohe Affinität zu Gewebstypen, die bei Wachstum und Wiederherstellung von Zellen beteiligt sind. Aufgrund von Fehlernährung und Wachstumsverzögerung läuft die Assimilation (stoffliche Umsetzung) nur unter Schwierigkeiten ab. Recht häufig findet man bei den Tieren brüchige Knochen. *Calcium phosphoricum* kann sehr gut Schäden am Bewegungsapparat (Muskeln, Skelett) von jungen Zuchttieren beheben.

Calculi renalis phosphorici
Calculi renalis urici Grieß von Nierensteinen und Harnsteinen

Diese beiden Substanzen sind bei Lithiasis (Steinleiden) angezeigt, die durch (bereits) vorhandene Nierensteine bzw. Harnsteine hervorgerufen werden. Sie unterstützen die Wirkung von *Berberis*, *Hydrangea* und *Capsella* und können parallel zu diesen genannten Arzneien verwendet werden.

Calendula officinalis
Ringelblume, Familie Asteraceae (Korbblütler)

Die Ø wird aus Blättern und Blüten hergestellt. Wer *Calendula* bei offenen Wunden und Geschwüren, die nicht schmerzen, örtlich anwendet, wird feststellen, daß die Ringelblume eines der zuverlässigsten Heilmittel in der Homöopathie ist. Unter dieser Behandlung wird das (narbige) Gewebe sehr rasch aufgelöst und der Heilprozeß durch Bildung gesunder Wucherungen beschleunigt. *Calendula* sollte als 1:10-Verdünnung (mit warmem Wasser) angewandt werden. Sehr gut lassen sich damit auch Prellungen im Augenbereich behandeln. In der Kombination mit *Hypericum* kann man diese Arznei bei offenen Wunden mit Nervenschädigungen einsetzen.

* Calici-Virus

Die Nosode dieses Virus, das zur Gruppe der RNS-Retroviren gehört, kann entweder für sich allein oder zusammen mit anderen Viren verwendet werden, um Zahnfleischentzündung (Gingivitis) und Atemwegserkrankungen zu behandeln – vorausgesetzt natürlich, daß diese Viruskrankheit daran beteiligt ist.

Camphora (= *Cinnamon camphora*) Kampfer (Kampferbaum), Familie Lauraceae (Lorbeerbaumgewächse)

Die Potenzen werden aus Lösung (Harz in absolutem Alkohol) hergestellt. Kampfer ruft einen Kollaps mit Schwäche und abfallendem Puls hervor. Der gesamte Körper ist eiskalt. Zu Muskeln und Faszien (Muskelhüllen) besteht eine ausgeprägte Affinität. *Camphora* kann bei jedem Darmkatarrh (Enteritis) mit Erschöpfungs- und Kollapssymptomen, aber auch bei Salmonellenerkrankungen gegeben werden.

Cannabis sativa Kulturhanf, Familie Moraceae (Maulbeerbaumgewächse)

Die Ø wird aus den Blütenspitzen der Pflanze hergestellt. Die Hauptwirkungsrichtung sind der Urogenitaltrakt (Harnwege und Geschlechtsorgane) und der Atemwegsbereich; die hervorgerufenen Krankheiten sind von starken Erschöpfungszuständen begleitet. Häufig kommt es zu Entzündungen der Lungen und des Herzbeutels (Perikarditis), auch wird der Urin oft zurückgehalten. In diesem Fall entsteht als Folge leicht eine Harnblasenentzündung (Zystitis) mit schaumigem, blutgesprenkeltem Harn.

Cantharis (= *Lytta vesicatoria*)
Spanische Fliege, Familie Meloidae
(Ölkafer)

Die Urtinktur wird durch Verreibung
des Insekts hergestellt, das anschließend in Alkohol aufgenommen wird.
Die in diesem Käfer enthaltenen
Giftstoffe befallen insbesondere
Harnwege und Geschlechtsorgane
(Urogenitaltrakt), wo sie ausgeprägte
Entzündungen hervorrufen. In glei-
chem Maß ist auch die Haut betroffen, wo sich ein starker Ausschlag
mit Bläschen bildet, der von heftigem
Juckreiz begleitet ist. *Cantharis* ist
ein sehr gutes Mittel bei Entzündungen von Niere und Harnblase. Typische Begleitsymptome sind ein heftiger Drang zum Wasserlassen und ein
meist blutiger Urin. Bestimmte Entzündungen nach der Geburt sowie
brennende Ekzeme mit Bläschen
sind ebenfalls Erkrankungen, bei denen *Cantharis* angezeigt ist.

Capsella bursa-pastoris (syn.
Thlaspi bursa pastoris) Hirtentäschel,
Familie Brassicaceae (Kreuzblütler)

Frisch gepflückte Pflanzen bilden
die Grundlage für die ∅. Diese
Pflanze ruft Blutungen und eine Veranlagung zur Harnsäurebildung hervor. Nach Gabe dieser Droge kann
die Gebärmutter geronnene Blutklumpen leichter abstoßen; daher ist
dieses Arzneimittel nach einer Fehlgeburt angebracht. Auffallend ist
häufiges Wasserlassen, der Urin ist
schwer, trüb und enthält ein rötliches
Sediment. Oft ist auch die Blase entzündet, und der Urin kann in diesem
Fall blutig sein.

Carbo vegetabilis Holzkohle

Die Potenzen werden durch Verreibung und anschließendes Auflösen
in Alkohol hergestellt. Verschiedene
Gewebstypen des Körpers besitzen
eine starke Affinität zu dieser Substanz, insbesondere der Blutkreislauf. Dies kann zu mangelnder Sauerstoffversorgung und einem dementsprechend hohen Kohlendioxid-
gehalt in Blut und Gewebe führen.
Daraus resultieren wiederum eine
geringere Immunität sowie Hämorr-
hagien (Blutungen) von dunklem
Blut, das nur schwer gerinnt. Zusätzlich ist auch die Körperoberfläche
eiskalt. Potenzierte *Carbo vegetabilis*
hilft gut bei allen Formen von Kollaps. Auch gegen Stauungslunge ist
dieses Mittel gut, und bei schwa-
chem Kreislauf bringt es Kraft und
Wärme zurück. Die Arznei hat einen
größeren Einfluß auf den Venen- als
auf den Arterienkreislauf und ist sehr
hilfreich bei Blutungen, die auf einer
trägen Pfortadertätigkeit beruhen.

* Cancerinum (syn. *Carcinominum*) Carcinosin-Extrakt

Die Nosode wird aus Karzinomen
hergestellt. Das Mittel kann u. a. bei
fiebriger Drüsenvergrößerung sehr
hilfreich sein.

Carduus marianus (syn.
Silybium marianum) Mariendistel,
Familie Asteraceae (Korbblütler)

Eine Verreibung der getrockneten
Samen, die anschließend in Alkohol
aufgelöst werden, bildet die Grundlage dieser Arznei. Das Mittel ist bei
Beschwerden angezeigt, die durch

eine mangelhaft funktionierende Leber hervorgerufen werden. Sehr gut sprechen daher Leberzirrhosen, die von Aszites (Bauchwassersucht) begleitet werden, auf die Behandlung an.

Caulophyllum (= *Caulophyllum thalictroides*) Frauenwurz, Familie Berberidaceae (Sauerdorngewächse)

Die Ø wird aus verriebener Rinde hergestellt, die anschließend in Alkohol aufgelöst wird. Diese Pflanze ruft Erkrankungen der weiblichen Geschlechtsorgane hervor. Der Muttermund (Os uteri) kann außerordentlich steif werden, wodurch sich Komplikationen bei der Geburt ergeben. Bedingt durch eine schwache Gebärmutter können Frühgeburten eintreten; Begleitsymptome sind Fieber und Durst. Häufig wird die Nachgeburt (Plazenta) zurückgehalten, und es treten Uterusblutungen auf. In potenzierter Form erleichtert *Caulophyllum* Wehenschmerzen und kann anstelle von Pitruitin-Injektionen (Hormon des Hypophysenhinterlappens) verwendet werden, sobald der Muttermund geöffnet ist. Ein hilfreiches Mittel, wenn beispielsweise die Gebärmutter verdreht ist (Descensus uteri). Bei derartigen Fällen sollte die Arznei häufiger (drei bis vier Gaben) gegeben werden, z. B. in stündlichem Abstand. Bei Tieren, die bereits Fehlgeburten hatten, gewährleistet das Mittel einen normalen Schwangerschaftsverlauf, während man es nach der Geburt im Falle einer zurückgehaltenen Plazenta einsetzen kann.

Causticum Hahnemanni
Ätzstoff

Diese Substanz wird hergestellt, indem man gleiche Teile Löschkalk und Kaliumhydrogensulfat mischt und anschließend destilliert. Die Arznei hat eine hohe Affinität zu Nerven und Muskulatur und ruft bei beiden Muskeltypen (glatte und quergestreifte Muskulatur) Schwäche und Lähmung hervor. Die Symptome verschlechtern sich, wenn sich das Tier aus einer kalten in eine warme Umgebung begibt. Wenn ältere Tiere an Bronchitis leiden, kann *Causticum* verwendet werden, ebenso bei Tieren mit kleinen, breit aufsitzenden Warzen. Das Mittel wirkt offenbar auch als Gegengift bei Bleivergiftung und kann daher als unterstützende Arznei zu Kalzium-Versenat-Injektionen gegeben werden.

Ceanothus americanus Säckelblume, Familie Rhamnaceae (Kreuzdorngewächse)

Eine Tinktur aus frisch gepflückten Blättern bildet die Ø. In ihrer Wirkungsbereich fallen Erkrankungen der Milz. Druckschmerzen im Milzbereich sind besonders auffällig. Bei weiblichen Tieren tritt eine weißliche Scheidenabsonderung auf. *Ceanothus* wird bei allen Krankheiten eingesetzt, die auf eine Beteiligung der Milz schließen lassen.

Chelidonium (= *Chelidonium majus*) Schöllkraut, Familie Papaveraceae (Mohngewächse)

Die Ø wird aus der ganzen, frisch gepflückten Pflanze hergestellt, die kurz vor der Blüte steht. Diese Pflanze besitzt eine besondere Wirkung auf die Leber. Das Tier ist allgemein lethargisch und fühlt sich unwohl. Die Zunge ist mit einem schmutziggelben Belag bedeckt, und auch an anderen sichtbaren Schleimhäuten finden sich Gelbsuchtsymptome. Die Funktion der Leber ist ständig gestört, und der Kot hat eine lehmige Farbe. Aufgrund seiner ausgeprägten Wirkung auf die Leber sollte *Chelidonium* eingesetzt werden, wenn Beschwerden infolge einer träge arbeitenden Leber behandelt werden müssen. Das Mittel ist auch geeignet, wenn das Tier empfindlich gegen Licht ist und gleichzeitig Gelbsuchtsymptome aufweist.

Chimaphila umbellata (syn. *Pyrola umbellata*) Walddolde, Winterlieb, Familie Pyrolaceae (Wintergrüngewächse)

Die Ø wird aus der frisch gepflückten Pflanze hergestellt. Der Wirkstoff dieser Pflanze wirkt sich intensiv auf die Nieren sowie die männlichen und weiblichen Geschlechtsorgane aus. Im Auge kann grauer Star entstehen. Der Urin ist schaumig und enthält Blutspuren. Die Prostata kann sich vergrößern, und bei weiblichen Tieren wurden Atrophien (Verkümmerungen) und Tumoren am Gesäuge beobachtet.

China (syn. *Cinchona succiruba*) Chinarindenbaum, Familie Rubiaceae (Rötegewächse)

Die Urtinktur (Ø) wird aus der verriebenen getrockneten Baumrinde hergestellt, die anschließend in Alkohol aufgelöst wird. Aus der China-rinde wird das Chinin gewonnen. In großen Gaben entstehen Vergiftungserscheinungen, z. B. nervöse Überempfindlichkeit, verminderte Bildung von weißen Blutkörperchen (Leukozyten), Blutungen, Fieber und Durchfall. Infolge des Verlustes von Körperflüssigkeiten ist das Tier stark geschwächt. *China* sollte zur Behandlung genau dieser Fälle in Erwägung gezogen werden, d. h. nach Schwäche- und Erschöpfungszuständen infolge hohen Flüssigkeitsverlustes (z. B. nach schwerem Durchfall oder starken Blutungen).

Chininum sulfuricum
Chininsulfat

Die Ø entsteht durch Verreibung des Salzes, das in Alkohol aufgelöst wird. Die Wirkweise dieser Substanz ähnelt der von *China*. Dieses Mittel ist bei Schwächezuständen nach starkem Flüssigkeitsverlust hilfreich. *Chininum sulfuricum* ruft im Ohr lokalen Schmerz und übermäßige Bildung von Ohrenschmalz hervor. Krankheiten, die mit diesem Mittel behandelt werden, tauchen oft nach scheinbarem oder sichtbaren Nachlassen der Symptome (Remission) wieder auf. Eine Sepsis nach Bißwunden oder Verletzungen spricht meist gut auf diese Arznei an. Sie verringert auch das Risiko, daß eine künftige Sepsis infolge nekrotischen Gewebes entsteht.

Chionanthus virginica
Schneeflockenbaum, Giftesche, Familie Oleaceae (Ölbaumgewächse)

Die Potenzen stammen von einer Tinktur aus der Rinde. Dieses Arzneimittel ist bei träger Leberfunktion mit beginnender Zirrhose angezeigt. Dieses Leberleiden ist von einem allgemeinen Konditionsverlust und in Extremfällen von Abmagerung begleitet. Der Kot hat eine lehmige Farbe, der Urin ist dunkel verfärbt. Außerdem zeigt das Tier Gelbsuchtsymptome.

* Chlamydia

Diese Nosode wird nur bei Katzen eingesetzt und beugt bei jungen Katzen einer Infektion mit *Chlamydia* vor. Ebenso können damit auch Kätzchen behandelt werden, deren Augen verklebt sind.

Cicuta virosa   Wasserschierling, Familie Apiaceae (Doldengewächse)

Die Ø wird aus der Wurzel einer blühenden Pflanze hergestellt. Hauptsächlich wird das zentrale Nervensystem von dieser Pflanze betroffen, wo krampfartige Erkrankungen hervorgerufen werden. Als ein typisches Symptom hält das Tier den Kopf oder den Hals nach einer Seite geneigt. Gleichzeitig ist es sehr aggressiv. Die Symptome verschlimmern sich, wenn das Tier erschreckt wird, z. B. durch hastige Bewegungen. Der Gleichgewichtssinn ist gestört, es fällt des öfteren auf die Seite, wobei Kopf und Rückgrat nach hinten gebogen sind. Bei mehreren unterschiedlichen Erkrankungen an Gehirn und Wirbelsäule wird dieses Mittel eingesetzt, z. B. bei Nekrosen der Hirnrinde sowie bei Milchfieber; allerdings muß als weiteres Symptom der Hals in typischer Weise seitlich gekrümmt sein.

Cineraria maritima

Aschenpflanze, Familie Asteraceae (Korbblütler)

Die Ø wird aus der gesamten frisch gepflückten Pflanze bereitet. Der Wirkstoff wird hauptsächlich zur äußerlichen Behandlung von Augenleiden eingesetzt. Die Urtinktur sollte 1 : 10 verdünnt werden.

Cinnabaris   Zinnober

Die Hauptwirkungsrichtung dieser Verbindung ist der Urogenitaltrakt (Harnwege und Geschlechtsorgane), wo Erkrankungen wie Albuminurie (Eiweißausscheidung im Urin) und Eichelentzündung (Balanitis) hervorgerufen werden. In der Leistengegend können sich Warzen bilden. Häufig treten auch Augenleiden auf, z. B. eitrige Entzündungen von Lidern und Augen. Manchmal ist auch das Ohr betroffen, das dann von einem Juckreiz befallen ist, begleitet von Schorfbildung an der Ohrmuschel (Aurikel). *Cinnabaris* wird hauptsächlich dann in der Praxis eingesetzt, wenn andere quecksilberhaltige Mittel keine zufriedenstellenden Ergebnisse erzielt haben.

Cobaltum metallicum   Kobalt

Bei Kobaltmangel wird dieses Mittel hauptsächlich in der Potenz D30 verabreicht, was nach mehreren Wochen zu guten Ergebnissen führt.

Cocculus   (= *Anamirta cocculus*)

Scheinmirte, Familie Menispermaceae (Mondsamengewächse)

Die Urtinktur wird aus dem pulverisierten Samen (den Kockelskörnern) hergestellt, die das Alkaloid Pikrotoxin enthalten. Der Wirkstoff ruft Krämpfe und Lähmungserscheinungen hervor, die vom Großhirn, aber nicht von der Wirbelsäule ausgehen. Das Tier muß sich häufig erbrechen, da die Droge auf den Hirnbereich wirkt, der den Brechreiz auslöst. Der Brechreiz hängt auch von der Bewegung ab, so daß das Mittel bei Reisekrankheit verwendet wird, wenn gleichzeitig die übrigen Symptome vorhanden sind.

Coccus cacti (syn. *Dactylopius coccus*) Cochenille-Schildlaus, Kaktusschildlaus, Familie Coccina (Schildläuse)

Die Ø wird aus den getrockneten Körpern der weiblichen Schildläuse bereitet. Diese Substanz hat eine Affinität zu Schleimhäuten, wo sie katarrhartige Entzündungen hervorruft. Ein zähklebriger Schleim sammelt sich in den Luftwegen an, was zu erschwerter Atmung und Krampfhusten führt. Häufig treten Beschwerden beim Wasserlassen auf, der Urin fließt spärlich und bildet ein rötliches Sediment, wenn man ihn stehen läßt. *Coccus* wird hauptsächlich bei Erkrankungen von Luft- und Harnwegen verwendet.

Colchicum autumnale
Herbstzeitlose, Familie Liliaceae (Liliengewächse)

Die Ø wird aus der Wurzelknolle hergestellt. Diese Pflanze wirkt auf Muskelgewebe, Knochenhaut und Gelenkmembrane. Außerdem wirkt sie anti-allergisch und entzündungshemmend, was mit den natürlichen

Regenerationskräften des Körpers kollidieren kann. *Colchicum* wird meist bei akuten und schweren Krankheiten gegeben, die häufig von Ergüssen in kleinen Gelenken begleitet sind. Besonders geschätzt wird diese Arznei bei der Behandlung von Blähegefühlen; dabei muß sie allerdings in kurzen Abständen wiederholt eingenommen werden. Auch Durchfall und Darmgrippe, die im Herbst auftreten, können hiermit behandelt werden, bei der Darmgrippe sollten aber auch Abdominalschall und schmerzhafter Stuhldrang vorhanden sein. Als typisches Zeichen verweigert das Tier die Nahrung, die Beschwerden nehmen durch Bewegung zu.

* Colibacillinum

Escherischia coli (= *E. coli*) ist ein Darmbakterium, das eine wichtige Rolle bei der Verdauung spielt. Als Arzneimittel findet diese Nosode bei Darmerkrankungen Verwendung, z. B. bei ruhrähnlichem Durchfall, nachdem ein junges Tier eine Streßsituation mitgemacht hat, oder wenn die Darmflora aus dem Gleichgewicht geraten ist. *Colibacillinum*-Nosoden und das entsprechende Oral-Vakzin werden aus verschiedenen *E. coli*-Stämmen hergestellt. In der Praxis stellte sich heraus, daß derjenige Stamm die häufigsten Erfolge zeigte, der ursprünglich aus Menschen stammt. Sowohl Vorbeugung als auch Behandlung einer Colibazillose (Massenbefall mit *E. coli*) fallen in den Anwendungsbereich dieser Nosode. Sie kann aber auch bei einer Sonderform der Mastitis

(Entzündung des Gesäuges) angewendet werden, bei der eine Infektion mit *E. coli* auftritt.

Colocynthis (= *Citrullus colocynthis*) Koloquinte, Bittergurke, Familie Cucurbitaceae (Kürbisgewächse)

Die Ø wird aus Früchten hergestellt, die das Glykosid Colocynthin enthalten. Diese Pflanze hat stark abführende Wirkung und verursacht starke Entzündungsläsionen im Magen-Darm-Trakt. Die Symptome verschwinden ebenso abrupt, wie sie gekommen sind. Der Durchfallkot ist gelblich und wird mit großer Gewalt ausgestoßen. Das Tier empfindet durch Bewegung Linderung. Die Symptome verschlimmern sich, wenn es gefressen oder gesoffen hat.

Condurango (= *Marsdenia condurango*) Kondurangobaum, Familie Asclepiadaceae (Schwalbwurzgewächse)

Die Ø wird aus der Rinde bereitet. Der Kondurangobaum produziert ein Glykosid, Condurangin, das seine Wirkung im Nervensystem entfaltet. Als Folge bewegt sich das Tier mit gestelztem Gang. Das Mittel kann sich auch auf die Verfassung des Tieres niederschlagen und sein gesamtes Wohlbefinden verbessern. Etwas spezifischer wirkt *Condurango* auf Epithelgewebe, das hierdurch verhärtet; eventuell können Tumoren entstehen. Als ein sicheres Symptom gelten Risse am Maul. Das Mittel wird in erster Linie verwendet, um Krebsgeschwüre im Anfangsstadium zu bekämpfen, vor allem im Bauchbereich.

Conium maculatum Gefleckter Schierling, Familie Apiaceae (Doldengewächse)

Die Urtinktur wird aus der frisch gepflückten Pflanze hergestellt. Das Alkaloid dieser Pflanze (Coniin) lähmt die Ganglien (Nervenknoten), vor allem die motorischen Nervenendungen (Übergang vom Nerv zur Muskelfaser). Hieraus resultieren steife Glieder und Lähmungserscheinungen, die im Körper vorwärts und rückwarts wandern. Mit *Conium* können paraplegische Erkrankungen (Lähmung zweier symmetrischer Körperteile) sowie geschwächte Hinterbeine sehr gut behandelt werden.

Convallaria majalis Maiglöckchen, Familie Liliaceae (Liliengewächse)

Die Ø wird aus der frisch gepflückten Pflanze gewonnen. Ihr Wirkstoff kann die Schlagkraft des Herzens verbessern. Deswegen wird das Mittel bei Stauungsbeschwerden des Herzens verwendet. Sein Einfluß auf den Herzmuskel ist schwach, es wird hauptsächlich bei Erkrankungen der Herzklappen genommen.

Copaiva Kopaiba oder Perubalsam (aus *Myroxylon pereirae*, Perubalsambaum), Familie Fabaceae (Schmetterlingsblütler)

Die Ø wird aus dem Balsam hergestellt. Diese Substanz hat eine starke Wirkung auf Schleimhäute, besonders die der Luft- und Harnwege, wo *Copaiva* katarrhartige Entzündungen hervorruft. Daher kann man mit Perubalsam Entzündungen von Harnröhre und Harnblase gut behandeln. Auch Pyelonephritis (Entzündung des Nierenbeckens) ist ein häufiges Leiden, dem durch diese Arznei abgeholfen werden kann.

Cortisonum   Kortison

Potenzen dieses Steroids werden in der Praxis eingesetzt, um die Nebenwirkungen zu bekämpfen, die durch die übermäßige Verschreibung der Grundsubstanz (Kortison) auftreten; vielfach reicht neben entschlackenden Arzneien wie *Nux vomica* und *Thuja* bereits eine einmalige Dosis *Cortisonum* D200 aus. In niedrigeren Potenzen (D12 bis D30) hilft das Mittel bei Hauterkrankungen, die durch trockene Haut, Rötungen und starken Juckreiz gekennzeichnet sind.

Crataegus   (= *Crataegus oxyacantha*) Gemeiner Weißdorn, Familie Rosaceae (Rosengewächse)

Die ∅ wird aus reifen Früchten hergestellt. Der Wirkstoff senkt den Blutdruck und verursacht Lufthunger. Das Mittel wirkt auf den Herzmuskel, es läßt ihn schneller und kräftiger kontrahieren. Dieser spezielle Effekt auf den Herzmuskel macht *Crataegus* zu einem idealen Mittel bei Herzrhythmusstörungen (Arrhythmie).

Crotalus horridus   Nordamerikanische Klapperschlange, Familie Crotalidae (Grubenottern)

Die ∅ wird bereitet, indem man das Gift mit Milchzucker (Laktose) verreibt und anschließend mit Glyzerin (Glyzerol) verdünnt. Die starke Wirkung dieses Giftes auf das Gefäßsystem macht es zu einem sehr dienlichen Mittel bei der Behandlung schwacher Sepsen innerhalb des Blutkreislaufs (beispielsweise bei »Kindbettfieber« und Wundinfektionen). Als Begleiterscheinung tritt Blut aus allen Körperöffnungen aus, und meist schließt sich eine Gelbsucht an. Das Mittel sollte bei Schlangenbissen sowie gegen Vergiftungen helfen, die durch den Verzehr von giftigen Pflanzen hervorgerufen wurden.

Croton tiglium   Purgierbaum, Familie Euphorbiaceae (Wolfsmilchgewächse)

Die ∅ wird aus dem Öl hergestellt, das aus den Samen gewonnen wird. Das Öl verursacht heftigen Durchfall und Hautausschlag (Effloreszenz), der sich unter Bläschenbildung leicht entzündet. *Croton* ist sehr wirksam gegen Durchfall. Gewöhnlich findet man als Begleitsymptom heftigen Drang zum Stuhlgang, der meist wäßrig ist.

* Cryptococcus

Potenzen dieser Nosode werden wie die *Chlamydia*- und die *Calici-Virus*-Nosode verwendet und können mit diesen kombiniert werden, wenn eine Mehrfachinfektion vorliegt.

Cubeba officinalis (= *Piper cubeba*) Kubebenpfeffer, Familie Piperaceae (Pfeffergewächse)

Die ∅ wird aus den getrockneten, unreifen Früchten hergestellt. Der Wirkstoff besitzt einen starken Einfluß auf Schleimhäute, bei denen katarrhartige Entzündungen auftreten. Besonders anfällig sind diejenigen im Urogenitaltrakt (Harnwege und Geschlechtsorgane). Der Urin wird trüb und enthält große Mengen an ausgeschiedenen Proteinen (Eiweiß).

Cuprum aceticum
Kupferacetat

Die Potenzen werden aus einer Salzlösung in destilliertem Wasser bereitet. Das Salz ruft Muskelkrämpfe und andere Spasmen (Krämpfe) sowie Lähmungserscheinungen hervor. Kupferarsenat *(Cuprum arsenicicum)* und das Metall selbst *(Cuprum metallicum)* werden in gleicher Weise verwendet.

Cuprum metallicum
Kupfermetall

Die ∅ wird durch Verreibung des Metalls hergestellt. Die Symptome, die dieses Metall hervorruft, sind heftige Krämpfe und Schmerzanfälle, die keinem erkennbaren Muster folgen. Die Muskeln kontrahieren und verdrehen sich. Im zentralen Nervensystem können Anfälle und Krämpfe auftreten, die epileptische Züge annehmen. Der Kopf wird auf eine Seite gedreht.

Curare Kurare, Indianerpfeilgift (aus *Strychnos toxifera*), Familie Loganiaceae (Loganiengewächse)

Die Urtinktur wird durch Verdünnung mit Alkohol bereitet. Das Gift ruft Muskellähmungen hervor, ohne Sinnesempfindung oder Bewußtsein zu beeinträchtigen. Die Reflexe sind geschwächt, es setzt eine motorische Lähmung ein. *Curare* reduziert den Adrenalinausstoß und bewirkt eine Nervenschwäche.

Damiana (= *Turnera aphrodisiaca*) Damiana, Familie Turneraceae

Der Wirkstoff dieser Pflanze hat eine hohe Affinität zu den Geschlechtsorganen. *Damiana* wird beim männlichen Tier zur Steigerung der Libido eingesetzt. Trotz unterschiedlicher Resultate sollte man diese Arznei als ein mögliches Heilmittel bedenken.

Digitalis purpurea Roter Fingerhut, Familie Scrophulariaceae (Braunwurzgewächse)

Die ∅ wird aus den Blättern hergestellt. Der Wirkstoff des Fingerhuts verlangsamt die Herzaktivität, und der Puls wird schwach und unregelmäßig. *Digitalis* ist ein bekanntes Mittel bei Herzerkrankungen. Mit seiner Hilfe werden der Herzschlag reguliert und der Puls stabilisiert. Als Tiefpotenz gegeben, erhöht das Mittel den Herzausstoß und unterstützt auf diese Weise die Arbeit der Herzklappen. Hierdurch wiederum wird mehr Urin ausgeschieden, so daß Ödeme verhindert werden.

Drosera rotundifolia Rundblättriger Sonnentau, Familie Droseraceae (Sonnentaugewächse)

Die ∅ wird aus der frisch gepflückten Pflanze gewonnen. Diese Pflanze wirkt sich auf Lymphsystem, Brustfell (Pleura) und Gelenkhäute aus. Der Kehlkopfbereich wird von Entzündungen befallen, wobei jeder Reiz eine Überreaktion hervorruft.

Dulcamara (= *Solanum dulcamara*) Bittersüßer Nachtschatten, Familie Solanaceae (Nachtschattengewächse)

Die Ø wird aus den Blättern und den jungen, grünen Stengeln vor der Blütezeit hergestellt. Diese Pflanze gehört zur gleichen Familie (Nachtschattengewächse) wie Tollkirsche, Bilsenkraut und Stechapfel. Hohe Affinität besteht zu Schleimhäuten, Drüsen und Nieren, wo die Droge entzündliche Veränderungen und interstitielle Blutungen (d. h. in Organzwischenräume) hervorruft. Diese Arznei begünstigt Erkrankungen bei Tieren, die sich zu lange in Nässe und Kälte aufgehalten haben. Besonders ungünstig sind kühle, feuchte Abende nach einem heißen Tag. Solche Wetterverhältnisse treten vornehmlich im Herbst auf. Deshalb hilft *Dulcamara* auch bei einem solchen »Herbstdurchfall«. Die Arznei hat sich bei der Behandlung von Scherpilzflechten (Trichophytie) gut bewährt und kann auch gegen große fleischige Warzen gegeben werden.

Echinacea angustifolia
(syn. *Rudbeckia angustifolia*) Sonnenhut, Igelkopf, Kegelblume, Familie Asteraceae (Korbblütler)

Die Ø wird aus der ganzen Pflanze gewonnen. In den Wirkungsbereich der Kegelblume fallen akute Blutvergiftungen in Verbindung mit Sepsis verschiedener Gewebe. Unmittelbar nach der Entbindung ist *Echinacea* ein hilfreiches Mittel gegen »Kindsbetterkrankungen«, wenn die akute Gefahr einer Sepsis besteht. Das Mittel kommt auch bei allgemeinen septischen Leiden zum Einsatz, die durch infizierte Bißwunden oder Insektenstiche verursacht wurden. *Echinacea* wirkt am besten in dezimalen Tiefpotenzen.

Epigea repens Maiblume, Familie Ericaceae (Heidekrautgewächse)

Die Ø wird aus einer Tinktur der frisch gepflückten Blättern gewonnen. *Epigea* wirkt sich vorzugsweise auf die Harnwege aus, wo ein schmerzhafter Harndrang (Strangurie) sowie Nierensteine hervorgerufen werden. Man sollte sich diese Arznei als ein ideales Mittel merken, um Blasenentzündung (Zystitis) bei Tieren beiderlei Geschlechts sowie Harnsteine in Harnröhre und Blase zu behandeln.

Euphrasia officinalis Augentrost, Familie Scrophulariaceae (Braunwurzgewächse)

Die Ø wird aus der ganzen Pflanze hergestellt. Der Wirkstoff dieser Pflanze beeinflußt hauptsächlich die tränenbildenden Schleimhäute der Augenbindehaut (Konjunktiva). Auch die Hornhaut des Auges (Kornea) ist betroffen, häufig findet man Hornhautflecken (Maculae corneae). Der Augentrost ist – wie der Name schon sagt – eines der besten Mittel bei einer Vielzahl von Augenleiden, hauptsächlich bei Bindehautentzündung (Konjunktivitis) und Ulzerationen der Hornhaut. Neben der äußerlichen Anwendung (in Form einer 1 : 10 verdünnten Lösung) sollte *Euphrasia* zusätzlich auch eingenommen werden.

* FVR-Nosode (Abkürzung für *Feline Viral Rhinotracheitis =* Virusbedingter Katzenschnupfen)

Diese Nosode wird nur bei Katzen eingesetzt. Sie wird aus einem potenzierten Schnupfenvirus (Rhino-Virus) hergestellt, der aus einer an Katzenschnupfen erkrankten Katze stammt. Die Nosode kann vorbeugend und zur Therapie verwendet werden. Als prophylaktisches Mittel kann sie mit anderen Virusnosoden kombiniert werden.

Ferrum jodatum Eisenjodat

Die Potenzen werden durch Verreibung von Kristallen bereitet und anschließend in Alkohol gelöst. Als Arznei ist das Salz von besonderem Interesse bei Eisenmangel, der mit starken Atembeschwerden und heftigem, Blutspuren enthaltenden Schleimfluß einhergeht. Eisenchlorid (*Ferrum sequichloratum*) und das Metall selbst (*Ferrum metallicum*) werden ebenfalls bei Eisenmangel gegeben. *Ferrum metallicum* wird zumeist bei jungen Tieren eingesetzt, während Eisenchlorid eher geeignet ist, wenn zusätzlich Herzsymptome wie ein träger, kleiner Puls vorhanden sind.

Ferrum phosphoricum
Phosphorsaures Eisen

Die Potenzen werden aus einer Lösung in destilliertem Wasser hergestellt. Dem Arzneimittelbild dieses Salzes sind allgemeine fiebrige Erkrankungen zugeordnet. Das Mittel wird häufig in den Frühstadien von Infektionen verwendet, die langsamer fortschreiten als solche, bei denen *Aconitum* gegeben wird. Ausschlaggebend für die Wahl von *Ferrum phosphoricum* sind Halsentzündungen. Wenn bei einer Lungenstauung Blutungen auftauchen, sollte es ebenfalls verabreicht werden.

Ficus religiosa Peepal, Bobaum, Familie Moraceae (Maulbeerbaumgewächse)

Die ∅ wird aus frisch gepflückten Blättern hergestellt, die mit Alkohol extrahiert werden. Blutungen verschiedenster Art werden der toxischen Wirkung von *Ficus religiosa* zugeschrieben. Ein charakteristisches Symptom ist, wenn hellrotes Blut fließt. Das Mittel ist bei einer Infektion mit Kokzidien (einzellige Sporentierchen) sehr hilfreich. Im allgemeinen eignet sich diese Arznei aber besser bei Erkrankungen der Atemwege als bei Magen-Darm-Beschwerden.

* Folliculinum F. L.

Diese Nosode wird aus dem Gelbkörper (Corpus luteum) hergestellt und enthält ein Hormon des Eierstocks (Ovars), das eine heilende Wirkung auf Hauterkrankungen besitzt. Hauptsächlich wird das Mittel bei der Behandlung verschiedener Erkrankungen des Eierstocks verwendet. Die Nosode wird auch bei Frieselausschlag (Ekzema miliare) und Haarausfall (Alopezie) eingesetzt, die bei Tieren beiderlei Geschlechts ausgeprägt sein können. Auch bei Ekzemen, die nicht durch Hormone verursacht werden, kann *Folliculinum* eingesetzt werden, wenn der charakteristische purpurfarbene Ausschlag vorhanden ist.

Formica rufa Rote Waldameise, Familie Formicidae (Ameisen)

Die Tinktur wird aus lebenden Ameisen bereitet. Die in den Tieren enthaltene Ameisensäure ruft rheumatische Schmerzen hervor, begleitet von Ablagerungen in kleinen Gelenken. In schweren Fällen wird gelegentlich die Wirbelsäule befallen, was zu einer vorübergehenden Lähmung führen kann. *Formica* wird in der homöopathischen Veterinärmedizin als Mittel gegen Arthritis (Gelenksentzündung) verwendet, besonders im Bereich der Fußwurzelknochen.

* Gärtnerscher Bazillus (Bach)

Dem Prüfbild dieser Nosode sind Abmagerung und Fehlernährung zugeordnet. Das Tier leidet an chronischer Magen-Darm-Grippe, wird häufig von Würmern befallen und kann außerdem kein Fett verdauen. Diese Nosode wird vornehmlich bei jungen Tieren angewandt, die an Fehlernährung leiden und zudem andere Verdauungsprobleme haben.

Gelsemium sempervirens
Gelber Jasmin, Familie Loganiaceae (Loganiengewächse)

Die Ø wird aus der Wurzelrinde hergestellt. Diese Pflanze besitzt eine hohe Affinität zum Nervensystem, wo es unterschiedlich starke motorische Lähmungen hervorruft. Jasmin ist ein sehr hilfreiches Mittel gegen Magnesiummangel im Blut (Hypomagnesämie); es hilft dem Tier, sich wieder normal zu bewegen. Eine Einzellähmung unterschiedlicher Nerven, z. B. der Radialnerven, kann mit diesem Mittel ebenfalls gut behandelt werden. *Gelsemium* gibt man bei Krankheiten, die gewöhnlich Schwäche und Muskelzittern nach sich ziehen.

Glonoinum Nitroglyzerin

Die Potenzen werden aus einer Verdünnung mit Alkohol hergestellt. Diese Verbindung hat eine starke Affinität zu Gehirn und Blutkreislauf und ruft unvermittelte, starke Krämpfe hervor. *Glonoinum* kann auch Arterienstau (arterielle Hyperämie) verursachen, was man an klopfenden, pulsierenden Gefäßen unter der Hautoberfläche erkennen kann. Das Mittel ist sehr nützlich bei Erkrankungen des Gehirns, die durch starke Sonneneinstrahlung oder Wärmeeinwirkung hervorgerufen wurden. Die Arznei kann auch bei Krämpfen helfen, die durch Magnesiummangel im Blut bedingt sind.

Graphites (syn. *Carbo mineralis*) Reißblei

Die Potenzen werden aus einer Verreibung hergestellt, die anschließend in Alkohol gelöst wird. Diese Kohlenstoffmodifikation hat eine Affinität zu Haut und Krallen. Sehr häufig kommt es zu Ausschlägen. Aufgrund seiner Wirkung auf das Bindegewebe können Bindegewebserkrankungen hervorgerufen werden, die mit Fehlernährung einhergehen. Bei dem Tier setzt Haarausfall ein, und aus dunkelviolett gefärbten, nässenden Hautausschlägen suppt ein zähflüssiger Ausfluß. Außerdem bilden sich Abschürfungen, die sich zu eventuell eitrigen Geschwüren weiterentwickeln. Besonders gerne bilden sich derartige Ekzeme an Gelenkbeugen und hinter den Ohren.

Hamamelis virginica Virginischer Zauberstrauch, Zaubernuß, Familie Hamamelidaceae (Hamamelisgewächse)

Die ∅ wird aus der frischen Rinde von Zweigen und Wurzeln hergestellt. Diese Pflanze besitzt eine starke Affinität zum Venenkreislauf, wo Stauungen und Blutungen hervorgerufen werden. *Hamamelis* wirkt entspannend auf das Venensystem, wodurch es folglich zu Stauungen und Schwellungen kommen kann. Jedes Leiden, das durch Venenstauungen und Krampfadern charakterisiert wird, sollte sich nach Einsatz dieser Arznei verbessern.

Hekla lava Lava vom Hekla (auf Island)

Die Potenzen werden aus verriebener Vulkanasche hergestellt. In dieser Asche sind Substanzen enthalten, die man immer in Lava findet, nämlich *Alumina* (Tonerde), Kalk und *Silicea* (Kieselsäure). Lymphgewebe und Knochenskelett sind diejenigen Körperbereiche, die am besten auf *Hekla lava* ansprechen. Das Mittel eignet sich hervorragend zur Behandlung von Knochenauswüchsen

(Exostosen) und Tumoren der Gesichtsknochen, aber auch bei Zahnkaries, die aufgrund von Zahnkrankheiten entstanden ist. *Hekla lava* wirkte auch sehr erfolgreich bei einer Strahlenpilzkrankheit (Aktinomykose) der Unter- und Oberkieferknochen. Generell ist es ein gutes Mittel bei der Behandlung von Knochentumoren aller Art.

Helleborus niger Schwarze Nieswurz, Christwurzel, Familie Ranunculaceae (Hahnenfußgewächse)

Die ∅ wird aus frisch gepreßtem Wurzelsaft gewonnen. Die Affinität dieser Pflanze richtet sich auf das zentrale Nervensystem und den Magen-Darm-Trakt. In geringerem Umfang sind auch die Nieren betroffen. *Helleborus* ruft taumelnde Bewegungen mit Schwindel und Krämpfen hervor. Das Tier muß sich verstärkt übergeben und häufig Harn lassen, sein Kot ist durchfallartig. Die Herztätigkeit ist verlangsamt.

Hepar sulfuris Kalkschwefelleber

Diese Substanz wird hergestellt, indem man Kalziumkarbonat mit Schwefelblüten verbrennt. Aus der verriebenen Asche werden anschließend die Potenzen gewonnen. Dem Arzneimittelbild sind Erkrankungen mit Eiterbildungen zugeordnet, in deren weiterem Verlauf das kranke Tier auf Druckschmerz besonders empfindlich reagiert. Das Mittel ruft katarrhalische und eiternde Infektionen der Schleimhäute in den Atemwegen und im Magen-Darm-Trakt hervor. Auch die Haut und die lymphatischen Organe können betroffen sein. Die Arznei hat ein breites Wirkspektrum. Man sollte sich *Hepar sulfuris* als ein ideales Mittel bei allen eitrigen Entzündungen in Verbindung mit überempfindlichem Druckschmerz einprägen, beispielsweise bei einer akuten Sommer-Mastitis (Brustdrüsenentzündung). Als Tiefpotenz fördert es die Eiterbildung, während durch Hochpotenzen (von D200 ab aufwärts) der Vereiterungsprozeß gestoppt und die Auflösung des Eiters gefördert wird.

* Hippozaeninum (syn. *Mallein*)

Diese Nosode wurde lange Zeit aus dem Extrakt eines Erregers hergestellt, der in früheren Zeiten bei Pferden die Rotzkrankheit, kurz Rotz genannt, hervorrief. Sie besitzt einen breiten Verwendungsbereich bei vielen Katarrhen, die durch leimartigen oder honigfarbenen Ausfluß gekennzeichnet sind, beispielsweise Nebenhöhlenentzündung (Sinusitis) oder Stinknase (Ozäna), eventuell auch mit Geschwulstbildung am Nasenknorpel. Ein exzellentes Mittel bei manchen Formen von chronischem Schnupfen, der durch Viren hervorgerufen wurde.

Hydrangea arborescens

Hydrangea (Wilde Hortensie im Osten der USA), Familie Saxifragaceae (Steinbrechgewächse)

Die Urtinktur wird aus frisch gepflückten Blättern und jungen Pflanzensprossen hergestellt. Diese Pflanze wirkt sich sehr stark auf die Harnwege aus, insbesondere auf die Blase, wo sie an der Auflösung von Blasengrieß beteiligt ist. Auch die Vorsteherdrüse (Prostata) fällt in ihren Einflußbereich.

Hydrastis canadensis Kanadische Gelbwurzel, Familie Ranunculaceae (Hahnenfußgewächse)

Die ∅ wird aus der frischen Wurzel bereitet. Bei einer katarrhalischen Entzündung wirkt *Hydrastis* heilend auf die befallenen Schleimhäute. Das abgesonderte Sekret ist im allgemeinen gelb und dick. Jeder Katarrh mit einsetzendem eitrig-schleimigen Ausfluß fällt in die Wirksphäre dieser Arznei, z. B. leichte Formen der Gebärmutterentzündung (Metritis) und Nebenhöhlenentzündung (Sinusitis).

Hydrocotyle asiatica (syn. *Centella asiatica*) Asiatischer Wassernabel, Familie Apiaceae (Doldengewächse)

Die ∅ wird aus der ganzen Pflanze gewonnen. Hauptsächlich wirkt *Hydrocotyle* auf die Haut und die weiblichen Geschlechtsorgane, in geringerem Umfang wird auch die Tätigkeit der Leber beeinflußt. In den Wirkungsbereich dieser Arznei fallen Hautleiden, bei denen die Oberhaut (Epidermis) sich verdickt und rauh wird.

Hyoscyamus niger Bilsenkraut, Familie Solanaceae (Nachtschattengewächse)

Die Urtinktur wird aus der ganzen Pflanze hergestellt. Der Wirkstoff dieser Pflanze zerstört das zentrale

Nervensystem, wo er Hirnerregung und manische Zustände auslöst. Krankheiten, bei denen man *Hyoscyamus* gibt, werden nicht von Entzündungen begleitet (siehe *Belladonna*).

Hypericum perforatum Johanniskraut, Familie Hypericaceae (Johanniskrautgewächse)

Die ∅ wird aus der ganzen, frisch gepflückten Pflanze bereitet. Der Wirkstoff kann an Hautstellen mit Pigmentmangel (Melaninmangel) eine Überempfindlichkeit gegen Licht verursachen. Hauptsächlich wird das zentrale Nervensystem betroffen, wo *Hypericum* Überempfindlichkeit auslöst. An manchen Stellen bilden sich Schorf und Hautnekrosen. Diese Arznei ist von besonderer Bedeutung bei der Behandlung von Rißwunden, bei denen Nervenendungen beschädigt sind. Auch bei Wirbelsäulenverletzungen, insbesondere im Steißbereich, werden gute Ergebnisse erzielt. Seine besondere Wirkung auf Nerven macht das Mittel bei Wundstarrkrampf (Tetanus) geeignet; wenn es unmittelbar nach einer Verletzung gegeben wird, kann die Verbreitung des Giftstoffs (Toxin) unterbunden werden. Bei Rißwunden kann man *Hypericum* zusammen mit *Calendula* äußerlich verabreichen, und zwar beide in zehnfacher Verdünnung. Das Johanniskraut ist ein sehr nützliches Mittel bei Empfindlichkeit gegen Licht (Photosensibilität) und ähnlichen allergischen Leiden.

Ipecacuanha (= *Cephalis ipecacuanha*) Brechwurzel, Familie Rubiaceae (Rötegewächse)

Die Urtinktur wird aus der getrockneten Wurzel hergestellt. Die bedeutendste Komponente ist das Alkaloid Emetin. Diese Pflanze ist hauptsächlich mit Blutungen assoziiert, insbesondere bei heftigen Blutungen unmittelbar nach der Geburt.

Iris versicolor Buntfarbige Schwertlilie, Familie Iridaceae (Schwertliliengewächse)

Die ∅ wird aus der frischen Wurzel hergestellt. Diese Pflanze wirkt auf unterschiedliche Drüsen, besonders aber auf Speicheldrüsen, Pankreas und Schilddrüse. Da *Iris* einen besonderen Einfluß auf die Schilddrüse hat, kann der Hals anschwellen. In der Verterinärmedizin wird diese Arznei hauptsächlich eingesetzt, um Beschwerden des Pankreas (Bauchspeicheldrüse) zu behandeln. Die Ergebnisse waren durchgehend gut.

Jodum Jod

Die Potenzen werden aus einer Tinktur hergestellt, indem man elementares Jod in Alkohol auflöst. Die Stärke dieser Tinktur beträgt 1%. In hoher Dosis verabreicht, ruft das Element eine Jodvergiftung (Jodismus) hervor, von der als erste Bereiche Augen und Nebenhöhlen befallen werden, was zu Bindehautentzündung und Bronchitis führt. Nach übermäßiger Einnahme treten eine allgemeine Schwäche und Muskelatrophie (Muskelschwund) ein. Die Haut wird trocken und sieht verwelkt aus, und das Tier hat Heißhunger. Leiden, die einander entgegengesetzte Symptome gleichzeitig äußern, z. B. starke Zellvermehrung und Zellschwund, werden ebenfalls mit *Jodum* behandelt. Jod kann bei Störungen und Fehlfunktionen des Eierstocks (Ovars) gegeben werden, wenn die Ovarien während einer rektalen Untersuchung klein und verschrumpelt scheinen. Es ist ein gutes Drüsenmittel. Vor allem sollte man seine besondere Affinität zur Schilddrüse nicht vergessen.

Kalium arsenicosum
Fowlersche Lösung

Die Ø wird durch Verdünnung des Salzes gewonnen. Die Fowlersche Lösung ist generell ein gutes Mittel bei Hautkrankheiten.

Kalium bichromicum
Kaliumdichromat

Die Potenzen werden aus einer Lösung in destilliertem Wasser gewonnen. Dieses Salz beeinflußt die Schleimhäute des Magens, des Darms und der Atemwege, während diejenigen der übrigen Organe nicht betroffen sind. Die Erkrankungen verlaufen ohne Fieber ab. Auf den Schleimhäuten bildet sich durch den Einfluß von Kaliumdichromat eine katarrhartige gelbfarbene Absonderung, die zähe Fäden zieht. Dieser ganz typische Schleim sollte den Ausschlag für eine Behandlung mit *Kalium bichromicum* geben. Die Arznei kann auch bei Bronchopneumonie, Nebenhöhlenentzündung und Nierenbeckenentzündung genommen werden.

Kalium carbonicum
Kaliumkarbonat

Die Potenzen werden aus einer Lösung in destilliertem Wasser gewonnen. Dieses Salz findet man in den Zellen aller Pflanzen, die Kalium enthalten. Kaliumkarbonat bewirkt eine allgemeine Schwäche des Körpers; eine derartige Wirkung findet man auch bei anderen Kalisalzen. Die Tiere haben kein Fieber. *Kalium carbonicum* ist ein sehr hilfreiches Rekonvaleszenzmittel.

Kalium chloricum
Kaliumchlorid

Die Potenzen werden aus einer Lösung in destilliertem Wasser gewonnen. Hauptsächlich sind die harnbildenden Organe betroffen, die einen blutdurchsetzten, eiweißreichen Urin produzieren.

Kalium jodatum   Kaliumjodid

Die Potenzen werden aus verriebenem Salz gewonnen, das anschließend in Alkohol gelöst wird. An den Augen entsteht durch dieses sehr wichtige Salz ein beißender, wäßriger Ausfluß. Faser- und Bindegewebe sind ebenfalls betroffen. Außerdem schwellen die Drüsen an. Man setzt Kaliumjodid verbreitet bei verschiedensten Leiden ein, die die charakteristischen Begleitsymptome an Augen und Atemwegen aufweisen.

Kreosotum   Buchenholzteerdestillat

Die Ø wird aus einer Lösung mit absolutem Alkohol bereitet. Diese Substanz löst Blutungen aus kleinen

Wunden mit brennendem Ausfluß und Geschwürbildungen aus. Blut und andere Körperflüssigkeiten werden rasch zersetzt. Die Augenlider können sich entzünden (Blepharitis) und gelegentlich Gangräne (Brand) bilden. Bei erkrankten weiblichen Tieren läuft dunkles Blut aus der Gebärmutter. *Kreosotum* wurde erfolgreich bei gefährlichen Gangränen angewendet, die typische Frühsymptome wie die geschilderten Blutungen und Ulzerationen zeigten.

Lachesis (= *Lachesis muta*)
Buschmeister, Buschotter, Sucurú, Familie Crotalidae (Grubenottern)

Eine Trituration des Giftes in Alkohol ist die Ausgangsstufe, aus der man anschließend die Potenzen erhält. Außerordentlich leicht kommt es zu Blutungen und Sepsis mit ausgeprägter Kraftlosigkeit. Dies ist ein gutes Mittel, um bei Vipernbissen einer Komplikation durch Sepsis (Blutvergiftung) vorzubeugen und Schwellungen zu verhindern. Von besonderem Wert erweist sich *Lachesis*, wenn bei einer Halsentzündung eine linksseitige Schwellung inklusive der Ohrspeicheldrüse (Parotis) entsteht. Wo immer es zu Blutungen kommt, strömt dunkles Blut aus; dieses gerinnt nicht sofort, während das Hautgewebe, das die Wunde umgibt, einen dunkelvioletten Farbton annimmt.

Lathyrus sativus Gemeine
Platterbse, Familie Fabaceae (Schmetterlingsblütler)

Die ∅ wird aus dem Blütenstand und den Hülsen der Frucht bereitet. Die Droge wirkt sich auf den vorderen Bereich der Wirbelsäule aus und ruft in den unteren Gliedmaßen Lähmungserscheinungen hervor. Die Kraft der Nerven ist im allgemeinen geschwächt. *Lathyrus* sollte man bei Krankheiten nehmen, bei denen das Tier ruhen muß. Gleichzeitig kommt es zu Mineralmangel sowie zu Nervenschwäche mit lokalen Lähmungserscheinungen.

Ledum palustre Sumpfporst,
Familie Ericaceae (Heidekrautgewächse)

Die ∅ wird aus der ganzen, frisch gepflückten Pflanze hergestellt. Der Wirkstoff ruft Symptome wie bei Wundstarrkrampf (Tetanus) hervor, die von Muskelzucken beleitet sind. Das Mittel wird hauptsächlich bei Stichwunden eingesetzt, vor allem dann, wenn die Umgebung der Wunde kalt und farblos wird. Insektenstiche, aber auch Verletzungen am Auge sprechen gut auf diese Arznei an.

Lemna minor Entengrütze,
Kleine Wasserlinse, Familie Lemnaceae (Wasserlinsengewächse)

Die Urtinktur wird aus ganzen, frisch gepflückten Pflanzen gewonnen. Dieses Mittel ist besonders bei Katarrhen in der Nasenpassage geeignet, wo sich ein schleimig-eitriger, besonders abstoßender Ausfluß bildet. Im Bereich des Magen-Darm-Traktes können Durchfall und Blähgefühl entstehen.

Lilium tigrinum Tigerlilie,
Familie Liliaceae (Liliengewächse)

Aus den frisch gepflückten Blättern
und Blüten dieser Pflanze wird die Ø
bereitet. Hauptwirkungsrichtung ist
das Becken mit seinen Organen, wo
Krankheiten hervorgerufen werden,
die sich aus Beschwerden an Ovar
oder Uterus entwickeln. Eine erhöhte Schlagzahl des Herzens wird von
unregelmäßigem Puls begleitet. Der
Urin kommt spärlich, aber häufig. In
der Gebärmutter staut sich das Blut,
sie sondert einen blutdurchsetzten
Ausfluß ab und kann aus ihrer Position rutschen. Dieses Arzneimittel ist
bei blutiger Eiteransammlung in der
Gebärmutter angezeigt, aber auch
bei (Funktions)Störungen des Eierstocks.

Lithium carbonicum Lithium-
karbonat

Die Ø wird durch Verreibung des
getrockneten Salzes bereitet. Im
kranken Tier ruft dieses Lithiumsalz
eine chronische Gelenksentzündung
(Arthritis) und eine Veranlagung
(Diathese) zur Harnsäurebildung
hervor. Der Urin wird unter Schwierigkeiten abgeschlagen; er enthält
Schleim und ein rotes sandiges Sediment. Die Harnblase entzündet sich,
der ausgeschiedene Harn ist dunkel.
Mit diesem Salz sollten bestimmte
Formen der Arthritis sowie Harn-
und Blasenleiden, die Harnsäurebildung verursachen, behandelt werden.

Lobelia inflata Indischer Tabak,
Familie Lobeliaceae (Lobelien-
gewächse)

Die Ø wird aus den getrockneten
Blättern hergestellt, die anschließend mit Alkohol verdünnt werden.
Der Wirkstoff arbeitet wie ein Ge-
fäßreizmittel, das die Atmung behindert und Symptome wie Appetitlosigkeit und Entspannung der Muskulatur hervorruft. Mit *Lobelia* lassen sich Emphyseme gut behandeln.
Außerdem ist es ein sehr gutes Rekonvaleszenzmittel.

Lycopodium clavatum Kolben-
bärlapp, Schlangenmoos, Familie
Lycopodiaceae (Bärlappgewächse)

Die Urtinktur wird aus den zerstoße-
nen Sporen gewonnen, die anschließend mit Alkohol verdünnt werden.
Der Wirkstoff beeinflußt hauptsächlich das Verdauungssystem und die
Nieren. Auch die Atemwege sind
häufig betroffen (z. B. durch eine
Lungenentzündung). Die Magentätigkeit ist insgesamt mangelhaft, und
das Tier gibt sich mit ganz wenig
Futter zufrieden. Auch die Speicher-
funktion der Leber (d. h. die Bildung
und Speicherung der körpereigenen
Energiereserven) ist beeinträchtigt.
Das Mittel hilft generell bei Erkrankungen des Magen-Darm-Trakts,
der Harnwege und der Luftwege.
Charakteristischerweise werden die
Symptome am Spätnachmittag und
frühen Abend schlimmer. Diese Arznei ist das Mittel der Wahl, wenn
eine Azetonämie (Vorhandensein
von Aceton im Blut) vorliegt. Sein
Einfluß auf die Haut macht *Lycopodium* zu einem idealen Mittel bei
Haarausfall (Alopezie).

Lycopus virginicus Wolfstrapp, Virginischer Wolfsfuß, Familie Lamiaceae (Lippenblütler)

Die Ø wird aus der ganzen, frisch gepflückten Pflanze bereitet. Der Wirkstoff dieser Pflanze senkt den Blutdruck und ruft Venenblutungen hervor. Die Hauptwirkungsrichtung in der homöopathischen Veterinmedizin ist das gesamte Herz, dort wird der Puls schwach und unregelmäßig. Die Herzarbeit nimmt zu; das Tier bekommt nur schwer Luft und läuft blau an. Die Atemgeräusche werden pfeifend, es wird ein blutdurchsetzter Schleim ausgehustet.

Magnesium phosphoricum
Magnesiumphosphat

Die Potenzen werden aus verriebenem Salz hergestellt, das anschließend in destilliertem Wasser aufgelöst wird. Dieses Salz löst in der Muskulatur Krämpfe aus. *Magnesium phosphoricum* ist gut bei Magnesiummangel im Blut (Hypomagnesämie), da es sofort wirkt und eventuellen Hirnschädigungen vorbeugt.

* Malandrinum

Diese Nosode wurde aus den Erregern einer Pferdekrankheit, der Schmutzmauke oder Flechtenmauke, entwickelt und wird aus der triturierten Absonderungen bzw. aus verriebenem befallenem Gewebe bereitet. Mit diesem Mittel wird hauptsächlich chronischer, nässender Hautausschlag behandelt. In diesem Zusammenhang kann man mit der *Malandrinum*-Nosode auch bestimmte Ohrkarzinome behandeln.

Melilotus (= *Melilotus officinalis*) Steinklee, Familie Fabaceae (Schmetterlingsblütler)

Die Ø wird aus der ganzen, frisch gepflückten Pflanze gewonnen. Dem Arzneimittelbild dieser Pflanze sind hauptsächlich starke Blutungen zugeordnet. Die Droge enthält eine Komponente, die Blut zersetzt, und verhindert daher, daß sich nach äußeren Verletzungen Blutgerinnsel im Blut bilden (Thrombose). *Melilotus* gilt als gutes Mittel, um Blutergüsse und Unterhautblutungen zu behandeln, deren Ursprung ungewiß ist.

Mercurius bijodatus
(= *Hydrargyrum bijodatum rubrum*) Rotes Quecksilberjodid

Die Potenzen werden aus einer Verreibung des Salzes bereitet. Rotes Quecksilberjodid verursacht häufig Schwellungen der Drüsen, besonders auf der linken Halsseite. Ein auffälliges Symptom ist die steife Halsmuskulatur.

Mercurius corrosivus
Quecksilberchlorid

Die Potenzen werden durch Verreibung und anschließende Verdünnung gewonnen. Dieses Salz hat eine ähnliche Wirkung wie *Mercurius vivus*, jedoch sind die hervorgerufenen Symptome im allgemeinen stärker. Im unteren Darmbereich wird ein schmerzhafter Drang verursacht, Kot abzugeben; dies führt meist zu Durchfall. Außerdem kann *Mercurius corrosivus* das Nierengewebe zerstören. Von den Schleimhäuten wird ein grünliches Sekret abgesondert.

Dieses Mittel kann auch bei schwerem Befall mit Kokzidien (Kokzidiose) von Nutzen sein.

Mercurius cyanatus
Quecksilbercyanid

Die Potenzen werden durch Verreibung und anschließende Verdünnung bereitet. Dieses Quecksilbersalz ruft ähnliche Krankheitssymptome hervor wie bakterielle Giftstoffe (Toxine). Sehr häufig findet man Kraftlosigkeit und eine Neigung zu Blutungen. Oft bilden sich Geschwüre an der Schleimhaut von Maul und Rachen. Die Geschwüroberfläche ist von einem gräulichen Belag eingefaßt. Besonders häufig ist die Schlundregion (Pharynx) betroffen; die Haut wird zunächst gerötet, bevor das Gewebe in einem späteren Stadium abstirbt.

Mercurius dulcis   Calomel

Die Potenzen werden durch Trituration und anschließende Verdünnung hergestellt. Die Hauptwirkungsrichtung sind insbesondere Ohr und Leber. Gelbsucht und andere Formen der Hepatitis sind meist die Folge. Bei weniger starken Formen der Leberzirrhose kommt *Mercurius dulcis* als Heilmittel in Betracht.

Mercurius jodatus flavus
Gelbes Quecksilberjodid

Auch hier werden die Potenzen durch Verreibung und Verdünnung hergestellt. Gelbes Quecksilberjodid führt häufig zu Drüsenverhärtung (in der Maulhöhle), begleitet von einer belegten Zunge. Die Ohrspeicheldrüsen (Parotis) und die Unterkieferspeicheldrüsen (Submaxillaris) schwellen an, allerdings wesentlich deutlicher auf der rechten Körperseite. In den Wirkungsbereich dieser Arznei fallen unterschiedliche Drüsenschwellungen und -entzündungen, generell sind jedoch Ohrspeicheldrüsenentzündung (Parotitis) und Lymphknotenentzündung (Lymphadenitis) besonders häufig.

Mercurius solubilis   Quecksilber

Die Potenzen werden aus einer Verreibung und anschließender Verdünnung in Alkohol gewonnen. Dieses Metall wirkt auf alle Organe und Gewebstypen, indem es die Zellen absterben läßt und anschließend zu einer Blutarmut (Anämie) führt. Bei fast allen Erkrankungen wird viel Speichel gebildet, und das Zahnfleisch wird aufgelockert und blutet leicht. Sehr oft tritt Durchfall auf, der Kot ist dann schleimig und blutdurchsetzt. *Mercurius solubilis* wird bei Krankheiten gegeben, die sich zwischen Sonnenuntergang und Sonnenaufgang verschlimmern.

Millefolium   (= *Achillea millefolium*) Schafgarbe, Familie Asteraceae (Korbblütler)

Die Ø wird aus der ganzen Pflanze hergestellt. Die Wirkung von *Millefolium* ruft Blutungen an verschiedenen Körperteilen hervor. Das Blut ist hellrot.

*Morgan (Bach)
(syn. *Morganscher Bazillus*)

Im Rahmen einer klinischen Untersuchung wurden die Symptome festgestellt, die diese Nosode hervorruft:

Erkrankungen des Magen-Darm-Trakts und der Atemwege, in zweiter Linie Erkrankungen des Fasergewebes und der Haut. Diese Wirkung wird in der homöopathischen Veterinärmedizin hauptsächlich verwendet, um Entzündungen zu behandeln, beispielsweise akute Ekzeme. Diese Nosode kann mit anderen geeigneten Mitteln kombiniert werden.

Murex purpurea (syn. *Murex cornutus*) Purpurschnecke, Familie Muricidae (Leistenschnecken)

Die Ø wird aus dem getrockneten Sekret der Purpurdrüse gewonnen, die aus verschiedenen *Murex*-Arten stammt. Die Droge wirkt sich vorzugsweise auf die weiblichen Geschlechtsorgane aus, indem sie den Zyklus stört. Das Mittel wird eingesetzt, wenn das Tier nicht paarungsbereit ist oder zur Anregung des Eisprungs. Den vermutlich besten Erfolg zeigt *Murex* bei Eierstockzysten, die zu hormonellen Störungen und hierdurch zu einer Dauerhitze führen können.

Naja tripudians (syn. *Naja naja*) Brillenschlange, Kobra, Familie Elapidae (Giftnattern)

Die Potenzen werden aus verriebenem Schlangengift hergestellt, das anschließend mit Alkohol verdünnt wurde. Alternativ läßt sich die Ø auch durch Verdünnung des reinen Gifts herstellen. Kobragift ruft eine Bulbärparalyse hervor, auch Duchenne-Lähmung genannt (dabei handelt es sich um Lähmungserscheinungen, die vom verlängerten Rückenmark ausgehen). Nach dem Biß erscheinen die tiefer liegenden Gewebeschichten dunkelviolett und mit großen Mengen blutdurchsetzten Sekrets angefüllt. Das Tier verliert plötzlich die Kontrolle über seine Gliedmaßen. Das Herz ist sehr stark betroffen. Die Arznei bietet sich zur Behandlung angioneurotischer Ödeme an.

Natrium chloratum
(syn. *Natrium muriaticum*) Kochsalz

Die Potenzen werden durch Verreiben des Salzes hergestellt, das anschließend in destilliertem Wasser aufgelöst wird. Übermäßiger Kochsalzkonsum kann zu Anämie führen; bei dem erkrankten Tier sind dann Anzeichen von Wassersucht und anderen Ödemen zu erkennen. Die Zahl der Leukozyten (weiße Blutkörperchen) steigt, gleichzeitig trocknen die Schleimhäute aus. Ein unschätzbares Heilmittel, wenn eine Krankheit, die in Folge einer Anämie oder chronischen Nierenentzündung entstand, nicht besser werden will.

Natrium sulfuricum
Natriumsulfat, Glaubersalz

Die Ø wird durch Verreibung des Salzes hergestellt. Glaubersalz schwächt alle Körperteile, die der Feuchtigkeit ausgesetzt waren. Die Leber ist in Mitleidenschaft gezogen, und gerne bilden sich Warzen aus. Gelegentlich kommt es zu Gelbsucht und anderen Formen der Hepatitis. Plötzlich stellen sich ein geblähter Bauch und wäßriger Durchfall ein. Die Erfahrung hat gezeigt, daß dieses Mittel von großem Wert war, wenn nach einer (länger zurückliegenden) Kopfverletzung Beschwerden auftraten, die scheinbar nichts mit dieser Verletzung zu tun hatten.

* »Notfall-Medizin« Bachblüte
Diese Medizin (Nosode) gehört zu den vielen Bachblüten-Mitteln, unter denen es wohl die bekannteste ist. Bachblüten werden nicht potenziert wie homöopathische Mittel, in der Praxis hat sich aber erwiesen, daß sie beachtliche heilende Eigenschaften besitzen. Dieses Mittel ist gut für kranke Tiere, die unter einem Trauma (d. h. einer gewaltsamen Einwirkung von außen) stehen, wie z. B. Streß, Schockzustand oder dem Trauma nach einer Operation. Ein exzellentes Mittel, um geschwächte Neugeborene nach der Geburt wieder zu beleben.

Nux vomica Brechnuß
(aus *Strychnos nux-vomica*, Brechnußbaum), Familie Loganiaceae (Loganiengewächse)

Die ∅ wird aus den getrockneten Samen hergestellt. Diese Pflanze ruft Verdauungsbeschwerden und Verstopfung hervor, häufig begleitet von Symptomen wie Blähungen und Verdauungsschwäche. Der Kot ist im allgemeinen hart.

Ocimum canum Campherbasilikum, Familie Lamiaceae (Lippenblütler)

Die ∅ wird aus den frisch gepflückten Blättern bereitet. Diese Arznei wirkt sich sehr stark auf die Harnwege aus und fördert die Bildung eines trüben, dunkelgelben Urins. Dieser ist mit Schleim und Eiter durchsetzt und riecht süßlich nach Moschus. *Ocimum* wird bei Harn-und Blasenleiden verwendet, die diese Symptome aufweisen.

Oleum terebinthinae
(syn. *Terebinthina*) Terpentinöl

Die Potenzen werden aus einer alkoholischen Lösung bereitet. An verschiedenen Stellen der Körperoberfläche treten Blutungen auf, insbesondere an den Harnwegen. Das Tier hat Mühe beim Wasserlassen, sein Urin ist oft voller Blutspuren. Auch die Gebärmutter kann bluten, besonders unmittelbar nach der Geburt. Man gibt *Oleum terebinthinae* auch bei akuter Nierenentzündung mit blutigem Urin (Hämaturie), der süßlich riecht und nach Veilchen duftet. In niedrigen Potenzen hilft die Arznei auch gegen starke Blähungen.

* Oopherinum

Hierbei handelt es sich um ein Hormon des Ovars (Sexualhormon, wie beispielsweise Östrogen). Erkrankungen der Eierstöcke fallen daher in den Einflußbereich dieser Nosode, beispielsweise Unfruchtbarkeit, weil die Ovartätigkeit gestört ist. Das Mittel wird auch bei einigen Hauterkrankungen gegeben, die mit den Symptomen von *Oopherinum* in Zusammenhang gebracht werden.

Opium (= *Papaver somnifera*)
Schlafmohn, Familie Papaveraceae (Mohngewächse)

Die ∅ wird nach der Trituration aus dem dabei gewonnenen Pulver hergestellt. *Opium* bewirkt, daß das gesamte Nervensystem unempfindlich wird; das Tier ist völlig benommen und geistig abgestumpft. Auch die Vitalreaktion bleibt aus. Alle Beschwerden sind durch einen Halbschlafzustand gekennzeichnet. Die Pupillen sind zusammengezogen, die Augen blicken völlig starr.

* Ovarium

Hierbei handelt es sich ebenfalls um ein Hormon des Eierstocks, das in potenzierter Form vorliegt. Die Nosode hat ein ähnlich breites Wirkspektrum wie *Folliculinum*, die mit *Ovarium* erzielten Ergebnisse sind jedoch weniger zufriedenstellend als die mit *Folliculinum* erreichten.

Palladium
Metallisches Palladium

Die Potenzen werden durch Verreibung und anschließende Verdünnung gewonnen. Hauptsächlich wirkt dieses Metall auf die weiblichen Geschlechtsorgane, wo es Entzündungen der Eierstöcke hervorruft. Dabei kann es leicht zu einer Entzündung des Beckenbauchfells kommen. Der rechte Eierstock leidet meist häufiger unter Beschwerden als der linke. *Palladium* ist auch gut gegen Beschwerden und Störungen im Beckenbereich, wenn diese als Folge einer Eierstockentzündung (Ovaritis) entstanden sind.

* Pancreatinum

Die Ø wird aus trituriertem Extrakt des Pankreas (Bauchspeicheldrüse) gewonnen. Bei verschiedenen Beschwerden der Bauchspeicheldrüse wird *Pancreatinum* entweder aus-
schließlich oder in der Kombination mit ausgewählten Arzneien verwendet, je nach Lage des Falls. Wenn ein Tier an Pankreatitis (Entzündung der Bauchspeicheldrüse) leidet, kann *Pancreatinum* zusammen mit dem Verdauungsenzym Trypsin verabreicht werden.

Pareira   (= *Pareira brava*) Grießwurz, Familie Menispermaceae (Mondsamengewächse)

Die Ø wird aus einer Tinktur der frischen Wurzel hergestellt. *Pareira* wirkt sich in erster Linie auf die Harnwege aus, wo die Pflanze eine katarrrhalische Blasenentzündung hervorruft. Dabei bilden sich öfters Nierensteine. Bei weiblichen Tieren kann man Ausfluß aus Scheide und Gebärmutter feststellen. *Pareira* sollte gegen Harnblasensteinen gegeben werden, wenn das Tier an starkem schmerzhaftem Harndrang (Strangurie) leidet und starke Schmerzen hat.

* Parotidinum

Hierbei handelt es sich um eine Mumps-Nosode. In der Veterinärpraxis ist sie ein bewährtes Mittel, um geschwollene Ohrspeicheldrüsen und das sie umgebende Gewebe zu behandeln. *Parotidinum* kann entweder ausschließlich oder in Kombination mit erforderlichen Arzneien verwendet werden.

* Pasteurella

Diese Nosode wird aus *Pasteurella*-Kulturen gewonnen, die aus einzelnen Krankheitsfällen isoliert wurden. Sie wird normalerweise in der

Stärke D30 verwendet und kann bei Befall mit *Pasteurella* zusammen mit anderen ausgewählten Arzneimitteln verwendet werden.

Petroleum   Petroleum, Steinöl

Die Urtinktur wird aus dem Öl gewonnen. Diese Substanz ruft Hautausschlag und Schleimhautkatarrh hervor. An den Ohren, Augenlidern und Füßen bilden sich ekzemartige Ausschläge mit Rissen, die nur langsam abheilen. Normalerweise ist die Haut dabei trocken. Bei kaltem Wetter verschlimmern sich die Beschwerden. *Petroleum* ist ein gutes Mittel bei einigen chronischen Hauterkrankungen, auf die die genannten Symptome zutreffen.

Phosphorus   Phosphor

Durch Verreiben von rotem Phosphor gewinnt man die ∅. Phosphor ist eine sehr wichtige Substanz, die bei Schleimhäuten Entzündungen und Zellabbau auslöst; außerdem verursacht Phosphor die Zerstörung von Knochen und bewirkt, daß das Gewebe der Leber und anderer Organe abstirbt. Besonders stark sind die Bestandteile der Augen betroffen, wie etwa Netzhaut (Retina) und Regenbogenhaut (Iris). Dem Arzneimittelbild des Phosphors ist besonders eine Neigung zu Blutungen zugeordnet; Haut und Schleimhäute können daher öfters geringfügig bluten. *Phosphorus* wird in der Praxis sehr breit und unterschiedlich eingesetzt, es ist eines der wichtigsten Mittel der Pharmakopoe (Arzneibuch).

Phytolacca decandra   Kermesbeere, Familie Phytolaccaceae (Kermesbeerengewächse)

Die ∅ wird aus der kompletten, frisch gepflückten Pflanze hergestellt. Neben angeschwollenen Drüsen kennzeichnen Unrast und Kraftlosigkeit das Arzneimittelbild dieser Pflanze. In der Veterinärmedizin wird *Phytolacca* hauptsächlich verwendet, um angeschwollene Zitzen (Brustdrüsen) zu behandeln – insbesondere, wenn die Drüsen verhärten und schmerzen. Neben einer Entzündung des Gesäuges (Mastitis) können sich auch Abszesse bilden. Bei männlichen Tieren können die Hoden anschwellen. Diese Arznei ist bei Mastitis und anderen Brustdrüsenschwellungen von unschätzbarem Wert.

Platinum   Platin

Die ∅ wird durch Verreibung des Metalls mit Milchzucker (Laktose) bereitet. Dieses Metall wirkt sich besonders auf die weiblichen Geschlechtorgane aus. Besonders bei den Ovarien (Eierstöcken) werden leicht Entzündungen hervorgerufen, und häufig bilden sich dort Zysten. Platinum ist übrigens ein ideales Mittel zur Behandlung von edlen Rassekatzen, wie beispielsweise Siamesen und Birmakatzen, deren Temperament den Gemütssymptomen dieses Mittels entspricht.

Plumbum metallicum   Blei

Die ∅ wird durch Trituration des Metalls mit Milchzucker (Laktose) hergestellt. Wenn das Tier Blei aufnimmt (äußerlich oder über das Maul), wird bei ihm ein Lähmungszustand hervorgerufen, dem Schmerzen vorausgehen. Blei greift das zentrale Nervensystem an und zerstört auch die Leber, so daß eine Gelbsucht entsteht. Aufgrund des Blutbildes kann man Anämie (Blutarmut) feststellen. Die unteren Gliedmaßen werden gelähmt, und sehr häufig treten Krämpfe auf, die in ein Koma übergehen. *Plumbum* gilt als ideal bei starken Nierenschäden, bei denen auch die Leber in Mitleidenschaft gezogen ist.

Podophyllum (= *Podophyllum peltatum*) Maiapfel, Fußblatt, Familie Berberidaceae (Sauerdorngewächse)

Die ∅ wird aus der ganzen, frischen Pflanze hergestellt. Ihr Wirkstoff beeinflußt in erster Linie den Zwölffingerdarm und den Dünndarm, wo er Darmkatarrh auslöst. Die Wirkung dehnt sich auch auf Leber und Mastdarm (Rektum) aus. Bei aufgeblähtem Abdomen (freie Bauchhöhle) liegt das Tier am liebsten auf dem Bauch. Es leidet unter kolikartigen Schmerzen und starker Empfindlichkeit über der Leber. Wäßriger, grünlicher Durchfallkot wechselt mit Verstopfung ab. *Podophyllum* eignet sich hervorragend, wenn der Magen-Darm-Trakt bei jungen Tieren nicht in Ordnung ist, aber auch bei Leberanschoppung (Stauungsleber) und Pfortaderstau.

* Pollens (syn. *Pollantinum*)

Im Frühjahr und Sommer reagieren manche Tiere allergisch auf Gräser (Pollenflug); dies äußert sich in übermäßigem Juckreiz und in der Ausbildung von Hautläsionen. Eine Nosode aus einer Kombination verschiedener Gräser (bzw. deren Pollen) kann diesem Leiden Abhilfe verschaffen. Die Mischung läßt sich auch zusammen mit anderen ausgewählten Arzneien einsetzen.

* Pseudomonas

Hierbei handelt es sich um eine Nosode, die diesen Erreger in potenzierter Form enthält. Sie wird dazu genutzt, eine Infektion mit Pseudomonas (begeißelten Bakterien) zu behandeln. *Pseudomonas* kann zu diesem Zweck mit geeigneten Arzneien kombiniert werden.

* Psorinum

Die ∅ wird aus verriebenen, getrockneten Krätzebläschen gewonnen. Diese Nosode bewirkt einen Schwächezustand, vor allem nach akuter Krankheit mit deutlichen Hautsymptomen. Sämtliche Absonderungen sind unangenehm. Gelegentlich sind die Augen chronisch entzündet (Ophthalmie), begleitet von Entzündungen des Mittel- und Außenohrs mit abstoßendem bräunlichem Ausfluß. Die Erkrankungen der Haut jucken alle stark. Tiere, die *Psorinum* brauchen, halten sich bevorzugt an warmen Orten auf. *Psorinum* ist ein ein sehr wertvolles Hautmittel. Diese Nosode ist häufig ein gutes Mittel zur Ergänzung anderer Medikamente. Die Scherpilzflechte, aber auch andere Krankheiten mit trockener Haut und starkem Juckreiz sprechen sehr gut auf *Psorinum* an.

Ptelea (= *Ptelea trifoliata*) Klee-
ulme, Waffelesche, Hopfenbaum,
Familie Rutaceae (Rautengewächse)

Die ∅ wird aus der Rinde oder der
Wurzel hergestellt. Die Pflanze entfaltet ihre Hauptwirkung in Leber
und Magen. Während einer Hepatitis sind Leber und Magen sehr empfindlich. *Ptelea* ist ein gutes Ent-
schlackungsmittel, das die Aus-
schwemmung von Giftstoffen (Toxi-
nen) unterstützt und auf diese Weise
dafür sorgt, daß Erkrankungen wie
Ekzeme und Asthma-Anfälligkeit
beseitigt werden.

Pulsatilla (= *Pulsatilla pratensis*;
syn. *Anemone pratensis*) Küchenschelle, Kuhschelle, Familie Ranunculaceae (Hahnenfußgewächse)

Die ∅ wird aus aus der ganzen Pflanze hergestellt, wenn diese voll er-
blüht ist. In den Wirkungsbereich
dieses Heilmittels fallen Schleimhäute, die ein dickes, schleimig-eitri-
ges Sekret absondern. *Pulsatilla* hat
sich als sehr gute Arznei erwiesen,
um eine Unterfunktion des Eierstocks oder eine zurückgehaltene
Nachgeburt (Plazenta) zu behandeln.

* Pyrogenium

Diese Nosode wird aus dem Extrakt
von faulem Fleisch gewonnen; die ∅
stellt man aus einer Lösung des Pro-
teins in destilliertem Wasser her.
Trotz seiner »anrüchigen Herkunft«
ist diese Nosode ein außerordentlich
wichtiges Mittel, um verschiedene
Formen der Blutvergiftung (Tox-
ämien und Septikämien) zu behan-

deln. Dies gilt vor allem, wenn die
Lebenskraft des Tieres stark geschwächt ist. Ein Symptom für den
Einsatz von *Pyrogenium* ist ein
Krankheitszustand, bei dem Fieber
mit einem trägen, kleinen Puls vorliegt bzw. umgekehrt (d. h. niedrige
Temperatur mit festem Puls). Sämtliche Ausscheidungen und abgeson-
derten Sekrete während der Sepsis
sind außerordentlich abstoßend.
Diese Nosode kann bei einer »Kinds-
bett-Sepsis« lebensrettend sein. Sie
wird auch verwendet, wenn das Tier
nach einer Fehlgeburt die Plazenta
(Nachgeburt) bei sich behält. *Pyrogenium* sollte in der Stärke D200 und
aufwärts verwendet werden.

Ranunculus bulbosus Knolliger
Hahnenfuß, Familie Ranunculaceae
(Hahnenfußgewächse)

Die ∅ wird aus der ganzen Pflanze
gewonnen. Hauptsächlich beschränkt sich die Wirkung auf Haut
und Muskelgewebe, die auf Berührung überempfindlich reagieren. Die
Hautschädigungen treten als Ausschlag mit Knötchen und Bläschen
auf, die in größeren Gruppen auf der
Haut verteilt sind.

Rhododendron (= *Rhododendron
ferrugineum*) Alpenrose, Familie
Ericaceae (Heidekrautgewächse)

Aus den frisch gepflückten Blättern
dieses Strauch wird die ∅ hergestellt.
Dem Arzneimittelbild des Rhodo-
dendrons sind steife Muskeln und
Gelenke zugeordnet. Nicht selten
kommt es zu einer Hodenentzündung (Orchitis), bei der die Hoden
verhärtet sind.

Rhus toxicodendron

(syn. *Toxicodendron quercifolium*)
Giftsumach, Familie Anacardiaceae
(Giftsumachgewächse)

Die Ø wird aus den frisch gepflückten Blättern hergestellt. Der Wirkstoff dieses Baums beeinflußt Haut und Muskulatur, aber auch Schleimhäute und Fasergewebe; er verursacht ziehende Schmerzen und Ausschlag mit Bläschen. Durch Bewegung können die Steifheitsbeschwerden besser werden. Wenn die Haut betroffen ist, bildet sich ein rötlicher Ausschlag mit Bläschen, und das umliegende Zellgewebe kann sich entzünden. Der Giftsumach ist ein gutes Mittel bei Erkrankungen von Muskeln und Gelenken, wenn die Beschwerden typischerweise nach körperlicher Bewegung abklingen.

Rumex crispus Ampfergrindwurzel, Familie Polygoniaceae (Knöterichgewächse)

Die Ø wird aus der frischen Wurzel bereitet. Der Wirkstoff senkt die Sekretbildung der Schleimhäute. Das Tier leidet an chronischer Magenschleimhautentzündung (Gastritis) mit wäßrigem Durchfall und mag nicht fressen. Aus Nase und Luftröhre fließt ein Schleim, der leicht schaumig aussieht. Bei manchen Atemwegserkrankungen ist *Rumex* das geeignete Mittel.

Ruta graveolens Edelraute, Weinraute, Gartenraute, Familie Rutaceae (Rautengewächse)

Die Ø wird aus der ganzen, frisch gepflückten Pflanze hergestellt. *Ruta* wirkt auf Knochenhaut (Periost) und Knorpel, in zweiter Linie auf Augen und Gebärmutter. Insbesondere in den Fußwurzelgelenken bilden sich Ablagerungen aus. Das Mittel wirkt gezielt (selektiv) auf den Mastdarm und den unteren Darmtrakt und kann bei leichtem Rektalprolaps (Absacken des Mastdarms) sehr hilfreich sein. Diese Arznei ist ideal, um die Wehen zu erleichtern, da es die Spannkraft der Uteruskontraktionen erhöht.

Sabina (= *Juniperus sabina*)
Sadebaum, Familie Cupressaceae
(Zypressengewächse)

Die Ø wird aus einem ätherischen Öl (aus den Zweigspitzen) gewonnen, das in Alkohol aufgelöst wird. Die Hauptwirkungsrichtung ist die Gebärmutter (Uterus), wo *Sabina* leicht eine Fehlgeburt hervorruft. Aber auch Fasergewebe und seröse Membranen fallen in den Wirkungsbereich. Dem Arzneimittelbild sind Blutungen zugeordnet, die Farbe des Blutes ist hellrot, und es gerinnt nicht. Hauptsächlich wird *Sabina* bei Uteruserkrankungen verwendet, z. B. wenn die Plazenta zurückgehalten wird. Hartnäckige Nachgeburtsblutungen können hiermit ebenfalls gestillt werden.

* Salmonella
(Nosode und Oral-Vakzin)

Beide werden aus Salmonellenstämmen gewonnen, die Salmonellose hervorrufen. Nosode und Oral-Vakzin werden vorbeugend und zur Behandlung dieser Krankheit eingesetzt.

Sanguinaria (= *Sanguinaria canadensis*) Kanadische Blutwurzel, Familie Papaveraceae (Mohngewächse)

Die ∅ wird aus der frischen Wurzel gewonnen. Das in dieser Pflanze enthaltene Alkaloid Sanguinarin besitzt eine Affinität zum Blutkreislauf und ruft Blutstauungen und Hautrötung hervor. Die weiblichen Geschlechtsorgane können auch betroffen sein, in diesem Fall entzünden sich die Eierstöcke. An verschiedenen Körperstellen beginnt die Haut zu bluten. Sehr häufig sind steife Vorderbeine, diese Steifheit betrifft besonders den Bereich der linken Schulter.

Scilla maritima (syn. *Urginea maritima*) Meerzwiebel, Familie Liliaceae (Liliengewächse)

Die ∅ wird aus der getrockneten Knolle gewonnen. Diese Substanz wirkt vornehmlich auf die Schleimhäute der Atemwege, aber auch auf den Magen-Darm-Trakt und die Nieren. Die Nase beginnt zu tropfen, begleitet von einem trockenen, später schleimigen Husten. Ein starker Harndrang tritt auf, der Urin ist klar und reichlich. *Scilla* gilt als ein gutes Herz- und Nieren-Mittel, ist aber auch förderlich gegen Wassersucht.

Secale cornutum (aus *Claviceps purpurea*, Roter Keulenkopf) Mutterkorn, Schwarzkorn, Familie Clavicipitaceae (Mutterkornpilze)

Die ∅ wird aus dem frischen Mutterkornpilz hergestellt. Mutterkorn läßt die glatte Muskulatur stark kontrahieren, wodurch die Blutzufuhr in verschiedenen Körperteilen (besonders in den Füßen) gedrosselt wird. Der Kot ist dunkelgrün und wechselt mit Durchfall ab. Aus dem Uterus fließen dunkelrotes Blut und andere übelriechende Ausscheidungen. Auf der Haut, die trocken und runzelig wird, entstehen häufig Gangräne. Da die Droge gleichermaßen auf Kreislauf und glatte Muskulatur wirkt, eignet sie sich bei manchen Leiden der Gebärmutter, z. B. bei starken Nachblutungen im Anschluß an die Geburt, aber auch bei allen Erkrankungen, die den peripheren Blutkreislauf einschließen.

Sepia officinalis Tintenfisch, Sepia, Familie Sepidae (Echte Tintenfische)

Die Potenzen werden aus der getrockneten und verriebenen Flüssigkeit gewonnen, die aus dem Tintenbeutel des Mollusken stammt. Dem Arzneimittelbild sind Stauungen in der Pfortader und Funktionsstörungen des weiblichen Genitaltraktes zugeordnet. Häufig findet man, daß der Uterus vorgefallen ist. Das Mittel steuert den gesamten Hitzezyklus (Östrus) und sollte regelmäßig zur vorbeugenden Behandlung verabreicht werden. Die Arznei wirkt sich auch auf die Haut aus, sie brachte bei der Behandlung der Scherpilzflechte (Trichophytie) gute Ergebnisse. Die unterschiedlichsten Abscheidungen unmittelbar nach der Geburt konnten ebenfalls erfolgreich beseitigt werden. *Sepia* kann den natürlichen Mutterinstinkt in Tieren wecken, die gleichgültig oder feindselig gegen ihre Jungen sind.

Serum anguillae Aalserum (aus *Anguilla vulgaris*, Aal), Familie Anguillidae (Echte Aale)

Die Urtinktur wird aus dem getrockneten Serum oder einer Lösung mit destilliertem Wasser hergestellt. Auf das Blut wirkt Aalserum wie eine Blutvergiftung. Hauptsächlich werden die Nieren befallen, Nebenwirkungen können sich auf die Leber ausdehnen. Außer dem Blutfarbstoff Hämoglobin finden sich auch Nierensedimente im Urin. Es kann sich eine Anämie in besorgniserregendem Ausmaß bilden. Das Herz wird ebenfalls in Mitleidenschaft gezogen, und häufig treten plötzliche Schwindelanfälle auf.

Silicea (syn. *Acidum silicicum*) Kieselsäure

Die Potenzen werden aus einer Verreibung hergestellt, die anschließend in Alkohol gelöst wird. Die Substanz wirkt sich vorwiegend auf die Knochen aus und ruft dort Knochenfraß und Zelltod hervor. Außerdem läßt sie Abszesse und Bindegewebsfisteln entstehen, die anschließend mit Fasergewebe zuwuchern. Alle Wunden neigen zur Vereiterung. *Silicea* ist ein weit verbreitetes Mittel bei chronischen eitrigen Prozessen.

Solidago virgaurea Goldrute, Familie Asteraceae (Korbblütler)

Die Ø wird aus der ganzen frischen Pflanze gewonnen. Diese Pflanze löst bei großen, gewebereichen Organen Entzündungen aus, besonders in der Niere. Der Harn ist spärlich, von rötlicher Farbe und enthält Eiweißrückstände. Sehr oft stellt man eine vergrößerte Vorsteherdrüse (Prostata) fest. Die Goldrute gilt als ein ideales Mittel bei Niereninsuffizienz (schwach arbeitende Niere); als Begleiterscheinung kann bei männlichen Tieren die Prostata vergrößert sein.

Spigelia (= *Spigelia anthelmia*) Wurmkraut, Familie Loganiaceae (Loganiengewächse)

Die Urtinktur (Ø) wird aus dem getrockneten Kraut gewonnen. Diese Pflanze hat eine Affinität zum Nervensystem, aber auch zur Herzgegend und zu den Augen, wo *Spigelia* Augenentzündung und geweitete Pupillen hervorruft. Die Arznei bietet sich bei manchen Augenleiden an, besonders wenn man Schmerzen über dem Auge lokalisieren kann.

Spongia tosta (= *Euspongia officinalis*) Gerösteter Meerschwamm, Familie Spongidae (Schwämme)

Die Potenzen werden aus einer Verdünnung mit Alkohol hergestellt. Diese Arznei ruft Krankheitssymptome im Bereich der Atemwege und des Herzens hervor. Auch das Lymphsystem ist betroffen. Die Schilddrüse vergrößert sich. Da das Mittel generell auf Drüsen wirkt, eignet es sich das hervorragend bei Entzündung der Lymphknoten (Lymphadenitis). Nach einer Erkrankung der Atemwege wird es vorrangig als Herzmittel verwendet.

Staphisagria (= *Delphinium staphisagria*) Läusesamen, Stephanskraut, Giftiger Rittersporn, Familie Ranunculaceae (Hahnenfußgewächse)

Die Ø wird aus den reifen Samen, auch Stephanskörner genannt, bereitet. Die Hauptwirkungsrichtung dieser Pflanze ist das Nervensystem, aber auch die Haut sowie Harnwege und Geschlechtsorgane (Urogenitaltrakt) sind betroffen. Läusesamen gilt als gutes Mittel bei Blasenentzündung (Zystitis). Die wichtigste Bedeutung erfährt das Mittel jedoch nach einer Operation: Es beeinflußt den Gemütszustand des Tieres, so daß postoperative Traumata abnehmen und die Operationswunden schneller heilen. Der Behandlung hormonell bedingter Ekzeme und Alopezie (Haarausfall) kommt dieses Mittel ebenfalls zugute.

* Staphylococcinum

Die Nosode aus *Staphylococcus aureus* ist das beste Mittel bei allen Infektionen mit Staphylokokken, wie beispielsweise bei Abszessen und Entzündung des Gesäuges (Mastitis). Diese Nosode wird meist in der Potenz D30 eingesetzt.

Stramonium (= *Datura stramonium*) Stechapfel, Familie Solanaceae (Nachtschattengewächse)

Die Ø wird aus der ganzen, frisch gepflückten Pflanze und den Früchten hergestellt. Ihr Wirkstoff beeinflußt in erster Linie das zentrale Nervensystem, insbesondere das Großhirn, so daß das Tier beim Gehen stark schwankt und häufig nach vorn

auf die linke Seite fällt. Die Pupillen sind geweitet, und der Blick ist starr geradeaus gerichtet. Wenn all diese Symptome zutreffen, ist *Stramonium* das geignete Mittel bei Störungen des Gehirns.

* Streptococcinum (Nosode und Oral-Vakzin)

Beide Arzneiformen werden aus *Streptococcus*-Stämmen gewonnen, die hämolytisch sind. Die Mittel werden bei verschiedenen Erkrankungen verwendet, die mit diesen Bakterien in Verbindung stehen, z.B. bei Erythemen (entzündliche Hautrötungen), bei Mandelentzündung (Tonsillitis) und bei Entzündungen der Niere, insbesondere des Nierenbeckens. Diese Nosode kann mit anderen Mittel kombiniert werden, ihre Stärke ist gewöhnlich D30.

Strophanthus (= *Strophanthus gratus*) Westafrikanische Pfeilgiftliane, Strophanthus, Familie Apocynaceae (Hundsgiftgewächse)

Die Ø wird aus den reifen Samen hergestellt, die in Alkohol aufgelöst werden. Der Wirkstoff dieses Schlingstrauchs erhöht die Kontraktionskraft der gestreiften Muskulatur. Insbesondere wird die Systole des Herzmuskels erhöht, d. h., während es das Blut in die Blutgefäße pumpt, zieht sich das Herz stärker zusammen. Daher nimmt auch die Urinmenge zu, die der Körper ausscheidet, gelegentlich kann der Harn Eiweiß enthalten (Albuminurie). *Strophanthus* ist ein gutes Herzmittel, um Herzwassersucht zu unterbinden. Besonders für ältere Tiere bietet es sich als sicheres und hilfreiches Diuretikum (harntreibendes Mittel) an.

Strychninum Strychnin (ein Alkaloid aus *Strychnos nux-vomica*)

Die Potenzen werden aus einer Lösung des Alkaloids in destilliertem Wasser gewonnen. Strychnin stimuliert die Bewegungszentren der Wirbelsäule und läßt die Atmung tiefer werden. Alle Reflexe laufen schneller ab, und die Pupillen werden geweitet. Die Muskeln werden starr, besonders an Hals und Rücken; gleichzeitig zucken die Gliedmaßen und vollführen ruckartige Bewegungen. Sehr rasch setzen Muskelzittern und tetanische Krämpfe ein. Wenn die angegebenen Symptome zutreffen, hilft dieses Mittel gut bei Magnesiummangel im Blut oder bei Zelltod im Bereich der Hirnrinde.

Sulfonalum Teerkohle-Derivat

Die Ø wird durch Auflösen in Alkohol oder durch Verreibung mit Milchzucker (Laktose) hergestellt. Diese Substanz beeinflußt das zentrale Nervensystem und löst Muskelzucken sowie unregelmäßige und unkoordinierte Bewegungen aus. Die Muskulatur wird steif, teilweise sogar gelähmt. *Sulfonalum* gilt als eine dienliche Arznei, wenn man Erkrankungen der Hirnrinde behandeln will, die durch typische Symptome an Nerven und Muskeln gekennzeichnet sind.

Sulfur Schwefel

Die Potenzen werden aus einer Verreibung gewonnen, die anschließend mit Alkohol verdünnt wird. *Sulfur* besitzt ein breites Wirkspektrum, wird aber hauptsächlich bei Hauterkrankungen wie Räude und Ekzeme eingesetzt. Das Mittel wird auch gerne »zwischendurch« gegeben, um die Wirkung anderer Arzneien zu unterstützen.

* Sycoccus Intestinale Nosode nach Paterson

Diese Nosode wurde aus Bazillen isoliert, die keine Laktosegärung (Milchzuckergärung) durchführen und im Dickdarm vorkommen. Die *Sycoccus*-Nosode wurde erfolgreich bei Darmerkrankungen eingesetzt, bei denen die Darmschleimhaut entzündet ist.

Symphytum (= *Symphytum officinale*) Beinwell, Beinwurz, Familie Boraginaceae (Boretschgewächse)

Aus der frisch gepflückten Pflanze wird die Ø hergestellt. Die Wurzel des Beinwells liefert eine Substanz, die das Wachstum der Epithelzellen auf Geschwüroberflächen anregt, aber auch das Zusammenwachsen gebrochener Knochen beschleunigt. Daher sollte man *Symphytum* zur Unterstützung der Heilung eines Knochenbruchs routinemäßig verabreichen. Neben anderen Wundheilmitteln wie Arnika ist der Beinwell als ideale Arznei bei Verletzungen aller Art anzusehen. Gleichzeitig ist er ein hervorragendes Augenmittel.

Syzygium (= *Syzygium cumini*) Jambulbaum, Familie Myrtaceae (Myrtengewächse)

Die ∅ stammt aus den verriebenen Samen, die anschließend mit Alkohol verdünnt werden. *Syzygium* wirkt auf das Pankreas (Bauchspeicheldrüse), was seine Verwendung in der Homöopathie erklärt, denn mit diesem Mittel wird Diabetes behandelt. Das spezifische Gewicht des Urins wird durch *Syzygium* verändert. Auch verringert das Mittel den Durst und reguliert die ausgeschiedene Urinmenge.

Tabacum (= *Nicotiana tabacum*) Virginischer Tabak, Familie Solanaceae (Nachtschattengewächse)

Die ∅ wird aus den frischen, nicht fermentierten Blättern bereitet. Der Wirkstoff des Tabaks erzeugt Übelkeit und Erbrechen, begleitet von Mattigkeit und unregelmäßigem (intermittierendem) Puls. In Extremfällen beobachtet man Muskelschwäche und Kollaps. Mit *Tabacum* werden hauptsächlich Krankheiten von Tieren behandelt, die transportiert werden, z. B. Reisekrankheit oder Seekrankheit.

Tarantula hispanica (= *Lycosa tarantula*) Spanische Tarantel, Familie Lycosidae, (Wolfsspinnen)

Die Urtinktur (∅) wird aus Verreibung der ganzen Spinne bereitet. Dem Arzneimittelbild sind hysterische Anfälle sowie Reizwirkung auf Harnwege und Geschlechtsorgane (Urogenitaltrakt) zugeordnet. Die Arznei eignet sich gut bei Hysterie oder Epilepsie, sofern dieser ein Erregungszustand vorausging bzw. diese begleitete. Auch eine erhöhte Paarungsbereitschaft (gesteigerte Libido oder Satyriasis) bei männlichen Tieren kann durch dieses Mittel gedämpft werden.

Tellurum Tellur

Die ∅ wird durch Verreibung mit Laktose (Milchzucker) hergestellt. Das Metall wirkt sich vorzugsweise auf Augen, Ohren und Haut aus, aber auch auf die Kreuzbeingegend. Im Auge können grauer Star und Bindehautentzündung entstehen. Auf der Haut bilden sich Hautausschlag und Herpes in einer ringförmigen Anordnung. Tellur sollte man sich als ein ideales Mittel bei Erkrankungen des Ohrs merken, wenn sich auf dem Ohrläppchen Ausschlag bildet.

* Testosteronum basicum F. L.

Diese Nosode enthält das männliche Hormon Testosteron. Dieses wird in den Hoden gebildet und insbesondere zur Behandlung von Haarausfall (Alopezie) und Frieselausschlag (Ekzema miliare) bei kastrierten Katern verwendet. Klinisch gesehen ist diese Nosode weniger wirksam als die Nosoden *Folliculinum* und *Ovarium*, die weibliche Hormone enthalten. Sie wurde mit wechselndem Erfolg zur Behandlung des Analadenoms (Geschwür am After) eingesetzt.

Thallium aceticum
Thalliumacetat

Dieses Metallsalz wird verrieben und anschließend in Alkohol aufgelöst. Die Droge wirkt auf das endokrine (hormonbildende) System, jedoch auch auf Haut, Nerven und Muskeln. Dort werden Lähmungserscheinungen hervorgerufen, gefolgt von Muskelschwund. Hauterkrankungen führen oft zu Haarausfall (Alopezie). *Thallium aceticum* wird hauptsächlich verwendet, um krankes Nährgewebe der Haut zu behandeln, wie beispielsweise bei chronischer Alopezie, aber auch bei Rückenmarksentzündung (Myelitis).

Thuja occidentalis Lebensbaum, Familie Cupressaceae (Zypressengewächse)

Die Ø wird aus den frischen Zweigen gewonnen. Durch *Thuja* werden Erkrankungen begünstigt, bei denen Warzen und Tumoren entstehen. Das Arzneimittelbild weist auf die Haut und das Urigenitalsystem (Harnwege und Geschlechtsorgane). Auf Hals und Bauch bilden sich besonders gerne Warzen und herpesartige Hautausschläge. Dieses Mittel ist von besonderem Wert, um Hautkrankheiten zu behandeln; vielfach sind diese von Warzen begleitet, die leicht bluten. *Thuja* wirkt besonders stark auf Polypen und Zottelwarzen, und diese Wirkung kann noch verstärkt werden, indem man die Urtinktur äußerlich anwendet, d. h., sie auf die Warzen streicht.

* Thyreoidinum Thyreoidin (aus der Schilddrüse)

Die Potenzen werden durch Trituration und Verdünnung mit Alkohol gewonnen. Eine übermäßige Ausschüttung des Hormons aus der Schilddrüse kann zu Blutarmut (Anämie), Abmagerung und Muskelschwäche führen. Die Augen sind vorgewölbt und die Pupillen geweitet. Der Pulsschlag ist beschleunigt. Dieses Mittel hilft bei Haarausfall (Alopezie).

Trinitrotuluol F. L. TNT

Die Potenzen werden aus einer Lösung mit destilliertem Wasser bereitet. Die Substanz zerstört die roten Blutkörperchen (Erythrozyten) und führt zur Hämolyse (Abbau des roten Blutfarbstoffs). Folglich verliert der Körper viel von seinem Blutfarbstoff Hämoglobin, was wiederum zu einer Blutarmut (Anämie) führt. Auf diesem Prinzip beruht die *Trinitrotuluol*-Therapie. Das Mittel kann bei Babesiose (Befall mit *Babesia*, einem Einzeller, der durch Zecken übertragen wird) und ähnlichen Krankheiten eingesetzt werden, die durch Parasiten hervorgerufen werden.

* Tuberculinum bovinum

Diese Nosode sollte verschrieben werden, wenn ein Tier tasächlich an Tuberkulose erkrankt; ansonsten kann man damit Knochenmarksentzündung (Osteomyelitis), einige Arten der Bauchfellentzündung (Peritonitis) sowie nässende Rippenfellentzündung (Pleuritis exsudativa) behandeln.

Uranium nitricum Urannitrat

Die Urtinktur wird aus einer Lösung mit destilliertem Wasser bereitet. Zum Arzneimittelbild dieses Schwermetallsalzes gehört, daß das Tier übermäßig viel Wasser läßt (Polyurie) und sein Harn Restzucker enthält (Glykosurie). Besonders stark ist die Bauchspeicheldrüse (Pankreas) betroffen, was sich auch auf die Verdauung auswirkt. *Uranium nitricum* hat bei einer Entzündung der Bauchspeicheldrüse (Pankreatitis) eine fast gleich gute Heilwirkung wie *Iris versicolor*.

Urtica urens   Brennessel, Familie Urticaceae (Brennesselgewächse)

Die Ø wird aus frisch gepflückten Nesseln hergestellt. *Urtica* bewirkt das Ausbleiben der Milch (Agalaktie) beim säugenden Tier, wobei sich auch Steinchen im Milchgang bilden können. Im allgemeinen wird Harnsäure gebildet, die Haut schwillt wie bei Nesselsucht an. Hingegen nimmt die Urinbildung ab. Die Brustdrüsen (Zitzen) vergrößern sich und sind von Ödemen umgeben. Das Mittel bietet sich bei unterschiedlichen Haut- und Nierenleiden an. Bei der Behandlung der Uraturie (Ausscheiden harnsaurer Salze mit dem Urin) dickt *Urtica* den Urin an, der nun vermehrt Urate (Salze der Harnsäure) enthält.

Ustilago maydis   Maisbrand, Familie Ustilagaceae (Maisbrandpilze)

Die Ø wird durch Verreibung des Pilzes mit Milchzucker (Laktose) gewonnen. Die Droge besitzt eine starke Affinität zu den Geschlechtsorganen, insbesondere zum Uterus. Das Tier leidet an unterschiedlich starkem Haarausfall (Alopezie), sein Fell ist trocken. Bei Blutungen aus dem Uterus ist das Blut von hellroter Farbe und teilweise geronnen. Unmittelbar nach der Geburt setzen heftige Blutungen ein. Männliche

Tiere zeigen eine erhöhte Paarungsbereitschaft (Satyriasis). Aus diesem Grund wird *Ustilago* in der Veterinärmedizin in erster Linie eingesetzt, um den Geschlechtstrieb zu steuern. Dennoch sollte seine Wirkung auf die Gebärmutter (Uterus) nicht übersehen werden.

Uva ursi   (= *Arctostaphyos uva-ursi*) Bärentraube, Familie Ericaceae (Heidekrautgewächse)

Die getrockneten Blätter und Beeren liefern das Material für die Ø. Die Wirkstoffe dieser Pflanze führen hauptsächlich zu Störungen der harnbildenden Organe. Die Harnblase entzündet sich recht häufig, der Urin enthält in diesem Fall Blut, Eiter und Schleim. Sollte sich zusätzlich die Niere entzünden, dann nur im Beckenbereich. Dort kann sich rasch eine eitrige Entzündung bilden. *Uva ursi* gilt als ein bedeutendes Mittel gegen Entzündungen von Harnblase und Nierenbecken.

Veratrum album   Weiße Nieswurz, Weißer Germer, Familie Liliaceae (Liliengewächse)

Die Ø wird aus dem Wurzelstock gewonnen. Dem Arzneimittelbild dieser Pflanze ist hauptsächlich ein völliger Zusammenbruch (Kollaps) zugeordnet. Die Gliedmaßen sind eiskalt und laufen blau an. Typische Zeichen sind ein heftiger Durchfall mit sehr flüssigem Kot und starke Erschöpfung. Die Körpertemperatur nimmt rasch ab, und der Kot verfärbt sich grünlich. Den Durchfallbeschwerden gehen starke Bauchschmerzen voraus.

Viburnum opulis   Schneeball,
Familie Caprifoliaceae (Geißblatt-
gewächse)

Die Ø wird aus der frischen Rinde
bereitet. Das Arzneimittelbild dieser
Pflanze weist insbesondere Muskelkrämpfe auf. Aber auch die weiblichen Geschlechtsorgane sind betroffen, vorwiegend der Uterus. Sehr
häufig passiert es, daß trächtige Tiere während des ersten Viertels der
Schwangerschaft eine Fehlgeburt
haben, was oft zu einer dauernden
Unfruchtbarkeit führt. Vorzugsweise
gibt man mit *Viburnum* an Tiere, die
bereits mehrfach eine Fehlgeburt
durchgemacht haben.

Vipera   (= *Vipera berus*) Kreuz-
otter, Familie Viperidae (Vipern)

Die Potenzen werden aus verdünn-
tem Schlangengift hergestellt. Das
Gift bewirkt, daß die Hinterbeine
erst leicht und häufig völlig gelähmt
werden. Diese Symptome wandern
nach oben. Nach einem Schlangenbiß schwellen Haut und Unterhautgewebe stark an, und die Zunge wird
fahl. Auch die Lippen schwellen an.
Die Leberfunktion ist stark gestört,
so daß sich die Schleimhäute gelb
verfärben. Wenn sich die Venen entzünden, wird dies von Ödemen begleitet. *Vipera* sollte immer dann verwendet werden, wenn eine Ödembildung infolge eines Venenstaus vorliegt. Das Mittel kann aber auch bei
Störungen der Leberfunktion eingesetzt werden.

Zincum metallicum   Zink

Die Potenzen werden aus einer Verreibung bereitet, die anschließend
mit Alkohol verdünnt wird. Dieses
Element löst Blutarmut (Anämie)
aus und senkt die Zahl der roten
Blutkörperchen (Erythrozyten). Unter Muskelzucken und Schwächeanfällen fällt das Tier häufig auf die
linke Seite. *Zincum* bietet sich an,
wenn bei einer Krankheit mit Blutarmut das Fieber unterdrückt wurde.
Möglicherweise hilft die Arznei auch
bei Erkrankungen des Gehirns, die
ähnliche Symptome aufweisen.

Krankheiten

Erkrankungen des Verdauungssystems

Diese Krankheiten kommen bei Hunden sehr häufig vor. Hierzu gehören alle Erkrankungen, die zwischen Maul und Enddarm auftreten. Daher bietet es sich an, diese Krankheiten entsprechend der befallenen Organe in Kategorien zu unterteilen, nämlich in Lippen, Maul inklusive Zähne, Zahnfleisch, Zunge und Speicheldrüsen, Schlund mit Speiseröhre, Magen, Dünn-, Dick- und Enddarm sowie Leber, Bauchspeicheldrüse und Bauchfell. Abschließend folgen ein paar Hinweise zu Reisekrankheiten.

Erkrankungen der Lippen

Entzündete Lippen

Diese Krankheit kann in unterschiedlichen Formen auftreten und durch mehrere Faktoren ausgelöst werden. Hauptsächlich handelt es sich um mechanische Verletzungen (z. B. durch übermäßige Zahnsteinbildung am Hundegebiß), aber auch um Ulzerationen (Geschwulstbildung), die sich auf die Mundwinkel ausdehnen. Die Entzündung kann auch nach einer Infektion mit Staphylokokken entstehen; diese ruft eine Entzündung der Haut (Dermatitis) mit eventueller Abszeßbildung hervor.

Symptome

Vermutlich ist zu beobachten, daß der Hund mit der Pfote gegen sein Maul stupst und daß seine Lippen anschwellen. Manchmal erscheinen die umliegenden Flächen braun gefleckt. Der Hund speichelt stark, und dieses Symptom ist von unterschiedlich starker Geschwulstbildung begleitet. Sehr häufig fällt das Haar der angrenzenden Hautbereiche aus.

Behandlung

Acidum nitricum D30 Dies ist eines der meistverwendeten Arzneimittel, um geschwürige Oberflächen in der Nähe einer Körperöffnung zu behandeln. Die Hornhaut des Auges kann manchmal zusätzlich betroffen sein, verbunden mit starkem Speichelfluß und Zahnfleischbluten. Die Abscheidungen der Geschwulstpartien sind meist sehr abstoßend.

Mercurius corrosivus D30 Bei Indikation dieser Arznei sieht das Maul aufgrund großer Mengen schleimigen Speichels und starken Zahnfleischblutens sehr abstoßend aus. Aus der Nase rinnt häufig ein blutdurchsetzter Ausfluß, während der Hund gleichzeitig an schmerzhaftem, schleimigem Durchfall leidet.

Rhus toxicodendron D6 Dieses Mittel ist angezeigt, wenn sich die Entzündung unter rötlicher Verfärbung und Knötchenbildung die zu Bläschen und Geschwulsten auswachsen können, festsetzt. Der Juck-reiz ist meistens sehr stark. Der entzündliche Prozeß dehnt sich auf den gesamten Maulbereich aus, so daß Zahnfleisch, Zunge und Maul hellrot gefärbt sind.

Hepar sulfuris D30 Dieses Mittel kann bei Abszessen genommen werden, die auf Berührung sehr empfindlich reagieren. Der Hund weicht dem Körperkontakt aus und verweigert die Nahrung. Der Vereiterungsprozeß kann durch Hochpotenzen von *Hepar sulfuris* beseitigt werden, während die Gabe von Tiefpotenzen den Abstoß des Eiters beschleunigt.

Calcium sulfuricum D6 Wenn der Abszeß reif ist und den Eiter abgibt, ist dieses Arzneimittel sehr von Nutzen. Man sollte es für solche Fälle reservieren, bei denen der Eiter bereits eine Ausflußöffnung gefunden hat.

Borax D6 Dieses Mittel ist geeignet, wenn sich die Geschwürbildung von den Lippen in den Maulraum ausdehnt und dort Ausschläge (Aphthen) und wunde Oberflächen verursacht; das Epithel läßt sich ganz leicht abziehen. Der Speichelausfluß ist sehr stark. Neben Erbrechen kann der Hund auch an schleimigem Durchfall leiden.

Staphylococcinum D30 Sollten sich Abszesse bilden, die durch Bakterien hervorgerufen wurden, so kann diese Nosode sehr hilfreich sein, da meistens die Staphylokokken die Haupterreger sind.

Erkrankungen im Maul

Entzündungen von Maul (Stomatitis) und Zahnfleisch (Gingivitis)

Allgemein werden unter Stomatitis entzündliche Prozesse im Maulbereich zusammengefaßt, während sich der Begriff Gingivitis auf Entzündungen des Zahnfleisches bezieht. Wenn nur die Zunge entzündet ist, findet man manchmal auch die Bezeichnung Glossitis.

Ursachen

Stomatitis und Gingivitis können als Folge örtlich begrenzter Entzündungen entstehen. Als Auslöser kommen auch eine Ausdehnung des Entzündungsprozesses (vom Zahnfleisch aus) oder äußere Verletzungen (zum Beispiel Rißwunden) in Frage. Zu den unspezifischen Ursachen gehören ebenso Vitamin-B_1-Mangel und Nierenfunktionsstörungen, was zu lebensbedrohlicher Urämie (Blut im Harn) führen kann. Hauptursache ist jedoch die Vincent-Stomatitis, die Krankheitssymptome können aber auch infolge einer Staupe, Hepatitis infectiosa oder Leptospirose entstehen.

Symptome

Gewöhnlich leidet der Hund an vermehrtem Speichelfluß und zeitweilig auch an Appetitlosigkeit. Die Nahrung wird sehr vorsichtig zerkaut. Man kann eine Rötung der Schleimhäute erkennen, in schweren Fällen bilden sich Geschwüre aus. Infolge einer Gingivitis kommt es zu Zahnfleischblutungen und Geschwüren am Periodontium (bindegewebige Wurzelhaut der Zähne), das anschwillt und sehr empfindlich wird. In besonders gravierenden Fällen treten Nekrosen an der Zunge und im Schlund auf. Falls die Stomatitis infolge eines urämischen Symptomkomplexes (Syndrom) entsteht, verfärben sich die Schleimhäute dunkel, der Hund riecht aus dem Maul stark nach Urin.

Behandlung

Insgesamt kommt eine größere Anzahl von Arzneimitteln in Betracht, weswegen man zunächst sorgfältig die begleitenden Symptome studieren sollte, ehe man sich für ein bestimmtes Mittel entscheidet.

Baptisia tinctoria D30 Entscheidend für die Auswahl dieses Mittels ist ein starker Speichelfluß, begleitet von übelriechendem Atem und einer gelblich-braunen Verfärbung der Zunge und des Zahnfleischs. Mandeln und Rachen sind dunkelrot, und die Entzündung hindert den Hund beim Schlucken. Neben Erbrechen kann es auch zu anderen Komplikationen im Verdauungstrakt kommen, wie beispielsweise zu durchfallartigem Kot. Das Tier ist häufig sehr kraftlos und erweckt den Anschein, an einer allgemeinen Blutvergiftung (Toxämie) zu leiden.

Acidum muriaticum D30 An den Lippen bilden sich Geschwüre, und gleichzeitig schwellen die benachbarten Lymphdrüsen, aber auch das Zahnfleisch an. Der Rachenraum ist dunkel verfärbt und voller Ödeme. Während der Hund Urin läßt, kann es auch zu spontanem Kotabgang kommen.

Acidum nitricum D30 Dieses Mittel ist ideal bei Geschwüren, die in unmittelbarer Nähe der Lippen auftreten. Neben starkem Speichelfluß treten gelegentlich zahlreiche Geschwürherde auf. Sehr leicht kommt es zu Zahnfleischbluten.

Borax D6 Dieses Mittel ist dann angezeigt, wenn die Geschwüre wie Ausschlag (Aphthen) aussehen und das Epithel sich mühelos abziehen läßt. Der Speichel ist schaumig und sabbert dem Hund in langen Fäden aus dem Maul. Darüber hinaus können sich Vesikel (Bläschen) zwischen den Zehen des Tieres bilden.

Acidum fluoricum (syn. Acidum fluoratum)D30 DiesesArzneimittel ist gewöhnlich bei Zahnfisteln ideal. Der Speichel ist blutdurchsetzt, und am Gebiß sind deutliche Spuren von Nekrosen zu erkennen. Ein Geschwür im Rachenbereich wird oft von dem Bedürfnis nach kaltem Wasser begleitet; hingegen lösen warme Getränke Diarrhoeanfälle aus. Die Nekrosen können sich auf die Oberkieferknochen ausweiten.

Mercurius corrosivus D30 Bei schleimigem, blutdurchsetztem Speichel ist diese Arznei erforderlich. Alle Bereiche der gesamten Maulhöhle bieten ein sehr schmutziges und ekelerregendes Bild. Das Gebiß wirkt fleckig, der Hals und die angrenzenden Lymphdrüsen sind angeschwollen. Weitere systemische Komplikationen (d. h. für den gesamten Organismus) sind ein schleimiger, durchfallartiger Kot und ein eventuell grünlicher Nasenrotz.

Kreosotum D30 Ein typisches Symptom dieser Arznei ist der rasche Verfall derjenigen Zähne, die gerade gekommen sind. Parallel dazu kann das Zahnfleisch schwammig sein und bluten; außerdem bilden sich hier gerne Gangräne. Der Hund kann Blut erbrechen und gleichzeitig an schwärzlichem, übelriechendem Durchfall leiden. Wenn das Tier gelegentlich an Urämie leidet, kann dieses Mittel ebenfalls hilfreich sein.

Acidum carbolicum (syn. Phenolum) D30 Karbolsäure sollte man verabreichen, wenn sich die Krankheit hauptsächlich im Rachen festsetzt, wobei Schäden wie durch Diphtherie entstehen können. Das Tier erbricht dunkelgrünen Mageninhalt und leidet an Blähungen und blutdurchsetztem Durchfall; diesem geht ein schwerer Darmkatarrh (Enteritis) voraus. Der Harn ist ebenfalls dunkelgrün.

Rhus toxicodendron M1 Dunkelrote Entzündungen, bei denen sich erst Knötchen und später auch Bläschen (Vesikel) bilden, sind für dieses Mittel charakteristisch. Auch hier ist der Rachen fleckenweise dunkelrot entzündet. Zu den Symptomen gehört eine Hautentzündung mit Bläschenbildung und heftigem Juckreiz.

Acidum sulfuricum D30 Durch häufiges Zahnfleischbluten entsteht der Eindruck, das Zahnfleisch sei voller dunkelroter Quetschungen. Das Blut ist dunkel oder fast schon schwarz. Typische Symptome am Auge sind die gerötete Bindehaut (Konjunktiva) und kleine Blutungen; wenn diese Symptome auftauchen, sollte Schwefelsäure verabreicht werden.

Entzündungen der Zahnfächer (alveoläre Periostitis) und der Wurzelhaut der Zähne (Periodontitis)

Diese Leiden stehen im engen Zusammenhang damit, wie und wieviel Zahnstein gebildet und abgelagert wird. Dieser Prozeß fördert auch das Wachstum von Bakterien, die in die Zahnfächer (Alveolen) eindringen und diese schließlich zerstören können. Hierdurch wiederum lockern sich die Zähne. Fast immer diagnostiziert man dann auch eine Zahnfleischentzündung (Gingivitis). Je länger dieses Leiden andauert, desto größer wird die Wahrscheinlichkeit, daß im Zahnfach ein bakteriell (durch *Staphyolcoccus pyogenes*) verursachter eitriger Abszeß entsteht. Wenn sich die Entzündung ausweitet, laufen die angrenzenden Knochen Gefahr, zerstört zu werden; ggf. kann es sogar zu einer Knochenmarksentzündung (Osteomyelitis) kommen.

Behandlung

Zunächst sollte man sämtlichen Zahnstein entfernen und das Gebiß gründlich reinigen. Die Zahnsteinentfernung sollte alle vier bis sechs

Wochen durchgeführt werden. Zusätzlich sorgt eine ausgewogene Ernährung mit ausreichend Fleisch und einem Minimum an Kohlenhydraten dafür, daß Zahnstein seltener wird und langsamer nachwächst. Folgende Arzneien sind sehr nützlich:

Mercurius corrosivus D30 In erster Linie sollte diese Arznei gegeben werden, wenn neben der eigentlichen Erkrankung eine Zahnfleischentzündung vorliegt. Sie hilft auch dann noch, wenn sich bereits ein Abszeß gebildet hat.

Acidum fluoricum (syn. Acidum fluoratum) D30 Wenn sich die Krankheit bereits auf die Gesichtsknochen ausgedehnt hat, schwächt dieses Arzneimittel die Nekrosenbildung ab.

Silicea (syn. Acidum silicicum) D30 Kieselsäure ist ideal, wenn – bedingt durch Eiterbildung in den Zahnfächern – die Gefahr einer Knochenmarksentzündung in den angrenzenden Knochen droht.

Fragaria vesca D6 Diese Pflanze (Walderdbeere) beugt übermäßiger Zahnsteinbildung vor und sollte regelmäßig jedem Hund ab dem zweiten Lebensjahr gegeben werden.

Zahnfleischwucherung (Epulis)

Unter Epulis versteht man einen Bindegewebstumor, der sich auf dem Zahnfleisch bildet. Diese Geschwulst ist meist, aber nicht immer gutartig und entsteht infolge einer chronischen Entzündung. Zahnfleischwucherungen können einzeln oder gehäuft auftreten und sind besonders häufig bei Hunderassen mit kurzen Schädeln.

Behandlung

Normalerweise werden die Wucherungen mit dem Elektrokauter herausgeschnitten (verschorft). Wenn Sie Ihrem Hund diese Behandlung ersparen wollen, können Sie alternativ zu folgenden Mitteln greifen.

Hekla lava D30 Dies ist das effektivste Mittel bei der Behandlung von Knochentumoren, besonders im oberen Kieferbereich. Um sehr gute Heilerfolge zu erzielen, sollten nach und nach höhere Potenzen gewählt werden.

Calcium fluoricum (syn. Calcium fluoratum) D30 Eignet sich besser für Bindegewebstumore als für Knochentumore. Seine heilende Wirkung ist sehr tiefgehend, weswegen die Behandlung nicht so häufig wiederholt werden sollte. Eine einmalige Dosis pro Woche, über zwei Monate, sollte da schon ausreichen.

Calcium carbonicum Hahnemanni D30 Ein ideales Mittel für fette, korpulente Hunde, vor allem für Welpen. Meist kann man eine generelle Schwäche des Skeletts beobachten.

Silicea (syn. Acidum silicicum) D30 Gilt als erfolgreiches Mittel gegen Knochentumoren und wird am besten dann eingesetzt, wenn die Behandlung mit *Hekla lava* nicht zufriedenstellend war.

Entzündung der Zunge (Glossitis)

Primär entsteht eine Entzündung der Zunge durch mechanische Verletzungen und erst in zweiter Linie als Folge einer systemischen Erkrankung. Eine Glossitis mit Gangränbildung (Bildung von »fressenden Geschwüren« oder Brand) kann entstehen, wenn der Hund oral Leptospiren (Schraubenbakterien) aufgenommen hat. Gelegentlich tritt sie auch zusammen mit chronischer Nierenentzündung auf.

Symptome

Außer Appetitlosigkeit und faulem Atem zeigt der Hund einen unterschiedlich starken Speichelfluß. Bei der Gangrän-Variante bildet sich an der Zungenspitze eine zähe Absonderung. Die Spitze stirbt häufig sehr rasch ab, wobei die Verfärbung von dunkelrot nach grau wechselt. Das Tier hat sehr starke Schmerzen. Wenn die Krankheit unerkannt bleibt, kann die Zungenspitze verschorfen.

Behandlung

Kreosotum D30 Das Buchenholzteerdestillat ist generell eine hilfreiche Arznei, wenn sich in der Maulhöhle häufiger Gangräne bilden. Die Behandlung schlägt besonders in den Frühstadien gut an, wenn die rötliche Verfärbung gut erkennbar ist. Ein weitere Indikation für *Kreosotum* sind Komplikationen durch Blutvergiftung (Toxämie), die bei dieser Krankheit oft hinzukommen.

Secale cornutum D30 Das Mittel ist von unschätzbarem Wert, wenn der Zungenspitze Gangräne infolge einer gedrosselten Blutversorgung drohen. *Secale* kann selbst dann noch helfen, wenn eine gräuliche Verfärbung bereits auf abgestorbenes Gewebe hindeutet. Es sorgt dafür, daß sich die Blutzufuhr wieder normalisiert.

Mercurius corrosivus D30 Wenn das Leiden mit einer chronischen Nierenentzündung einhergeht, kann diese Arznei Abhilfe schaffen. Da *Mercurius corrosivus* hauptsächlich bei Nierenerkrankungen eingesetzt wird, beseitigt es das primäre Leiden (d. h. die Nephritis); für sich allein genommen, beseitigt die Arznei den schlechten Atem und die vermehrte Speichelbildung.

Phosphorus D30 Auch dem Arzneimittelbild des Phosphors ist grundsätzlich eine Nierenentzündung zugeordnet; zusätzlich sind kleinere Blutungen am Zahnfleisch zu beobachten. Als systemische Komplikation kommt es u. a. zu Erbrechen, wenn sich Nahrung oder Wasser im Magen erwärmen.

Leptospirose-Nosode D30 Wenn man annehmen kann, daß der Hund sich eine Leptospiren-Infektion zugezogen hat, sollte diese Nosode zusammen mit anderen angezeigten Arzneien gegeben werden. Zur (erfolgreichen) Behandlung genügt bereits eine einzelne Dosis.

Entzündung der Speicheldrüsen

Diese Drüsen, die den Speichel produzieren, können zum Herd einer Infektion werden. Manchmal bilden sich hier Zysten aus. Eine übermäßige Speichelproduktion wird Ptyalismus oder Hypersalivation genannt; sie kann infolge von Reisekrankheit entstehen oder durch eine unspezifische Stomatitis hervorgerufen werden. Die Symptome sind auffällig, und der übermäßig gebildete Speichel kann zu Erbrechen führen, wenn der Hund ihn permanent herunterschluckt. Folgende Arzneimittel bieten sich gegen Ptyalismus an:

Jaborandi D30 Typische Symptome der Heilpflanze *Pilocarpus jaborandi* sind eine angeschwollene Unterzungen- (Glandula submaxillaris) bzw. Ohrspeicheldrüse (Parotis). Der Hund kann zusätzlich an äußerst starkem Durchfall leiden.

Aconitum D6 Wenn die »Sabberanfälle« plötzlich eintreten und von erhöhter Temperatur begleitet sind, ist der Eisenhut erwiesenermaßen das richtige Mittel.

Mercurius corrosivus D6 Sollte eine Stomatitis der Grund sein, warum der Hund so stark speichelt, dann hilft dieses Mittel. Der vermehrte Speichelausfluß wird gestoppt, indem *Mercurius* die zugrundeliegende Infektion beseitigt.

Borax D6 Dieses Arzneimittel ist dann angezeigt, wenn der Speichel in schaumigen Fäden aus dem Maul trieft, und man auf Zunge und Zahnfleisch Bläschen sehen kann.

Eine Infektion der Drüsen kann zu Abszessen führen; dabei kommt es zu schmerzhaften Anschwellungen des gesamten Drüsengewebes, die von Veränderungen im gesamten Organismus und von Temperaturanstieg begleitet sind. Der Hund weigert sich, das Maul zu öffnen. Wenn auch die Ohrspeicheldrüse betroffen ist, kann man Ödeme am Ohrgrund erkennen.

Behandlung der erkrankten Drüsen

Phytolacca decandra D30 Geschwollene Drüsen sind die typischen Symptome für diese Heilpflanze. Die Drüsen sind fest und angeschwollen, der Rachen dunkelrot verfärbt. Da auch die Mandeln angeschwollen sind, leidet der Hund unter deutlichen Schluckbeschwerden.

Aconitum D6 Diese Arznei eignet sich immer dann, wenn die Temperatur gestiegen ist und der Hund nach längerem Aufenthalt in der Kälte plötzlich übermäßig zu sabbern beginnt.

Apis mellifica D30 Bienengift ist immer dann sehr hilfreich, wenn sich Ödeme am Ohrgrund gebildet haben, weil sich eine Parotitis (Entzündung der Ohrspeicheldrüse) ausgedehnt hat.

Mercurius bijodatus D9 Rotes Quecksilberjodid gilt als gutes entzündungshemmendes Mittel, wenn die Drüsen auf der linken Halsseite infiziert sind. Die Unterzungendrüsen (Glandulae submaxillares) sind jedoch kaum von der Infektion mitbetroffen.

Mercurius jodatus flavus D9
Das gelbe Quecksilberjodid wirkt in ähnlicher Weise, jedoch ausschließlich auf die rechte Halsseite bzw. die rechten Halsdrüsen.

Hepar sulfuris D30 In dieser Potenz mildert das Mittel die Vereiterung, wenn sich die Drüsen entzündet haben. Dies gilt besonders, wenn sie sehr empfindlich auf Berührung reagieren.

Silicea (syn. Acidum silicicum) D30 Die meisten chronischen Vereiterungen werden durch diese Arznei beseitigt. Der Eiter wird eingedickt und zäher, und die Drüsen bleiben hart. Falls sich Zysten in den Speicheldrüsen bilden, kann man dort die verbleibende Flüssigkeit mit *Apis* D30 und anschließender Gabe von *Jodum* D30 in den Griff bekommen. Diese Behandlung setzt natürlich voraus, daß kein chirurgischer Eingriff erwünscht ist.

Erkrankungen des Schlundes (Pharynx) und der Speiseröhre (Ösophagus)

Entzündung des Schlundes (Pharyngitis)

Eine Entzündung des Schlundes kann als direkte Folge einer Verletzung (z. B. Verätzung mit einer Flüssigkeit) entstehen. Ein solches Ärgernis ist jedoch im Gegensatz zu einer konstitutionellen Erkrankung, wie beispielsweise Staupe, Hepatitis infectiosa oder Leptospirose, von nur zweitrangiger Bedeutung. Gelegentlich weitet sich auch ein lokaler Infektionsherd aus, und dann sind meist auch Streptokokken und Staphylokokken beteiligt.

Symptome

Zunächst steigt die Temperatur an, und der Hund verweigert dann auch seine Nahrung. Er hustet weißen, schaumigen Schleim aus. In gravierenden Fällen sind auch die angrenzenden Lymphdrüsen befallen, und es wird ein Übermaß an Speichel gebildet. Während der Untersuchung erscheint der Schlund dunkelrot, und man stößt gelegentlich auf häutchenartigen Belag (Krupp) oder Geschwüre.

Behandlung

Aconitum D6 Eisenhut sollte immer im Frühstadium verabreicht werden, wenn das Fieber steigt. Wenn dieses Mittel frühzeitig eingesetzt wird, macht es alle anderen Arzneien überflüssig.

Ferrum phosphoricum D6 Auch dieses Mittel bietet sich im Anfangsstadium der Krankheit an. Der Unterschied zu *Aconitum* liegt darin, daß der Innenraum des Maules gerötet ist. Die Infektion weitet sich häufig auch bis zu den Ohren aus. Der Puls ist im allgemeinen schwach tastbar – wiederum im Gegensatz zu den *Aconitum*-Symptomen. Man sollte *Ferrum phosphoricum* besser den leichteren Erkrankungen vorbehalten.

Belladonna D30 Bei Indikation dieser Arznei sind die Zungenpapillen geschwollen, der Rachen sieht rot und verquollen aus. Zu den Begleitsymptomen zählen u. a. geweitete Pupillen bei vollem, hüpfendem Puls und eine am ganzen Körper spürbare Hitze.

Mercurius cyanatus D30 Dies ist ein besonders wichtiges Mittel bei einer bestimmten Pharyngitisform, die durch einen Belag gekennzeichnet ist, wie er auch bei der Diphtherie vorkommt. Wenn sich dieser gräuliche Belag ablöst, ist das darunterliegende Gewebe abgestorben. Manchmal erbricht der Hund Gallenflüssigkeit, die mit Blut durchmischt ist.

Phytolacca decandra D30 Sollte auch die Kehle betroffen sein, kann man eine dunkelrote Färbung (des gesamten Rachenraums) sowie geschwollene Mandeln beobachten. Insbesondere sind die Ohrspeicheldrüsen angeschwollen und empfindlich. Schwellungen jeglicher Drüsen sind – in Verbindung mit Kraftlosigkeit – typisch.

Mercurius bijodatus D9 Die Entzündung des Rachens ist eher auf der linken Seite lokalisiert. Der Infektionsherd sitzt oft schon in den linksseitigen Speicheldrüsen, bevor man den Entzündungsprozeß im Rachen erkennen kann.

Mercurius jodatus flavus D9 Die Symptome für den Gebrauch von gelbem Quecksilberjodid sind die gleichen wie bei *Mercurius bijodatus* – mit dem einzigen Unterschied, daß die Prozesse auf der rechten Körperseite ablaufen.

Rhus toxicodendron M1 Dieses Mittel ist dann angebracht, wenn Maul und Rachen ungleichmäßig dunkelrot gefärbt sind und die Augen tränen. Gelegentlich treten die Symptome einer Zellgewebsentzündung der Augenhöhle auf, bei gleichzeitigem Durstgefühl und schleimigem Durchfall.

Apis mellifica D30 Bei starker Flüssigkeitsansammlung, wodurch die Atmung des Hundes beeinträchtigt wird, hilft *Apis*, diese Ödeme rasch zu beseitigen. Der Rachen erscheint geschwollen und fühlt sich aufgedunsen an; dies gilt auch für die Zunge. Der Kot des Hundes ist bräunlich und wäßrig. Dieser Zustand kann auch für eine Nierenentzündung (Nephritis) im Anfangsstadium gelten.

ANMERKUNG: Falls die Pharyngitis die Folge einer Infektionskrankheit wie Staupe, Hepatitis oder Leptospirose ist, sollte man den Hund – neben den geeigneten Arzneien – auch mit den entsprechenden Nosoden behandeln. Die Nosoden *Staphylococcinum* bzw. *Streptococcinum* bieten sich ebenfalls an, wenn man eine zusätzliche Infektion mit den entsprechenden Erregern vermutet.

Entzündung der Speiseröhre (Ösophagitis)

Eine Entzündung der Speiseröhre tritt gewöhnlich infolge mechanischer Verletzungen auf, z. B. durch einen (verschluckten) Fremdkörper.

Symptome

Meistens wird der Halter durch die Appetitlosigkeit seines Hundes alarmiert, daß mit dem Tier etwas nicht in Ordnung ist. Falls der Hund seinen Appetit noch nicht völlig verloren hat, wird er das wenige, was er gefressen hat, rasch wieder auswürgen. Der Speichel fließt im allgemeinen reichlich. Das Tier versucht wiederholte Schluckbewegungen, selbst wenn es nichts zu fressen gibt.

Behandlung

Die folgenden Mittel können dem Tier Erleichterung verschaffen und die Beschwerden am Speiseröhrenepithel lindern.

Mercurius corrosivus D30 Das Mittel lindert Entzündungs- oder Geschwürsbildungsprozesse an Schleimhäuten und ist vor allem bei starkem Speichelfluß angebracht.

Phosphorus D30 Für das Arzneimittelbild des Phosphors gilt, daß sich die Entzündung auf den Magen ausdehnt. Der Hund muß sich dann in häufigen Abständen erbrechen.

Acidum sulfuricum D30 Im allgemeinen ist Schwefelsäure bei Heilungsprozessen von Schleimhäuten angezeigt, die durch einen Fremdkörper verletzt wurden oder auf denen sich bedrohliche Anzeichen eines Gangräns bemerkbar machen. Der Speichel sollte bei dieser Indikation Blutspuren enthalten.

Carbo vegetabilis D200 Der Hund ist im Oberbauchbereich sehr empfindlich, und in seinem Maul sind eventuell Geschwüre erkennbar, die wie Ausschlag aussehen.

Erkrankungen des Magens

Akute Magenschleimhautentzündung (Akute Gastritis)

Eine Entzündung des Magens (bzw. der Magenschleimhaut) kommt sehr häufig vor und wird meist durch alle möglichen Reizfaktoren ausgelöst. Sie kann aber auch als Folge- oder Begleiterscheinung einer akuten Infektionskrankheit (z. B. Hepatitis oder Leptospirose) entstehen.

Symptome

Der Hund muß sich permanent übergeben und ist dauernd durstig; wenn das Leiden von einer Infektionskrankheit begleitet wird, kann man einen Temperaturanstieg beobachten. Der Magenbereich reagiert meist sehr empfindlich auf Druck oder Berührung. Wenn das Erbrechen sehr stark ist oder über längere Zeit andauert, zeigen sich bald die ersten Anzeichen für eine Austrocknung (Dehydratation) des Hundes. Dies gilt besonders für Welpen und jüngere Hunde.

Behandlung

Speziell gegen Erbrechen gibt es eine Vielzahl Arzneimittel, die ich an dieser Stelle nicht alle aufzählen werden können. Am besten ziehen Sie ein Standardlehrbuch über homöopathische Arzneimittel zu Rate, um das geeignete Mittel zu finden, welches auf Ihren Hund paßt. Jedenfalls sollte eines der folgenden Mittel wohl Abhilfe schaffen:

Phosphorus D30 Ein ausgeprägter Durst spricht für diese Arznei; der Hund erbricht sich jedoch erst, wenn sich das gesoffene Wasser (bzw. gefressene Futter) im Magen erwärmt hat. Am Zahnfleisch kann man Entzündungen und kleine Blutungen sehen. Der Kot ist lehmfarben.

Mercurius corrosivus D30 Der Hund erbricht Schaum, der mit grüner Galle und eventuell auch mit Blutspritzern durchsetzt ist. Als Begleiterscheinung tritt Durchfall in Verbindung mit übelriechendem Mundgeruch und starker Speichelbildung auf.

Ipecacuanha D30 Brechreiz und Erbrechen (Emesis) können den Hund zusammenbrechen lassen (Kollaps). Das Erbrochene ist schleimig, und das Erbrechen kann länger andauern. Gelegentlich kommt es zu schleimigem, teilweise blutdurchsetztem Durchfall. Symptome für eine Reflexatmung (die normalerweise nur bei Gehirnverletzungen auftritt) wie Husten und schweres Atmen sind möglich.

Antimonium tartaricum D30 Die Zunge ist belegt, ihre Ränder sind gerötet. Dem Hund fällt das Schlucken schwer, häufig muß er dabei würgen und sich übergeben. Vor dem »Stuhlgang« hört man die Gedärme kollern. Der Kot wird unter starkem Pressen abgegeben; er ist von wäßriger Konsistenz und mit Schleim durchsetzt.

Arsenicum album (syn. Acidum arsenicosum) D30 Ein typisches Symptom für dieses Mittel ist ein trockenes Maul voller Geschwüre. Obwohl sein Durst groß ist, säuft das Tier Wasser nur in kleinen Schlukken. Das Erbrochene enthält Blutspuren, manchmal sogar große Mengen an Blut. Der Hund ist meist rastlos und rennt von einem Ort zum anderen. Die Symptome verschlechtern sich um Mitternacht. Das Fell ist in der Regel trocken und rauh.

Jodum D30 Dieses Mittel eignet sich gut für magere Hunde, die gerne tote Tiere fressen und an farblosem, schaumigem Durchfall leiden. An Maul und Zunge sind eventuell ausschlagartige Geschwüre zu sehen. Eine Leberkomplikation kann man an den Gelbsuchtsymptomen ablesen, die auf den (sichtbaren) Schleimhäuten zu erkennen sind.

Aethusa D6 Befall mit Ausschlag (Aphthen) ist charakteristisch für die Hundepetersilie (*Aethusa cynapium*). Zusätzlich kann es im Rachen zu Ausschlag mit Pusteln kommen. Der Hund verträgt überhaupt keine Milch; diese gerinnt im Magen und wird in gekäster Form wieder erbrochen. Schon bald, nachdem das Tier gefressen hat, erbricht es weißen, schaumigen Mageninhalt. Der Kot ist dünnflüssig, grünlich und enthält viel Unverdautes. Das Mittel ist gut für Welpen, die noch gesäugt werden und infolge des Flüssigkeitsverlustes kollabieren können (ähnlich wie bei einem Choleraanfall).

Iris versicolor D30 Das kranke Tier speit nicht nur Mageninhalt, sondern auch Galle; gleichzeitig kommt es zu Durchfall und Kolik, wobei der Leberbereich ziemlich schmerzempfindlich ist. Gelegentlich tauchen Gelbsuchtsymptome auf. *Iris* gilt als geeignetes Mittel, wenn Funktionsstörungen der Leber oder Bauchspeicheldrüse (Pankreas) als Krankheitsursachen vermutet werden.

Petroleum D6 Um mit Steinöl zu behandeln, sollte das Erbrochene säuerlich riechen und sich viel Wasser im Maul ansammeln. Nach erfolgreichem »Stuhlgang« schließen sich Hungerphasen an; hierdurch wird es dem Hund zeitweilig besser. Der Durchfallkot ist wäßrig und auf die hellen Tagesstunden beschränkt.

Apomorphinum D6 Dieses Mittel ist angebracht, wenn sich der Hund aus heiterem Himmel und reflexartig erbricht. Gewöhnlich wird viel schleimiger (muköser) Speichel gebildet. Dem Hund ist sehr heiß, und seine Pupillen sind dabei geweitet.

Nux vomica D6 Der ausgeschiedene Kot ist meist hart. Der Hund bekommt fast immer eine Gastritis, weil er zuviel und vor allem zu fette bzw. für Hunde ungeeignete Kost gefressen hat.

Chronische Magenschleimhautentzündung (Chronische Gastritis)

Eine chronische Gastritis ist häufig die Folge einer ständigen Reizung durch Fremdkörper. Der Hund muß sich in unregelmäßigen Abständen übergeben, ganz gleich, ob er gefressen oder gesoffen hat. Die erkrankten Hunde leiden an Appetitlosigkeit

und fortschreitendem Gewichtsverlust, ihr Fell ist auffallend struppig. Schwere Fälle kann man an den Anzeichen einer Anämie (Blutarmut) erkennen.

Als besonders geeignetes Mittel gilt *Phosphorus* D30, und zwar für Hunde, deren Erbrochenes Blutspuren enthält und denen es nach dem Fressen schlechter geht. *Arsenicum album* D30 bringt den alten Glanz des Fells zurück und kann das Risiko einer Anämie verringern. In steigenden Potenzierungen kann mit *Arsenicum album* auch eine langzeitige Heilung erzielt werden. Häufig steht die Erkrankung auch mit einem chronischen Nierenleiden in Bezug; die Arzneien, die in diesem Spezialfall helfen können, werden im Kapitel über die Erkrankungen der Harnwege genannt.

Erkrankungen von Dünndarm, Dickdarm und Enddarm

Verengerung des Magenausgangs (Pylorusstenose)

Eine Magenausgangsverengerung kann vererbt, aber auch erworben werden. In diesem Fall entsteht das Leiden meist als Folgeprozeß einer Entzündung mit Narbenbildung; das Narbengewebe blockiert dann den Magenausgang.

Symptome

Der Hund muß sich sehr heftig erbrechen, sein Appetit bleibt allerdings unbeeinträchtigt. Das Erbrechen hängt davon ab, ob der Hund gefressen oder gesoffen hat; meist übergibt sich das Tier einige Stunden nach der Nahrungsaufnahme. Außerdem leidet der Hund gewöhnlich an Verstopfung.

Behandlung

Wenn die Beschwerden nicht operativ behoben werden sollen, können vielleicht folgende Mittel Abhilfe schaffen:

Nux vomica M1 Der Hund erbricht sich unter starkem Würgen. Die Magengegend ist sehr druckempfindlich.

Lycopodium clavatum M1 Die Verdauung ist generell schlecht. Das Mittel ist eher für magere Hunde oder schlanke Hunderassen geeignet. Der Hund gibt sich schon mit ganz wenig Kost zufrieden und leidet unter Blähungen.

Silicea (syn. Acidum silicicum) D30 Mit diesem Mittel läßt sich vorhandenes Narbengewebe sehr gut beseitigen. Auf diese Weise wirkt *Silicea* indirekt, indem es den chronischen Entzündungsprozeß beseitigt.

Entzündung des Dünn- und Dickdarms (Enterokolitis)

Die Entzündungen von Dünndarm und Dickdarm lassen sich unter dem Begriff Enterokolitis zusammenfassen. Darmentzündungen führen meist zu Durchfall und ruhrartigen Beschwerden, die Beschaffenheit des Kotes kann hierbei beträchtlich variieren.

Akute Enterokolitis

Diese Krankheit entsteht vielfach, weil Krankheitserreger in den Dünndarmbereich eingedrungen sind, wie z. B. die Erreger von Staupe und Leptospirose. Eine andere Ursache kann auch fehlerhafte Ernährung sein, wenn der Hund beispielsweise verdorbenes Futter gefressen hat.

Symptome

Zu Beginn der Krankheit wird sich der Hund übergeben, das charakteristische Symptom ist jedoch der Durchfall, der gelegentlich auch blutig ist (hämorrhagischer Durchfall). Die Körpertemperatur steigt, wenn eine bakterielle Infektion vorliegt; bei einer Lebensmittelvergiftung o. ä. liegt die Temperatur hingegen unter ihrem normalen Wert. Bei Berührung seines Bauches empfindet der Hund deutliche Schmerzen, und aus dem Dickdarmbereich ertönt ein Kollern und Knurren. Bei länger anhaltendem Durchfall machen sich Symptome einer Dehydrierung bemerkbar (der Hund »trocknet zusehends aus«).

Behandlung

Dem homöopathisch praktizierenden Veterinär stehen glücklicherweise viele Arzneimittel gegen diese Krankheit zur Verfügung – immer unter der Voraussetzung, daß die

Symptome stimmen. Nachfolgend können nur ein paar ausgewählte Beispiele vorgestellt werden, da der Rahmen dieses Buch sonst gesprengt würde. Im Literaturverzeichnis finden Sie einige Bücher, die umfassende Listen mit homöopathischen Heilmitteln enthalten.

Arsenicum album (syn. Acidum arsenicosum) D30 oder D6 Ein typisches Symptom für dieses Mittel ist wäßriger, nach Aas stinkender Durchfall, der in den Abendstunden oder gegen Mitternacht stärker wird. Im allgemeinen hat der Hund Durst auf kleine Mengen Wasser. Sein Fell ist rauh und trocken, und gelegentlich wechselt er voller Unrast seine Position. Das Mittel ist ideal, wenn sich beim Hund Symptome einer Dehydrierung bemerkbar machen.

Ipecacuanha D30 Typischerweise geht dem Anfall ein heftiges Erbrechen voraus. Der häufig ausgeschiedene schleimige Kot ist von grünlicher Farbe und zum Teil blutdurchsetzt.

Aloe D200 Der Kot ist bröckelig und von gallertartiger Konsistenz. Möglicherweise leidet das Tier an einer bisher nicht bemerkten Leberanschoppung (Stauungsleber). Die Blähungen machen sich durch lautes Rumoren im Dickdarm bemerkbar.

Podophyllum D30 Dieses Mittel wird sehr oft bei bestimmten Darmerkrankungen (sowohl Dick- als auch Dünndarm) verwendet; typisches Kennzeichen ist ein sehr flüssiger Kot, der aus dem After herausschießt und gelegentlich Schleim enthält. *Podophyllum* ist auch bei länger anhaltendem Durchfall geeignet, wobei der Mastdarm leicht vorgewölbt sein kann (Rektalprolaps).

Mercurius corrosivus D30 Ist ein passendes Mittel gegen ruhrartigen Durchfall, wobei der Kot viel Schleim enthält und daher glitschig aussieht. Von Sonnenuntergang bis Sonnenaufgang verschlimmern sich die Symptome. Der Hund setzt seinen Kot unter heftigem Pressen ab.

Veratrum album D30 Während der Diarrhoe ist der Hund sehr schlapp und bricht häufig zusammen. Die meist sehr flüssigen und ergiebigen Durchfälle beginnen mit Koliksymptomen. Zu den allgemeinen Symptomen für die Weiße Nieswurz gehören u. a. ein trockenes Maul und bläulich angelaufene Schleimhäute (Zyanose).

Camphora D6 Ein bezeichnendes Symptom für den Einsatz von *Camphora* ist wiederum eine Kraftlosigkeit des kranken Tieres, jedoch noch ausgeprägter als bei *Veratrum album*. Dem Hund ist am ganzen Körper kalt, sein »Stuhl« ist schwärzlich und wird unkontrolliert ausgeschieden.

Cuprum metallicum D30 Ein grünlicher, blutdurchsetzter Durchfallkot kann von Muskelkrämpfen begleitet sein. Als weiteres häufiges Anzeichen von Nervosität kann man u. a. ein Zucken des Hundes beobachten.

Carbo vegetabilis D200 Dieses Mittel hat sich besonders bei todkranken Hunden bewährt, teilweise sogar mit spektakulärem Erfolg. *Carbo vegetabilis* schlug vor allem bei Tieren an, bei denen man schon aufgrund eines hohen Flüssigkeitsverlustes alle Hoffnung aufgegeben hatte. Der Kot stinkt nach Aas und wird von heftigen Winden begleitet.

Pyrogenium M1 Auch dieses Mittel bietet sich für den äußersten Notfall an. Der Kot riecht meist faulig, und des öfteren besteht eine ausgeprägte Blutvergiftung (Toxämie). Hohes Fieber und ein träger, kleiner Puls sind weitere »todsichere« Zeichen für den Einsatz von *Pyrogenium.*

China D6 Diese Arznei sollte immer als Adjuvans (unterstützendes Mittel) für andere Homöopathika verabreicht werden, da es den Hund nach starkem Flüssigkeitsverlust wieder kräftigt. Die eigentliche Wirkung von *China* (d. h. ohne weitere Medikamente) besteht darin, den Durchfall in den Griff zu bekommen.

Chronische Enterokolitis

Diese Erkrankung ist durch einen chronischen Durchfall charakterisiert, der auf vorhandene Fremdkörper oder Wurmbefall hinweisen kann. Tumorbildung oder Erkrankungen von Leber bzw. Bauchspeicheldrüse (Pankreas) können gleichfalls zu einer chronischen Enterokolitis beitragen. Weitere Ursachen sind u. a. Nierenleiden und Nervosität.

Symptome

Wenn man den Bauch des Tieres abtastet, läßt sich eine Verdickung des Dickdarms feststellen. Der Kot wird schleimig und enthält hin und wieder Blut. Der Gesundheitszustand des Hundes verfällt sehr rasch, und das Tier beginnt auszutrocknen (zu dehydrieren).

Behandlung

Die Arzneien, die bei der akuten Enterokolitis geholfen haben, sind auch für eine chronische Darmentzündung geeignet, da Durchfall als charakteristisches Symptom bei fast allen Formen dieser Krankheit auftaucht. Außerdem könnte die Darmverdickung durch Gabe von *Silicea* D30 verringert werden.

Ulzerative Dickdarmentzündung (Colitis ulcerosa)

Diese Spezialform der Kolitis, die mit Eiterung und Geschwürbildung einhergeht, tritt häufig bei jungen, insbesondere bei zweijährigen Hunden auf. Vor allem Boxer sind hierfür sehr anfällig.

Symptome

Der Allgemeinzustand des Hundes bleibt unverändert gut, einziges sichtbares Zeichen für die Erkrankung ist der weiche Kot, der überwiegend Schleim und gelegentlich auch Blutspuren enthält. Seine Beschaffenheit verändert sich dauernd; er ist hellbraun und wird recht häufig ausgeschieden.

Behandlung

Auch bei dieser Erkrankung können die in den beiden vorigen Abschnitten erwähnten Mittel gegeben werden. Die Entscheidung richtet sich nach den vorhanden Symptomen. Daher werden die nun vorgestellten Arzneien detaillierter beschrieben.

Acidum nitricum D200 Dies ist ein sehr gutes Mittel, wenn Schleimhäute ulzerieren, die sich in der Nähe einer Körperöffnung befinden. Daher eignet sich *Acidum nitricum* ideal bei Läsionen im Bereich des Mastdarms, der ja ein Teil des Kolons (Dickdarms) ist.

Mercurius dulcis D30 Diese Arznei zeigte bei leichter Erkrankung (»Stuhl« gelegentlich mit Schleim durchsetzt, Geschwürbildung im Maul) gute Erfolge. Der Hund scheidet geringe Kotmengen aus, allerdings häufiger als gewöhnlich.

Kalium bichromicum D200 Dieses Mittel ist hervorragend bei gallertartigem Kot, den der Hund mehrfach in den Morgenstunden absetzt. Dabei muß das Tier sehr heftig pressen. Häufig stellt sich auch eine Darmgrippe ein.

Jodum D6 Sollte bei folgenden Symptomen gegeben werden: schaumiger gelber Kot, Heißhunger und Verschlechterung der körperlichen Verfassung. Die Haut sieht ausgetrocknet aus.

Chamomilla D6 Kamille ist besonders gut, wenn gerade junge Hunde an Durchfall und damit verbundener Aufregung leiden. Der Kot ist schleimig, sehr heiß und läßt die Haut um den After wund werden.

Mastdarmentzündung (Proktitis)

Eine Entzündung im Rektum (Mastdarm) kann durch vorhandene Fremdkörper (z. B. Knochensplitter) verursacht werden. Wenn die Entzündung stärker geworden ist, muß der Hund beim Koten meist sehr heftig pressen, und die Innenhaut des Mastdarms kann dabei nach außen gedrückt werden. Bei einer Rektaluntersuchung ergibt sich in der Regel, daß die Schleimhaut verdickt und möglicherweise von Geschwüren befallen ist.

Behandlung

Die nun aufgezählten Mittel sollten Abhilfe schaffen. Parallel zur Behandlung empfiehlt es sich, dem Hund nur halbflüssige, leicht verdauliche Kost zu geben.

Collinsonia D200 Der Hund hat Verstopfung und muß beim Koten stark pressen. Sein After kann nach außen gestülpt sein (Analprolaps). Durchfallkot kann mit hartem Kot abwechseln.

Podophyllum D30 Charakteristisch für diese Arznei ist ein grünlicher, ergiebiger Durchfall am Morgen. Des öfteren sind Teile des Mastdarms herausgestülpt. Die innere Darmschleimhaut fühlt sich (bei äußerem Abtasten) »verbeult« an und ist eventuell voller Geschwüre.

Aloe D200 Die Defäkation wird von starken Blähungen begleitet und der Kot sieht aufgrund des umfangreichen Schleims gallertartig aus. Möglicherweise wird man Wundsein am After feststellen.

Ruta graveolens D30 Der Hund kotet unter heftigem Pressen, und sehr häufig ist der Enddarm nach außen gestülpt. Die Kotmenge ist durchweg reduziert, jedoch findet man bei schwereren Fällen, daß der ausgeschiedene Kot schaumig-schleimig ist.

Durchfall (Diarrhoe) und Verstopfung (Obstipation)

Die beiden Erkrankungen – Durchfall und Verstopfung – lassen sich problemlos in einer gemeinsamen Beschreibung abhandeln.

Beschaffenheit des »Stuhls«: Der Kot kann wäßrig, schleimig oder ruhrartig (dünnflüssig) und unterschiedlich geformt bzw. gefärbt sein. Eine sehr üppige Darmentleerung deutet daraufhin, daß die Ursachen eher im Dünndarm als im Dickdarm liegen. Sehr spärlicher und häufig abgesetzter Kot mit viel Schleim läßt eine Kolitis vermuten. Schaumiger Kot, der von Fettbröckchen durchzogen ist, ist vielfach ein Symptom für Diabetes oder eine Entzündung der Bauchspeicheldrüse (Pankreatitis), während ein schwarzer Kot (Teerstuhl) auf Darmblutungen hindeutet. Störungen der Lebertätigkeit werden durch einen lehmfarbenen Kot offenbart, und orangefarbene Pigmente im Kot sind gewöhnlich Anzeichen einer Leptospirose.

Durchfall (Diarrhoe): Unter dem Stichwort »Enterokolitis« wurde bereits auf diese Krankheit eingegangen. Einen Durchfall kann man generell mit den dort aufgezählten Arzneien behandeln. Jedoch wurden bewußt nur einige Mittel ausgewählt, um den homöopathischen Anfänger nicht zu verwirren, weil dieser ja die erforderlichen, zum Teil sehr komplexen Arzneimittelbilder noch nicht kennt.

Verstopfung (*Obstipation*): Der Stuhlgang kann leicht oder stark eingeschränkt sein. Ursachen hierfür können sein, daß der Hund zuwenig gesoffen oder zu viele Knochen gefressen hat.

Symptome

Unter heftigem Pressen setzt der Hund einen leicht bröckeligen Kot ab, der gelegentlich noch Blut enthält. Erbrechen ist ebenfalls nicht ungewöhnlich. Bei länger andauernder Erkrankung kann man beobachten, daß das Tier seinen Hinterkörper nur unkoordiniert bewegt. Der Hund hat es nicht gern und wehrt sich dagegen, am Bauch berührt zu werden.

Behandlung

Die folgenden Mittel sind je nach Arzneimittelbild einzusetzen:

Nux vomica M1 Der Hund scheidet unter heftigem Pressen jeweils kleine Kotmengen aus. Die Ursache hierfür ist vielfach eine Fehlernährung. Oft muß sich der Hund auch noch erbrechen. Brechnuß ist ein gutes Verdauungsmittel, das eine gut funktionierende Darmtätigkeit erreicht.

Sulfur D6 Rötungen im Afterbereich sind Symptome, um *Sulfur* zu verordnen. Außerdem kratzt sich der

Hund permanent an dieser Stelle. Der Körper riecht moderig. Dieses Mittel läßt sich hervorragend mit *Nux vomica* kombinieren.

Bryonia D6 Der dunkel gefärbte Kot ist beträchtlich und wird meist am Morgen abgesetzt. Der Hund fühlt sich insgesamt unwohl und will sich partout nicht vom Fleck rühren. Die Bauchregion ist sehr empfindlich; der Hund reagiert jedoch nicht unwillig, wenn man auf dieses Körperteil drückt.

Antimonium crudum D6 Der Hund setzt einen harten, bröckeligen Kot ab, begleitet von wäßrigen Ausscheidungen und eventuell auch von Schleim. Typische Begleitsymptome im Mundbereich sind z. B. eine weiße Zunge oder ein ekzemartiger Ausschlag, der sich in Lippennähe bildet.

Opium D200 Ist in hartnäckigen und schwereren Fällen angebracht. Der Hund wirkt insgesamt lethargisch, fast schon wie im Koma. Der Kot ist sehr hart und dunkel.

Lycopodium clavatum M1 Das Mittel wird meist bei einer bereits vorliegenden Leberfunktionsstörung oder begleitenden Hepatitis eingesetzt. Die Kotmenge ist spärlich. Der Hund ist sehr launenhaft, was seinen Appetit betrifft, und frißt daher nur wenig. Magere oder unterernährte Hunde sprechen gut auf *Lycopodium* an – vorausgesetzt natürlich, daß die übrigen Symptome hierzu in Einklang stehen.

Alumen D6 Ist eher für den älteren Hund gedacht, dessen Darmgewebe leicht verhärtet. Die Verstopfung kann recht stark sein. Weitere Begleiterscheinungen sind Haarausfall (Alopezie), ekzemartige Ausschläge und gewöhnlich auch Muskelschwäche.

Erkrankungen von Leber und Bauchspeicheldrüse (Pankreas)

Erkrankungen der Leber

Die Tätigkeit der Leber kann sowohl durch Befall mit Bakterien als auch durch Viren beeinträchtigt werden. Allerdings kann eine Stoffwechselstörung auch durch Fehlernährung entstehen.

Symptome

Durch Abtasten (Palpieren) der rechten Bauchhälfte wird möglicherweise eine Lebervergrößerung festgestellt. Dies braucht nicht unbedingt schmerzhaft zu sein. Bei einer größeren Leberfunktionsstörung kann der Hund an Erbrechen und Appetitlosigkeit leiden, und sein Kot ist entweder orange oder lehmfarben. Auch Gelbsucht ist ein sicheres Zeichen, daß die Leber nicht ordentlich arbeitet; häufig findet man dann Gallenfarbstoffe im Urin, der dadurch gelblich-grün gefärbt ist. Die Schleimhäute werden ebenfalls gelb. Allerdings braucht bei einer Beeinträchtigung der Lebertätigkeit nicht immer eine Gelbsucht vorzuliegen.

Wenn eine chronische Erkrankung der Leber oder beispielsweise ein Lebertumor vorhanden ist, entsteht vielfach Bauchwassersucht (Aszites).

Behandlung

Die genaue Therapie eines Leberleidens hängt in jedem Fall vom Symptomkomplex ab. Allerdings gibt es Mittel, welche die Lebertätigkeit gezielt beeinflussen, und dazu zählen u. a. die folgenden Arzneien:

Chelidonium D6 Charakteristische Anzeichen sind die gelbliche Zunge und eine gelbliche Verfärbung der sichtbaren Schleimhäute. Fast immer muß sich der Hund erbrechen, und der rechte Schulterbereich schmerzt bzw. ist steif. Der Kot ist lehmfarben.

Phosphorus D200 Unmittelbar nach dem Fressen oder Saufen muß sich der Hund übergeben, wenn sich das, was er zu sich genommen hat, im Magen erwärmt. Am Zahnfleisch kann man geringe Blutungen beobachten. Häufig kommt es zu einer Hepatitis, und der Kot wird hart und farblos. Der gesamte Leberbereich reagiert auf Berührung äußerst empfindlich.

Carduus marianus D30 Heftiges Erbrechen gilt auch hier als bezeichnendes Symptom. Da die Galle nicht mehr normal fließen kann, bildet sich eine Gelbsucht aus. Der Kot des Tieres färbt sich gelb, und durch die Störung des Pfortadersystems kommt es zu einer Bauchwassersucht. Die Mariendistel bietet sich immer an, wenn eine Zirrhose vermutet wird.

Crotalus horridus D200 Hat besondere Bedeutung, wenn ein hämolytischer Ikterus (besondere Form von Gelbsucht) mit aufgeblähtem Bauch und eventuell auch Blutspukken vorliegen. Das Mittel erbringt gute Erfolge bei Leptospirose und bei Blutvergiftungen, die generell durch eine Neigung zu Blutungen gekennzeichnet sind.

Aesculus D30 Auch bei dieser Arznei ist Gelbsucht ein charakteristisches Symptom. Infolge einer blockierten Pfortader macht sich beim Hund bald nach dem Fressen ein Unwohlgefühl im Bauch breit. Der Leberbereich wird äußerst druckempfindlich. Der Kot wird hart und voluminös, und der Harn verfärbt sich. Parallel können auch Symptome im Bereich der Atemwege auftauchen (z. B. Hochhusten von Schleim).

Lycopodium clavatum M1 Ist ein gut wirkendes Mittel für die Leber – mit der Eigenart, daß die Tiere jeweils nur ganz geringe Mengen fressen. Der Hund begnügt sich schon mit ganz wenig Kost. Außerdem verschlimmern sich die Symptome vom späten Nachmittag bis zum frühen Abend. Das Mittel eignet sich eher für ältere und magere Hunde. Ein weiteres sichtbares Indiz, um *Lycopodium* zu verwenden, ist das vorzeitige Ergrauen des Fells. Der Kot ist in der Regel hart.

Hepar sulfuris D30 Bei einem Verdacht auf Leberabszeß infolge einer eitererzeugenden (pyogenen) Infektion bietet sich speziell dieses Mittel an. Der Hund reagiert auf Berührung sehr empfindlich, und alle entzündeten Bereiche der Leber sind außerordentlich schmerzhaft.

Nux vomica M1 Ist angebracht, wenn die Funktionsstörung der Leber dadurch entstanden ist, daß der Hund zuviel gefressen oder ungeeignete Kost verschlungen hat. Der ausgeschiedene Kot ist meist hart, und das Temperament des Tieres kann schwanken. Falls die Leber durch spezielle Krankheiten wie Hepatitis oder Leptospirose befallen wurde, kann man auch eine passende Nosode verwenden.

Morgan (Bach) D30 Diese intestinale Nosode unterstützt die angezeigten Arzneien nahezu ideal. Sie sollte immer dann zum Einsatz kommen, wenn infolge eines allgemeinen Pfortaderstaus eine Stauung (Stase) im Verdauungstrakt entsteht.

Sulfur D200 Wenn das Leberleiden sich in einem Hund manifestiert, der ein schmutzig erscheinendes Fell sowie Rötungen auf der Haut und im Afterbereich hat, dann sollte *Sulfur* verordnet werden. Außerdem strahlt der Körper meist Modergeruch aus.

Mercurius dulcis D6 Diese Arznei ist sehr gut bei chronischen Leberstörungen, die bereits Symptome von Gelbsucht und Aszites zeigen. Der glitschig-schleimige Kot des Hundes ist durch die Gallenfarbstoffe grünlich gefärbt. Anders als bei *Mercurius corrosivus* wird der Kot ohne heftiges Pressen abgesetzt.

Berberis vulgaris D6 Als typisches Symptom gilt z. B. die Bildung von Gallensteinen, gelegentlich auch die von Harnblasensteinen (Uroli-

thiasis). Die Funkton der Galle ist gestört, und als Konsequenz verändert der Kot seine Farbe. Wenn sich tatsächlich eine Gelbsucht ausbildet, verfärbt sich der Harn dunkelgelb.

Chionanthus D30 Ist gleichfalls ein gutes Heilmittel, das immer dann gegeben werden kann, wenn mit den bereits genannten Mitteln keine guten Erfolge erreicht werden.

Erkrankungen der Bauchspeicheldrüse (Pankreas)

Dieses drüsige Organ hat zwei wichtige Aufgaben: die Steuerung des Kohlenhydrat-Stoffwechsels (mit Hilfe des Hormons Insulin) und die Bildung von Enzymen (Proteasen, Lipasen), um Proteine und Fette verdauen zu können. Entzündungen der Bauchspeicheldrüse (Pankreatitis) können akut und chronisch verlaufen.

Akute Entzündung der Bauchspeicheldrüse

Akute Entzündungen der Bauchspeicheldrüse (akute Pankreatitis) findet man oft bei fetten Hunden, die eine unausgewogene Ernährung haben (wenig Protein, viel Fett). Magere Tiere sind jedoch auch gefährdet.

Symptome

Typische Anzeichen sind ein gekrümmter Rücken und eine verhärtete Bauchmuskulatur. Die Anfälle setzen unverhofft ein und führen häufig zu Schockzuständen. Die Temperatur ist zunächst erhöht, in gravierenden Fällen sinkt sie dann jedoch drastisch, wodurch sich die gesamte Körperoberfläche kalt anfühlt. Der Hund erbricht sich sehr heftig, was ohne ordentliche Behandlung sogar zu einer Dehydrierung führen kann. Starke Schmerzen werden hervorgerufen, wenn man einen Druck auf den Bauch ausübt. Der ausgeschiedene Kot ist schaumig und enthält gelegentlich runde Fettpartikel. Das Tier hat einen Riesendurst.

Behandlung

Iris versicolor D30 Gehört zu den besonders wichtigen Heilmitteln. Das Erbrochene enthält manchmal Galle, und der Hund scheidet einen wäßrigen, grünlichen Kot aus. Die Bauchschmerzen sind sehr stark.

Atropinum D6 Dieses Alkaloid aus *Atropa bella-donna* wirkt gezielt auf den Pankreas, wenn als weitere Symptome ein trockenes Maul und Schluckbeschwerden vorliegen. Nachdem sich der Hund übergeben hat, werden diese Symptome schwächer. Allerdings reagiert der Bereich um den Bauchnabel äußerst empfindlich auf Berührung.

Chionanthus D6 Ist generell ein gutes Mittel bei Pankreasleiden, das man bei einer zusätzlichen Störung der Leber einsetzen kann. Diese läßt sich am lehmfarbenen Kot, an erhöhter Druckempfindlichkeit im Leberbereich und heftigen Bauchschmerzen erkennen.

Jodum D6 Bezeichnendes Symptom ist der durchweg schaumige, fette Kot. Dieses Mittel ist ideal für magere Hunde mit Riesenappetit

und trockenem Fell. Gelegentlich kommt es auch zu einer Gelbsucht.

Pancreatinum D30 Diese Nosode läßt sich hervorragend mit anderen, ebenfalls geeigneten Mitteln kombinieren.

Morgan (Bach) D30 Im allgemeinen wird das Verdauungssystem durch diese intestinale Nosode unterstützt. Sie sollte eingesetzt werden, bevor andere angezeigte Arzneien genommen werden.

Aconitum D12 Diese Arznei eignet sich bei plötzlich einsetzender Pankreatitis, wenn nämlich die Temperatur in der Anfangsphase der Krankheit steigt.

Chronische Entzündung der Bauchspeicheldrüse

Zum Krankheitsbild der chronischen Pankreatitis gehören fibröse (aus derbem Bindegewebe bestehende) Verhärtungen des Pankreasgewebes, die manchmal als Folge einer akuten Entzündung der Bauchspeicheldrüse entstehen.

Symptome

Trotz eines meist unveränderten, ja manchmal sogar noch gesteigerten Appetits verliert der Hund sehr stark an Gewicht. Das Tier verspürt einen gesteigerten Durst. Als eindeutiges Symptom ist der voluminöse, gräuliche und fettige Kot zu bewerten. Hin und wieder treten Bauchschmerzen ein.

Behandlung

Entsprechend den vorhanden Symptomen zeigten die aufgeführten Mittel gute Erfolge.

Jodum D30 Der Hund hat einen riesigen Appetit und kann dabei nicht an Gewicht zulegen. *Jodum* eignet sich besonders bei mageren Hunden mit trockenem, rauhem Fell. Der schaumige Kot enthält Fettkügelchen. Oft sind die Lymphdrüsen hart und kleiner als im Normalzustand.

Silicea (syn. Acidum silicicum) D30 Bei Verdacht auf Verhärtung durch Bindegewebe ist Kieselsäure einfach ideal, da sie als gutes Mittel gilt, das vorhandenes Narben- oder Bindegewebe entfernt. Auf diese Weise unterstützt *Silicea* den Heilungsprozeß, so daß die Bauchspeicheldrüse schon bald wieder normal arbeiten kann.

Barium chloratum (syn. Barium muriaticum) D30 Bariumchlorid eignet sich gut für ältere Hunde. Die Mandeln sind oft vergrößert (angeschwollen), wodurch das Tier nur mühsam schlucken kann. In unregelmäßigen Abständen kann sich der Hund erbrechen.

Apocynum cannabinum D30 Ein häufiges Symptom ist Wassersucht, speziell im Bauchbereich (Aszites). Der Durst ist sehr groß, und der Hund kann sich sehr heftig erbrechen.

Iris versicolor D30 Wie schon bei der akuten Entzündung hilft *Iris* auch bei chronischer Pankreatitis. Der Kot ist wäßrig, schaumig und von grünlicher Färbung, und der

Magenbereich reagiert recht (schmerz)empfindlich.

Morgan (Bach) D30 Wenn diese intestinale Nosode quasi »zwischendurch« gegeben wird, ergänzt sie die Wirkung der anderen Arzneien.

Phosphorus D30 Als Begleiterscheinung findet man gewöhnlich eine Hepatitis. Der Kot des Tieres ist lehmfarben, seine Konsistenz ähnelt der von Sago-Perlen. Auf den Schleimhäuten im Maulbereich kommt es zu kleineren Blutungen.

Erkrankungen des Bauchfells (Peritoneum)

Eine Entzündung des Bauchfells (Peritonitis) kann akut oder chronisch verlaufen.

Akute eitrige Bauchfellentzündung

Zu einer akuten Peritonitis kommt es in erster Linie dann, wenn die Bauchdecke bei einer äußeren Verletzung durchbrochen wurde und sich dort anschließend eine Entzündung gebildet hat. Sekundärinfektionen können durch Abszesse entstehen, die von eingedrungenen Eitererregern hervorgerufen wurden.

Symptome

Zunächst steigt die Temperatur an, gefolgt von Erbrechen und vergrößerter Kotmenge; da die Darmperistaltik später jedoch abnimmt, verschwinden auch diese beiden Symptome wieder. Die Bauchmuskulatur wird bretthart, so daß der Hund – auch aufgrund der gewaltigen Schmerzen – nur mit gekrümmtem Rücken stehen kann; vermutlich ist diese Position weniger schmerzhaft. Das Tier jault auf, wenn man es im Bauchbereich anfaßt, und es wirkt insgesamt sehr unruhig. Das Blutbild zeigt eine starke Erhöhung der weißen Blutkörperchen (Leukozyten).

Behandlung

Wenn die Infektion frühzeitig (d. h. bevor lebensgefährliche Symptome auftauchen) entdeckt wird, könnten folgende Arzneien helfen:

Aconitum D6 Dieses Mittel sollte immer verabreicht werden, wenn ein Verdacht auf Peritonitis besteht. Als Orientierung sollten Symptome wie Ängstlichkeit, Anzeichen von Schock und ein kleiner, harter Puls dienen.

Belladonna D200 Zu den Symptomen für diese Arznei zählen u. a. geweitete Pupillen, starke Hitzewallungen, gerötete Mundschleimhäute sowie ein voller, hüpfender Puls. Der Hund hat ein trockenes Maul und muß stark aufhusten. Bei einer Verschlechterung des Krankheitszustandes kann es zu Krämpfen kommen.

Colocynthis D30 Der Hund hat heftige Bauchschmerzen und setzt zunächst wäßrigen, gallertartigen Kot ab. Diese Beschwerden werden schlimmer, nachdem der Hund Wasser gesoffen hat. Der extrem nach hinten gekrümmte Rücken des Hundes ist jedoch ein eindeutiges Zeichen, *Colocynthis* einzusetzen.

Hepar sulfuris D30 Ist dann angebracht, wenn aufgrund einer erhöhten Leukozytenzahl der Verdacht nahe liegt, daß sich Abszesse gebildet haben. Die Lymphdrüsen im Leistenbereich sind immer geschwollen und können in schlimmeren Fällen auch aufplatzen und Eiter freisetzen. *Hepar sulfuris* ist unbedingt erforderlich, wenn der Hund äußerst empfindlich auf Berührung und Schmerz reagiert.

Bryonia D30 Dieses Mittel zielt speziell auf Entzündungen seröser Schleimhäute. Der Hund will sich meist nicht von der Stelle rühren und preßt seinen Bauch fest gegen den Boden. Jegliche Bewegung verschlimmert die Symptome.

Mercurius corrosivus D200 Ist ein geeignetes Mittel, wenn der Kot zunächst schleimig-ruhrartig wird. Die Symptome verschlimmern sich zwischen Sonnenuntergang und Sonnenaufgang. Im Maul stellt man Geschwüre und starken Speichelfluß fest.

Arsenicum album (syn. Acidum arsenicosum) M1 Dieses Mittel eignet sich für rastlose Hunde, die häufig saufen. Die Symptome verschlechtern sich um Mitternacht. Das Fell des Hundes ist meist rauh und trocken, er muß sich heftig übergeben, und sein Kot ist anfänglich dunkel, wäßrig und stinkt nach Aas.

Apis mellifica D30 Die ursprüngliche Entzündung wird von Ödemen begleitet. *Apis* eignet sich aus diesem Grund besonders in der Anfangsphase einer Krankheit. Im weiteren Verlauf wird es – falls sich nicht weitere Ödeme bilden – nur selten gebraucht.

Rhus toxicodendron M1 Die Hunde streifen meist unruhig umher, um offenbar ihre Beschwerden zu lindern. Zu den Symptomen gehören u. a. eine rötliche Verfärbung von Maul und Rachen, heftige Bauchschmerzen (besonders im Unterbauch) sowie ein Ausschlag mit Bläschenbildung (ebenfalls in der Bauchregion).

Calcium fluoricum (syn. Calcium fluoratum) D30 Da diese Arznei verhindert, daß sich Verwachsungen (Narben) bilden können, hat es sich in der Praxis bisher immer bewährt, nach einem akuten Schub etwas Flußspat zu geben.

Chronische Bauchfellentzündung

Eine chronische Peritonitis ergibt sich meist als Folge einer vorausgegangenen akuten Bauchfellentzündung. An den dabei entstandenen Läsionen können sich nun Verwachsungen bilden, die als typische Symptome der chronischen Bauchfellentzündung gelten. Die Behandlung zielt ausschließlich auf diese Symptome, und daher gehören zu den geeigneten Mitteln insbesondere *Hepar sulfuris*, *Silicea* und *Calcium fluoricum* (alle in der Stärke D30). *Hepar sulfuris* kommt zum Einsatz, wenn die Symptome wieder aufflackern. Als Folge davon schwellen die Lymphdrüsen im Leistenbereich an, und sehr wahrscheinlich bilden sich Abszesse. *Silicea* verhindert nun die Vernarbung eventuell vorhandener Verwachsungen und wehrt potentielle Eiterherde ab. Im Frühstadium einer Verhärtung schränkt *Calcium fluoricum* die Entstehung neuer Verwachsungen ein.

Bauchwassersucht (Aszites)

Eine übermäßige Flüssigkeitsansammlung in der freien Bauchhöhle wird als Bauchwassersucht oder Aszites bezeichnet. Meist entsteht Aszites parallel zu einer anderen Erkrankung, insbesondere bei Herz- und Leberleiden. Manchmal können auch Abszesse und Tumoren eine Rolle spielen.

Symptome

Der gesamte Bauch (Abdomen) ist sichtbar vergrößert, jedoch ohne irgendwelche Schmerzen. Da die ganze Flüssigkeit auf das Zwerchfell (Diaphragma) drückt, wird die (Bauch-)Atmung beeinträchtigt. Daher setzt sich der Hund immer ganz gerade hin und belastet seinen Bauch gewichtsmäßig möglichst stark, um so besser atmen zu können. Wenn man mit dem Finger auf die Bauchdecke trommelt, kann man (nur bei starker Wassersansammlung) ein plätscherndes Geräusch vernehmen. Aus unerklärlichen Gründen wird Aszites meistens von einem allgemeinen Konditionsverlust begleitet.

Behandlung

Zunächst muß die primäre Ursache herausgefunden werden, um dann eine geeignete Therapie durchzuführen. (Mit anderen Worten, Herzmittel können ebenso erforderlich sein wie Mittel gegen Lebererkrankungen.) Arzneien, die auf die Herzarbeit wirken, vermehren den Blutausstoß und regen den Kreislauf an. Hierdurch wird die Flüssigkeitsmenge im Abdomen verringert. Zu diesen Herzmitteln zählen u. a.:

Crataegus ∅ oder D1 Als Langzeittherapeutikum ist Weißdorn die beste Arznei, um den Herzmuskel anzuregen und den Herzschlag zu stärken.

Adonis vernalis D1 Gilt gerade bei Aszites als sehr gutes Mittel. Gewöhnlich leidet der Hund an Atemnot (Dispnoe), seine Herzarbeit ist unregelmäßig und der Puls beschleunigt.

Convallaria majalis D1 Dieses Mittel steuert die Herztätigkeit und wirkt generell gegen Ansammlungen von Flüssigkeit.

Digitalis D6 Fingerhut wird bei verlangsamter Herztätigkeit und entsprechend verringertem Blutausstoß aus dem Herzen eingesetzt. Da *Digitalis* den Blutkreislauf anregt, wird auch mehr Harn ausgeschieden.

Wenn als Ursache für die Bauchwassersucht eine gestörte Arbeitsweise der Leber vermutet wird, können folgende Mittel Abhilfe schaffen:

Carduus marianus D30 Ist besonders dann sehr effektiv, wenn eine Stauung im Pfortadersystem oder eine Zirrhose vorliegt. Parallel bildet sich eventuell eine Gelbsucht aus.

Chelidonium D6 Der lehmfarbene Kot des Hundes ist ganz charakteristisch. Bei Gelbsucht kann er auch goldgelb gefärbt sein, was ebenfalls für den Urin gilt. Fast immer schmerzt der rechte Schulterbereich, die Augen sind trübe, und manchmal ist die Augenbindehaut leicht entzündet.

Lycopodium clavatum M1 Dieses Heilmittel kommt bei Hunden mit verzögerter Entwicklung in Betracht; diese Tiere sind aufgrund einer Leberfunktionsstörung völlig entkräftet. *Lycopodium* ist für magere Hunde mit schlechter Verdauung besser geeignet. Der Aszites hat sich nach einer akuten Hepatitis gebildet. Der Hund ist besonders an der Schnauze vorzeitig ergraut.

Aesculus D30 Zum Krankheitsbild dieser Arznei zählen Stauungen im Pfortadersystem und Beckenbereich und als Sekundärerscheinung ein Venenstau. Dieser verursacht einen leichten Aszites, der sich im Laufe der Zeit verschlimmern kann. Außerdem können Symptome im Bereich der Atemwege auftauchen, die ebenfalls durch venöse Stauungen im Thoraxbereich entstehen.

Gegen Bauchwassersucht helfen auch die folgenden Mittel:

Acidum aceticum D30 Typische Symptome sind Auszehrung und Schwäche. Infolge einer Blutarmut (Anämie) sind die (sichtbaren) Schleimhäute ganz blaß, und die Herztätigkeit ist verlangsamt. Die Bauchwassersucht wird von schwachen Blähungen und Abdominal-schall begleitet. Der Hund scheidet einen meist wäßrigen Kot bevorzugt in den Morgenstunden aus.

Abrotanum D1 Wenn der Aszites infolge eines Wurmbefalls entstand, dann sollte der Hund eigentlich immer *Abrotanum* bekommen. Ein weiteres Zeichen sind die abgemagerten unteren Gliedmaßen. In Kombination mit *Crataegus* hat sich dieses Mittel sehr gut bewährt.

Apocynum cannabinum D6 Eine verstärkte Sekretbildung der Schleimhäute ist ganz typisch für diese Arznei, die aber auch den Herzschlag schwächt. Eine Therapie mit *Apocynum* war immer dann sehr zufriedenstellend, wenn der Aszites durch ein Nierenleiden hervorgerufen wurde.

Prunus spinosa D6 Auch hier wurde die Bauchwassersucht durch eine Erkrankung der Nieren ausgelöst. Der Hund hat meistens Schwierigkeiten beim Harnlassen.

Helleborus D6 Kennzeichnende Symptome sind ein allgemeiner Verfall sowie Muskelschwäche. Aufgrund der starken Auszehrung kommt es gelegentlich zu vorübergehenden Lähmungen. Manchmal kann man das Wasser im Bauch gluckern hören.

Reisekrankheiten

Wenn ein Hund in einem Fahrzeug transportiert wird und sich bei ihm – infolge der Fahrtbewegung – Symptome wie Unbehagen oder Übelkeit äußern, so spricht man von einer Reisekrankheit. Diese Symptome können bei Flug- und Seereisen auftauchen, sind jedoch bei Autofahrten viel häufiger.

Symptome

Kurz nach Beginn der Fahrt wird der Hund deutlich unruhig, und es treten Symptome wie Hecheln, starker Speichelfluß und Erbrechen auf. Gelegentlich kommt es auch zu Darmentleerungen. Appetitlosigkeit und Unruhe können auch noch einige Zeit nach Beendigung der Reise andauern.

Behandlung

Mit Hunden sollte man nicht unmittelbar nach einer Mahlzeit Autofahrten bzw. Flugreisen unternehmen. Am besten setzen Sie den Hund auf den Boden des Fahrzeugs, so daß er nicht aus dem Fenster sehen kann, da schnell vorbeiziehende optische Reize vermutlich die Störungen auslösen. Ein ideales Mittel ist *Cocculus* in den Potenzen D6 und D30, das man am besten 15 Minuten vor Antritt der Reise verabreicht, um einer Übelkeit vorzubeugen. *Tabacum* D30 ist ebenfalls sehr gut, eignet sich aber besser gegen Übelkeit im Flugzeug oder bei Seekrankheit.

Erkrankungen der Atemwege

Viele Erkrankungen der Atemwege sind Teil spezieller Krankheitsbilder, z. B. Staupe, und sollten direkt in den entsprechenden Kapiteln des Buches nachgeschlagen werden. Nur in äußerst ungewöhnlichen Fällen entwickeln sich Leiden der Atemwege, ohne daß eine dieser Krankheiten vorliegt. Als Folge der Anatomie einer Hunderasse und der Struktur verschiedener Körperteile kommen sie jedoch bei bestimmten Rassen häufiger vor als bei anderen. So sind z. B. Greyhounds und Dänische Doggen infolge ihres kleinen oder zu engen Brustkorbs für Lungenentzündung (Pneumonie) relativ anfällig, während Rassen wie die Bordeauxdogge und der Pekinese eher zu Problemen mit den oberen Luftwegen, besonders der Nase, neigen. Die im folgenden aufgeführten Krankheiten findet man bei allen Hunderassen.

Schnupfen (Rhinitis)

Diese Krankheit ist gekennzeichnet durch eine Entzündung der Nasenschleimhaut und tritt selten allein auf. Häufiger ist sie eine Begleiterscheinung einer anderen Krankheit.

Ursachen

Der Entzündungsprozeß wird gewöhnlich durch einen Reizfaktor ausgelöst, aber bald kommt eine Sekundärinfektion hinzu, die die Beschaffenheit des Nasenschleims ändert. Häufig sind in diesen Fällen Staphylokokken beteiligt.

Symptome

Typisches Zeichen ist ein ständiger Schleimfluß aus der Nase. Er ist zuerst serös und dünn, wird stufenweise schleimiger und schließlich schleimig-eitrig. Dabei können Blutspuren auftreten. Der Schleim kann beißend sein und wunde Nasenlöcher zur Folge haben. Wenn hartnäckiger schleimig-eitriger Ausfluß auftritt, verstopfen die Nasenlöcher, so daß die Atmung behindert wird.

Behandlung

Mehrere nützliche Arzneimittel sorgen bei Schnupfen für Erleichterung. Dazu gehören die nachfolgenden Mittel.

Arsenicum album (syn. Acidum arsenicosum) D30 Dies ist im Frühstadium ein nützliches Arzneimittel, wenn der Ausfluß dünn ist und Wundsein hervorruft. Eine Begleiterscheinung bei kranken Tieren, die dieses Arzneimittel benötigen, kann wäßriger Ausfluß aus den Augen sein. Der Hund kann außerdem Durst auf kleine Mengen Wasser sowie ein trockenes fleckiges Fell haben.

Pulsatilla D30 Auf dieses Arzneimittel reagieren sanftmütige Tiere mit wechselnden Stimmungen recht gut. Der Ausfluß ist dick und cremig. In der Nasengegend kann es zu Geschwürbildung (Ulzeration) kommen, und manchmal treten Blutspuren auf.

Mercurius D6 Der mit diesem Arzneimittel in Verbindung gebrachte Ausfluß wird zunehmend grünlich und kann Blut enthalten. Die Arznei sollte entweder in der metallischen Form (*Mercurius solubilis*) oder als Salz (*Mercurius corrosivus*) genommen werden.

Allium cepa D6 Diese Arznei ist angezeigt, wenn der Ausfluß dünn und wäßrig ist, begleitet von Niesen und tränenden Augen. Sie ist besonders im Frühstadium hilfreich.

Kalium jodatum D30 Die Arznei ist dann nützlich, wenn der Ausfluß schubweise erfolgt und man beobachten kann, wie der Hund vergeblich zu niesen versucht. Tränende Augen sind ein hervorstechendes Begleitsymptom.

Kalium bichromicum D6 Der Nasenausfluß nimmt eine hellgelbe Farbe an und enthält zähe, faserig aussehende Schleimpfropfen. Oft sind Blutstreifen zu sehen.

Acidum fluoricum (syn. Acidum fluoratum) D30 Wenn die Vermutung besteht, daß die Nasenscheidewand, z. B. durch Vereiterung, der Grund für den Schnupfen ist, kann diese Arznei indirekt durch Fördederung des Heilungsprozesses helfen.

Nasenbluten (Epistaxis)

Nasenbluten ohne weitere Symptome kommt bei Hunden selten vor. In den meisten Fällen sind mechanische Verletztungen die Ursache. Gelegentlich treten Blutungen aus der Nase bei schweren, entzündeten Wunden an den Knochen der Nasenmuschel oder an den oberen Nasenschleimhäuten auf. Tumoren in der Nasenhöhle können ebenfalls Blutungen verursachen.

Behandlung

Außer bei Tumoren, die eher in den Bereich der Chirurgie gehören, haben sich die folgenden Arzneien, entsprechend der Natur der Blutungen und der anderen Symptome, als effektiv erwiesen.

Aconitum napellus D6 Angezeigt bei spontanen Blutungen; das Blut ist hellrot. Ursachen können große Kälte oder ein beliebiger Schlag sein.

Ficus religiosa D6 Diese Arznei ist bei Blutungen aus unterschiedlichen Gründen angezeigt. Dem Arzneimittelbild von *Ficus* werden sowohl Blutungen in anderen Körperteilen als auch Nasenbluten zugeordnet.

Phosphorus D30 Wird eher mit kleinen, kapillaren Blutungen der Nasenschleimhaut als mit starkem Blutfluß in Verbindung gebracht.

Crotalus horridus D30 Die Gruppe der Schlangengifte wird mit Hämolyse in Verbindung gebracht, die Blutungen können an verschiedenen Körperteilen auftreten. Das Blut bleibt meist flüssig (d. h., es gerinnt nicht).

Vipera D30 Diese Arznei wirkt ähnlich wie die vorhergehende, erzielt aber speziell bei Nasenbluten Besserung. Als Nebensymptome können beim Tier Gleichgewichtsstörungen auftreten.

Melilotus D30 Das Blut ist hellrot, und gleichzeitig kann der Hund Fieber haben. Häufig verklumpt das Blut in den Nasenlöchern und kann als fester Blutpfropfen entfernt werden.

Ipecacuanha D30 Dieses Mittel verursacht bei der Arzneiprüfung ebenfalls hellrotes Nasenbluten. Während der Therapie können bei dem behandelten Tier auch Magenbeschwerden auftreten, z. B. hartnäckiges Erbrechen.

Ferrum phosphoricum D6 Diese Arznei ist besonders für Welpen geeignet; das Blut ist ebenfalls hellrot und manchmal von Fieber begleitet. Krankheitsbilder des Halses, z. B. Schwierigkeiten beim Schlucken, können ebenfalls auftreten.

Nebenhöhlenentzündung (Sinusitis)

Die Kieferhöhle oder das Antrum, wie sie auch genannt wird, wird manchmal zum Sitz einer Infektion oder Entzündung, die sich zu einer Vereiterung der Höhle auswachsen kann.

Ursachen

Die Infektion kann sich von anderen Bereichen des oberen Atmungstraktes zu den Nebenhöhlen ausdehnen. Der häufigste Grund ist aber ein infizierter Zahn.

Symptome

Der Infektionsprozeß kann zu einer Erweichung des Knochens führen, der die Nasennebenhöhlen bedeckt; vielfach bilden sich dann Geschwüre auf der Haut aus. Dadurch entwickelt sich ein kleines Loch, das ständig Eiter abgibt. Die Infektion einer Stirnhöhle zeigt sich gewöhnlich durch eitrige Absonderungen aus der Nase, die mit Blut vermischt sind. Häufig entwickelt sich eine begleitende Bindehautentzündung der Augen (Konjunktivitis).

Behandlung

Als Radikalkur gegen eine Nebenhöhlenentzündung, die durch einen infizierten Zahn verursacht wird, zieht man am besten den betroffenen Zahn. Wenn das geschehen ist, helfen die folgenden Arzneien bei der Behandlung des Nebenhöhlenepithels und beseitigen die restliche Infektion.

Hepar sulfuris D30 Diese Arznei ist angezeigt, wenn das betroffene Gebiet schmerzempfindlich ist. Niedrige Potenzen helfen, den restlichen Eiter abzustoßen, während hohe Potenzen den Heilungsprozeß durch Granulation (Körnchenbildung) fördern.

Silicea (syn. Acidum silicicum) D30 Das Mittel ist bei lange anhaltenden Krankheitsfällen angezeigt, bei denen die Symptome nicht so ausgeprägt sind. Es unterstützt den Heilungsprozeß durch Austrocknen der Absonderungen und Entfernen von Narbengewebe.

Acidum fluoricum (syn. Acidum fluoratum) D30 Diese Arznei hat eine wohltuende Wirkung auf das Nebenhöhlenepithel und stärkt den Oberkieferknochen an seinen geschwächten Stellen.

Hekla lava D12 Diese Arznei wirkt besonders auf die Knochen des Oberkiefers und fördert in hohem Maße den Heilungsprozeß des erkrankten Gewebes. Als Begleitsymptom können auf der erkrankten Seite die benachbarten Halsdrüsen anschwellen.

Hippozaeninum D30 Diese Nosode hat sich bei der Behandlung von Infektionen der Stirnhöhle, die man an eitrigem Nasenausfluß erkennen kann, als wertvoll erwiesen.

Mandelentzündung (Tonsillitis)

Entzündungen der Mandeln können akut oder chronisch verlaufen. Sie kommen relativ häufig vor.

Akute Mandelentzündung

Die akute Form wird durch eine Infektion hervorgerufen, hauptsächlich durch Streptokokken, doch auch andere Bakterien und sogar Viren können dabei eine Rolle spielen.

Symptome

Das erkrankte Gewebe schwillt an und rötet sich infolge der erhöhten Durchblutung. Es kann schaumige Absonderungen und kleine graue Flecken zeigen, die auf abgestorbenes Gewebe hinweisen. Manchmal wachsen diese Herde zusammen und bilden einen Belag auf den Mandeln. Der Appetit kann unterschiedlich sein, das Schlucken fällt dem Hund sichtbar schwer. Die Speichelmenge kann zunehmen, der Speichel selbst klar oder schleimig sein. Eine häufige Begleiterscheinung ist Brechreiz; dabei kann der übermäßige Schleim ausgespuckt werden. Im Frühstadium ist ein Temperaturanstieg normal, besonders bei Welpen.

Behandlung

Aconitum napellus D6 Diese Arznei sollte so früh wie möglich gegeben werden, da sie unter Umständen die weitere Krankheitsentwicklung verhindern kann.

Mercurius cyanatus D30 Quecksilbersalze haben im allgemeinen einen wohltuenden Einfluß auf Mund und Hals, und das genannte Cyanatsalz wirkt sich besonders auf den Hals aus. Angezeigt ist es, wenn graue Schleimschichten sichtbar sind und der ganze Mund einen »schmutzigen« Eindruck macht.

Mercurius solubilis D6 Diese Arznei kann erfolgreich eingesetzt werden, wenn auffallend starker, dickflüssiger Speichel auftritt und es gleichzeitig zu Geschwürbildungen auf dem Zahnfleisch und in der Mandelgegend kommt.

Phytolacca D30 Das Mittel sollte verabreicht werden bei vergrößerten Mandeln mit einer unnatürlich roten Farbe. Es können schichtartige Ablagerungen zusammen mit gelblichem Schleim auftreten.

Belladonna D30 Zusammen mit *Aconitum* ist *Belladonna* im Frühstadium sehr nützlich. Der kranke Hund ist oft gereizt, seine Pupillen sind geweitet und sein Pulsschlag kräftig und pochend.

Rhus toxicodendron D6 Im Hals sind große Mengen Schleim von unnatürlich roter Farbe zu sehen. Äußerlich kann der Hals geschwollen sein. Parallel dazu können beispielsweise die Augen tränen, und der Hund kann generell steif sein.

Apis mellifica D6 Starke Mandelödeme weisen auf den Gebrauch dieser Arznei hin. Warme Getränke können den Zustand verschlimmern; man kann sehen, daß der gesamte Mandelbereich anschwillt.

Kalium jodatum D30 Wenn die benachbarten Unterkieferdrüsen (Submaxillardrüsen) und die Schilddrüse betroffen sind, ist diese Arznei angezeigt. Die Mandeln werden rot und sind geschwollen, begleitend tritt Tränenfluß auf.

Phosphorus D30 Starke Trockenheit des Mandelgewebes kann diese Arznei erfordern. Gewöhnlich treten dann konstitutionelle Symptome wie Erbrechen und Nervosität auf. Das Zahnfleisch zeigt kleine Blutungen.

Mercurius bijodatus D30 Dieses Arzneimittel wirkt besonders auf die linke Mandelregion und ist angezeigt, wenn gleichzeitig andere »Quecksilbersymptome« wie Geschwürbildung, Speichelfluß usw. auftreten.

Mercurius jodatus flavus D30 Diese Quecksilber-Jod-Verbindung übt Einfluß auf die rechtsseitige Mandelregion aus.

Streptococcinum D30 Als ergänzendes Mittel ist diese Nosode hilfreich, wenn die Erkrankung sehr wahrscheinlich durch Streptokokken ausgelöst wurde. Sie kann zusammen mit anderen geeigneten Arzneien verwendet werden.

Chronische Mandelentzündung

Die chronische Mandelentzündung kann als Folge von Staupe oder eines anderen Infektionsprozesses auftreten, von dem sich das Tier gerade erholt hat. Die Mandeln sind vergrößert. Sie lassen die Entzündung immer wieder aufflammen, obwohl die Symptome bei Behandlung zunächst verschwinden. Ein derartiges Wiederauftreten der Krankheit ist bei homöopathischer Medikation weniger wahrscheinlich, und die folgenden Arzneien werden dabei helfen, es zu kontrollieren.

Silicea (syn. Acidum silicicum) D30 Diese Arznei unterstützt den Abbau von vorhandenem Faser- und Narbengewebe und schränkt die Eiterbildung ein.

Mercurius jodatus flavus und **Mercurius bijodatus D30** Die roten und gelben Quecksilber-Jod-Salze haben hier die gleiche Wirkung wie bei der akuten Form.

Barium carbonicum D6 Sowohl sehr junge als auch alte Hunde profitieren von dieser Arznei. Sehr häufig können die Mandeln vereitern.

Calcium jodatum D30 Dieses Arzneimittel hat sich bei chronischer Tonsillitis, wenn die Mandeln vergrößert bleiben und oberflächlich mit Geschwüren bedeckt sind, als besonders nützlich erwiesen. Der typische *Calcium-jodatum*-Hund ist mager und hat ein trockenes, auffälliges Fell.

Hepar sulfuris D30 Die Arznei hilft bei eitriger Mandelentzündung, die in periodischen Abständen wiederkehrt. Der Hals schmerzt extrem und ist während dieser akuten Verschlimmerung druckempfindlich.

Kalium bichromicum D6 Indiziert ist diese Arznei, wenn die geschwollenen Mandeln anfangen zu eitern und gelben, zähen Eiter absondern. Das Gewebe nimmt einen rötlich-kupferfarbenen Ton an.

Streptococcinum D30 Diese Nosode kann erfolgreich mit jeder der vorausgehenden Arzneien kombiniert werden.

Kehlkopfentzündung (Laryngitis)

Die Entzündung des Kehlkopfes kann akut oder chronisch auftreten.

Akute Kehlkopfentzündung

Die akute Form ist gewöhnlich mit einer Infektion verbunden, die entweder primär ist oder aus infiziertem Nachbargewebe stammt. Sie ist selten systemisch (den ganzen Körper betreffend). Einige Fachleute schreiben diesen Zustand exzessivem oder langanhaltendem Bellen zu.

Symptome

Die Art des Bellens verändert sich, anstatt der normalen Laute wird ein heiseres Knurren ausgestoßen. Die Laute können durch Abtasten des Kehlkopfes erzeugt werden. Ergiebiger schaumiger Schleim ist vorhanden.

Behandlung

Das Tier sollte an einem ruhigem Platz gehalten und mit einer der folgenden Arzneien behandelt werden.

Aconitum napellus D6 Wenn diese Arznei in einem frühen Krankheitsstadium gegeben wird, können die Symptome gemildert und der Entzündungsprozeß angehalten werden.

Belladonna D30 Die Tollkirsche ist bei einem Hund mit Reizbarkeit, vollem, sprunghaftem Puls und klopfenden Arterien angezeigt. Dieses Mittel kann erfolgreich mit *Aconitum* kombiniert werden.

Apis mellifica D30 Diese Arznei sollte helfen, wenn die Entzündung von vielen Ödemen und einem geschwollenen Hals begleitet wird. Der kranke Hund hat eine Abneigung gegen Wärme in jeder Form.

Mercurius jodatus flavus und **Mercurius bijodatus D30** Die roten und gelben Quecksilber-Jod-Salze sind entsprechend dem Sitz der Entzündung angezeigt. Wenn z. B. die rechte Seite der Kehlkopfgegend befallen ist, nimmt man das gelbe Salz (*M. jodatus flavus*), während sich das rote Salz (*M. bijodatus*) bevorzugt auf die linke Seite auswirkt.

Spongia tosta D6 Der Schwamm ist angezeigt, wenn die Laryngitis von einem heiseren, kruppartigen Husten begleitet wird. Schleim fehlt. Die Atmung kann von einem pfeifenden Geräusch begleitet sein.

Drosera D9 Dieses Mittel ist bei krampfartigem Husten angebracht, der in der oberen Luftröhre und dem Kehlkopf sitzt. Heiserkeit und festsitzender Schleim sind sehr ausgeprägt. Der Husten löst beim Hund gewöhnlich Würgen und Erbrechen aus und behindert in hohem Maße die normale Atmung.

Causticum D30 Der Hahnemann'sche Ätzstoff wird gegeben, wenn der Hund infolge einer zeitweiligen Lähmung der Kehlkopfnerven überhaupt nicht mehr bellen kann. Husten und Heiserkeit sind beide ausgeprägt und von Schleim begleitet. Bei manchen Hustenanfällen kann der Hund Harn lassen. Infolge der begleitenden Lähmung sammelt sich der Schleim im Hals und kann vom Tier nicht ausgehustet werden.

Lachesis D30 Eine merkliche Schwellung der Halsregion, die auf der linken Seite schlimmer ist, kann auf die Notwendigkeit von *Lachesis* hinweisen. Die Schwellung kann das Atmen behindern. Das Tier leidet unter einem ständigen Reizhusten ohne Auswurf, der während des Tages schlimmer ist und nach dem Schlaf häufiger auftritt.

Rhus toxicodendron D6 Diese Pflanze ist angezeigt, wenn der Kehlkopf tiefrot und der Husten von grünlichem, faul riechendem Schleimauswurf begleitet ist. Manchmal wird beim Aushusten Blut gespuckt. Eine allgemeine Steifheit der Muskeln und Gelenke kann gegeben sein, sie verschwindet bei körperlicher Bewegung.

Chronische Kehlkopfentzündung

Die chronische Form entwickelt sich als Folge von falsch behandelten akuten Fällen. Sie ist gekennzeichnet durch eine Vergrößerung (Hypertrophie) des Kehlkopfes, wobei dieser häufig von häutchenförmigen Ablagerungen bedeckt ist. Begleitet wird die chronische Laryngitis von Ödemen und einem geschwollenen Hals. In schweren Fällen kann sich eine Verengung der Kehlkopföffnung entwickeln.

Behandlung

Die Behandlung erfolgt weitgehend wie bei der akuten Form; zusätzlich können die folgenden Arzneimittel helfen.

Silicea (syn. Acidum silicicum) D30 Diese Arznei hilft, Fasergewebe zu heilen, und beschleunigt die Absorption von Narbengewebe. Zusätzlich schützt sie gegen aufkommende Infektionen.

Calcium fluoricum (syn. Calcium fluoratum) D30 Dies ist ein gutes, allgemein wirkendes Mittel, das die Bildung von Fasergewebe abschwächt.

Phytolacca D30 Hilfreich in den Fällen, in denen Ablagerungen die betroffenen Bereiche wie ein Häutchen bedecken. Ausgeprägte Rötung des Kehlkopfes ist die Regel.

Barium muriaticum (syn. Barium chloratum) D6 Zum Arzneimittelbild dieses Mittels gehören gewöhnlich Krampfaderbildungen der Halsvenen. Sehr häufig entstehen Vereiterungen.

Zwingerhusten, Luftröhren- und Bronchialkatarrh (Tracheobronchitis)

Hierbei handelt es sich um einen entzündlichen Vorgang der unteren Atemwege, der gewöhnlich in einer heftigen Infektion endet und sich mit hoher Geschwindigkeit ausbreitet, wenn viele Hunde zusammenkommen. Das Auftauchen eines Überträgertieres kann dazu beitragen, daß sich die Krankheit schnell örtlich ausbreitet.

Ursachen

Gewöhnlich wird eine Vielzahl von Infektionserregern mit dieser Krankheit in Verbindung gebracht, aber vermutlich sind Adeno-Viren die wahrscheinlichsten Verursacher.

Symptome

Sicheres Zeichen ist ein abgehackter Husten. Ein Hustenanfall dauert nur kurz an und ist trocken. Manchmal kommt es zu mehreren kurzen Anfällen hintereinander, es entsteht ein Hustenkrampf. Die Symptome sind auf die oberen Atemwege beschränkt, die Ausdehnung auf andere Körperteile ist ungewöhnlich.

Behandlung

Diese Krankheit ähnelt in gewissem Ausmaß dem Keuchhusten beim Menschen. Wie beim Keuchhusten wird *Drosera* D9 einen guten Einfluß haben. Außerdem sollten die folgenden Mittel berücksichtigt werden:

Phosphorus D30 Angezeigt ist es bei trockenem Husten, der von Blutflecken in der Nasenpassage begleitet wird. Das Tier kann reizbar sein. Beschleunigte Atmung und die Gefahr einer Lungenentzündung sind ebenfalls gegeben.

Bryonia D30 Die Wirkungsrichtung dieser Arznei sind die Brustfelle. Aufgrund der Schmerzen in der Zwischenrippenmuskulatur wird der Hund nur noch per Bauchatmung Luft holen. Druck auf die Brust verschafft dem Tier Erleichterung. Der Hund zieht Ruhe vor.

Spongia tosta D6 Der Husten ist hart und trocken, manchmal heiser und von pfeifenden Geräuschen begleitet. Gleichzeitig ist die Herztätigkeit nur noch schwach.

Rumex crispus D6 Der Husten ist von viel Schleim begleitet, er ist am Abend oder in der Nacht leichter. Die Beschaffenheit des Hustens ändert sich häufig.

Aconitum napellus D6 Dieses Mittel sollte so früh wie möglich gegeben werden, es trägt zu einem milderen Krankheitsverlauf bei. Eisenhut beruhigt den Hund und lindert dadurch die Beschwerden. Deshalb ist es besonders am Abend geeignet.

Scilla maritima D6 Wenn das Tier durch tiefes Atmen Hustenanfälle erleidet, wird die Meerzwiebel als Arznei benötigt. Jede körperliche Betätigkeit führt zu Atemlosigkeit. Begleitende Symptome sind gewöhnlich Tränenfluß und Niesen, die Nase trieft stark. Der Husten kann rötlichen Schleim hervorbringen, er ist am Morgen viel schlimmer.

Ipecacuanha D30 Der Husten führt zu reflexartigem Erbrechen, das häufig vorkommen kann. Der Husten ist nachts schlimmer. Wechsel in eine kalte Umgebung kann den Husten anregen. Sowohl im Erbrochenen als auch im ausgehusteten Schleim kann Blut vorkommen. Die Atmung wird als »seufzend« beschrieben.

Coccus cacti D6 Die Symptome sind in der Nacht schlimmer, das Tier kann nur schwer atmen. Hustenanfälle können mehrere Minuten dauern; manchmal hustet das Tier über eine längere Zeit aber überhaupt nicht.

Bromum D6 Diese Arznei ist angezeigt, wenn man in der oberen Luftröhre und im Kehlkopf ein Rasseln hören kann. Das Einatmen ist schwierig. Das Husten kann zu Schwächeanfällen führen, weil der Hund keine Luft bekommt. Der Husten ist keuchend und rauh.

Carbo vegetabilis D30 Bei dieser Arznei leidet das Tier unter ausgesprochenem Lufthunger und sucht die kühle Außenluft. Beim Morgenhusten wird grünlich-gelber Eiter ausgeworfen. Der Atem ist kalt. Der Husten wird am Abend schlimmer. Die Arznei ist besonders wertvoll für Tiere, die nachts an akuter Atemnot leiden, sie verschafft gewöhnlich sofort Erleichterung.

ANMERKUNG: Zum Schutz der Hunde gegen Zwingerhusten ist ein oraler Impfstoff erhältlich, mit dem man auch in Kombination mit anderen Arzneien therapieren kann.

Chronische Bronchitis

Chronische Bronchitis kann einem Zwingerhustenanfall folgen oder nach einer anderen Infektionskrankheit (meist nach virusbedingten Infektionen) im Organismus auftreten. Sie wird außerdem bei älteren Tieren als Begleiterscheinung einer Herzschwäche beobachtet.

Symptome

Der Husten unterscheidet sich bei diesem Leiden von einem akuten Luftröhren- und Bronchialkatarrh, er ist schleimig statt trocken. Nur selten geht eine Bronchitis mit Eiterbildung einher. Sie kann durch geringfügige Faktoren, z. B. häufige Bewegung, Training und Abtasten von Brust und Hals, hervorgerufen werden. Daher verbessern sich die Symptome in der Ruhe.

Behandlung

Bryonia alba D30 Das Mittel ist angezeigt, wenn es dem Tier durch Ruhe offenbar besser geht. Starker Druck auf die Brustfellregion verschafft Erleichterung.

Kalium bichromicum D6 Dies ist eine nützliche Arznei, wenn übermäßige Sekretion auftritt und das Tier den Schleim mit Mühe abhustet. Es kann zu begleitender Nasensekretion kommen. Bei länger andauernden Fällen wird das Sekret gelb.

Antimonium tartaricum D30 Wenn die Hustenanfälle regelmäßig auftreten und der Ausfluß schaumig-schleimig ist, ist diese Arznei angezeigt.

Apis mellifica D6 Diese Arznei sollte dann helfen, wenn übermäßige Flüssigkeit vermutet wird, die zu einem Lungenstau führen kann.

Spongia tosta D6 Begleitsymptome, die für den Einsatz dieser Arznei sprechen, sind Herzbeschwerden bei älteren Tieren.

Rumex crispus D6 Diese Arznei läßt sich mit guten Ergebnissen einsetzen bei Herzbeschwerden, die zur Bronchitis hinzutreten.

Scilla maritima D6 Bei Symptomen, die sich auf den Magen beziehen, z. B. Erbrechen und Reflexhusten, ist die Meerzwiebel angezeigt.

Kreosotum D30 Bei lang andauernder Krankheit ist dies ebenfalls eine nützliche Arznei, besonders wenn Sekundärinfektionen auftreten, die sich aus dem ausgehusteten, eitrigen Auswurf ableiten lassen.

Coccus cacti D6 Dies ist eine gute Arznei im Frühstadium, wenn die Hustenanfälle krampfartig sind und nachts schlimmer werden.

Chronische Erweiterung der Bronchien (Bronchiektasie)

Mit dem Begriff Bronchiektasie wird die Erweiterung von Bronchialästen beschrieben, die aus dem Verlust der Spannkraft (Elastizität) ihrer Fasern herrührt. Dadurch können sich Flüssigkeiten in Taschen ansammeln, die nach und nach vereitern.

Ursachen

Die Krankheit ist häufig eine Folge anderer Lungenerkrankungen. Sie kann aber auch durch Fremdkörper verursacht werden, die beim Einatmen in die Lunge gelangen. Primär wird die Krankheit durch Viren oder Bakterien hervorgerufen.

Symptome

Andauernder Husten ist das Warnzeichen. Während er im Frühstadium trocken ist und kaum Schleim ausgehustet wird, wird er bald feucht. Der Hund hustet große Mengen Eiter und Schleim hoch. Zusätzlich verliert ein kranker Hund seine körperliche Kondition.

Behandlung

Antimonium tartaricum D30

Es handelt sich um eine nützliche Arznei im Frühstadium, wenn der Husten von schaumigem Auswurf begleitet wird.

Hepar sulfuris D30 Kalkschwefelleber ist eine gute Arznei im Frühstadium mit beginnender Vereiterung. Sie mindert das Risiko einer sekundären bakteriellen Infektion.

Hippozaeninum D30 Diese Nosode hilft, das Ausbreiten der Infektion auf andere Teile des Atmungstraktes zu verhindern.

Kalium bichromicum D30 Dieses Mittel ist angezeigt, wenn zum Husten gelber, zäher Schleim hinzutritt.

Kreosotum D30 Dies ist eine hilfreiche Arznei bei länger anhaltender Krankheit, wenn Gangränbildung zu befürchten ist. Der Auswurf ist sehr eitrig und kann mit Blut vermischt sein.

Staphylococcinum D30 Diese Nosode ist immer angezeigt, wenn der Verdacht besteht, daß Staphylokokken infolge einer früheren Infektion dieser Art beteiligt sind.

Streptococcinum D30 Die Anwendung erfolgt aus den gleichen Gründen wie bei Staphylokokken, wenn also vermutet werden kann, daß Streptokokken an der Infektion beteiligt sind.

Aviaria D30 Diese Nosode erweist sich als sehr nützlich bei Bronchialerkrankungen, die nur langsam heilen. Sie kann erfolgreich zusammen mit anderen ausgewählten Arzneien angewendet werden.

Malandrinum D30 Dies ist eine weitere nützliche Nosode, die mit anderen Arzneien kombiniert werden kann. Der Schleim sieht oft honigartig aus und ist klebrig.

Mercurius solubilis D6 Diese Arznei ist angebracht, wenn der abgehustete Schleim eher eine grünliche als eine gelbe Farbe hat.

Erkrankungen von Lunge und Rippenfell

Lungenödem

Übermäßige Flüssigkeitsansammlungen in der Lunge sind häufig eine Folgeerscheinung chronischer Herzerkrankungen, insbesondere einer Insuffizienz der Mitralklappen, wenn die Kreislaufschwächung zum Übertritt von Blutplasma aus den Lungenvenen ins Lungengewebe führt. Sie können außerdem als Folge von Staupe auftreten.

Symptome

Das Tier atmet sehr schwer, häufig unter feuchtem Husten. Wenn Lungenödeme als Begleiter anderer Krankheiten erscheinen, so kann man deren Symptome ebenfalls beobachten.

Behandlung

Apis mellifica D30 Dieses Medikament ist generell bei Ödemen geeignet.

Cactus grandiflorus D6 Dies ist ein gutes Herzmedikament, es regt die Herztätigkeit an und verbessert dadurch die Durchblutung. Die Wahrscheinlichkeit eines gravierenden Lungenstaus wird dadurch reduziert.

Adonis vernalis D6 Auch hier handelt es sich um eine gute Herzarznei, die bei Klappenkrankheiten einen wohltuenden Einfluß ausübt.

Crataegus Urtinktur oder D1 Dieses Herzmittel wirkt sich auf die Muskulatur des Herzens aus; es kräftigt den Herzschlag und vergrößert den Blutausstoß. Auf diese Weise wird der Kreislauf insgesamt angeregt.

Carbo vegetabilis D30 Dieses sehr nützliche Arzneimittel verschafft dem kranken Hund Erleichterung, indem es seine Sauerstoffversorgung unterstützt und dadurch die Atmung erleichtert.

Abrotanum D6 Dieses Mittel wird zur Linderung von Erkrankungen empfohlen, bei denen es allgemein zu Exsudationen (Ausschwitzungen) kommt. Daher hilft es bei Stauungen in der Lunge, wenn weitere typische Symptome vorliegen.

Veratrum viride D30 Ein anderes nützliches Mittel bei Herzklappenerkrankungen; es hilft bei Kreislaufschwäche.

Emphysem

Ein Emphysem liegt vor, wenn die Lungenalveolen (Lungenbläschen) ihre normale Elastizität verloren haben, sich erweitern und nicht mehr zu ihrer normalen Größe zurückkehren können. In ernsteren Fällen kann sogar die Alveolarmembran reißen, so daß Luft ins umliegende Gewebe entweicht.

Ursachen

Ein Emphysem entsteht fast immer als Folge von chronischen Störungen der Atemwege, wie etwa Bronchitis oder Bronchiektasie. Auch eine schwere Lungenentzündung kann den Hund dafür empfänglich machen.

Symptome

Das Ausatmen fällt sichtbar schwer. Während der Atmung sind verstärkte Kontraktionen der Bauchmuskulatur zu beobachten, die den Atemprozeß unterstützen sollen. Weitere Symptome sind allgemeine Atembeschwerden. Durch verstärkten Druck auf die rechte Herzkammer kann es zu Spannung in den Lungengefäßen kommen.

Behandlung

Lobelia inflata D30 Als sehr nützlich hat sich diese Arznei bei der Behandlung funktioneller Emphyseme erwiesen, wenn die (pathologischen) Veränderungen der Alveolarmembran noch nicht fortgeschritten oder gar chronisch sind.

Antimonium arsenicosum D30
Falls sich bei der Untersuchung herausstellt, daß der linke Lungenflügel stärker als der rechte angegriffen ist, erweist sich arseniges Antimon als sehr nützliches Mittel.

Carbo vegetabilis D30 Dieses Mittel unterstützt die Sauerstoffzufuhr, insbesondere bei Luftnot, und verschafft vor allem in der Nacht Erleichterung.

Die oben angegebenen Medikamente und Behandlungen beziehen sich auf *funktionelle Emphyseme*, in denen die Alveolen teilweise geschädigt sind. *Strukturelle Emphyseme*, bei denen der Tonus (Spannungszustand) oder die Elastizität der Alveolenwände völlig verschwunden sind, sprechen auf eine Behandlung nicht mehr an.

Lungenentzündung (Pneumonie)

Die Entzündung des Lungengewebes kann mehrere Formen annehmen. Besonders auffällig sind die Herdpneumonie (Bronchopneumonie) und die hypostatische Pneumonie.

Herdpneumonie (Bronchopneumonie)

Dabei handelt es sich um eine infektiöse Lungenentzündung, die mit einer bakteriellen oder virusbedingten Erkrankung (als Herd) in Verbindung steht. Abgesehen vom Staupevirus sind verschiedene Streptokokkenarten und andere Bakterien beteiligt.

Symptome

Einer anfänglichen Temperaturerhöhung folgt schleimig-eitriger Nasenausfluß, der mit Blut gemischt sein kann. Die Atemfrequenz ist erhöht, in schweren Fällen tritt Atemnot (Dyspnoe) auf. Ein häufig auftretendes Zeichen ist Husten. Wenn Bakterien oder Viren als Krankheitsursache in Frage kommen, können auch andere Symptome auftreten, z. B. Erbrechen und Verstopfung. Das Tier leidet unter Flüssigkeitsmangel, erscheint verwahrlost und säuft vermehrt Wasser.

Behandlung

Die folgenden Medikamente sind je nach Patiententyp und Krankheitssymptomen sehr nützlich.

Aconitum napellus D6 Sollte bei diesem Leiden so früh wie möglich gegeben werden.

Antimonium tartaricum D30 Eine sehr hilfreiche Arznei, wenn ein Übermaß an losem Schleim und Auswurf zu beobachten ist.

Bryonia alba D6 Diese Arznei ist angezeigt, wenn sich der Hund überhaupt nicht bewegen will. Durch Drücken auf die betroffene Gegend wird dem Tier Erleichterung verschafft. Das Tier liegt vorzugsweise auf der erkrankten Seite.

Arsenicum jodatum D6 Dabei handelt es sich um ein gutes Arzneimittel bei leichter Lungenentzündung oder wenn die Krankheit wiederholt auftritt. Die Symptome können nachts schlimmer werden, die Haut ist trocken, das Fell rauh.

Ferrum phosphoricum D6 Das Tier zeigt beim Einatmen Zeichen von Schmerzen und Angst. Der Hals ist mit viel losem Schleim bedeckt. Manchmal wird beim Husten Blut ausgespuckt; der Hund empfindet den Husten als unangenehm.

Lycopodium D30 Der Bärlapp ist ein nützliches Medikament für magere Tiere mit mäßigem Appetit. Eine Verschlimmerung der Symptome kann am späten Nachmittag bis zum frühen Abend eintreten.

Phosphorus D30 Aushusten von rostfarbenem Schleim, begleitet von Erbrechen. Alternativ kann der Husten trocken, ohne Schleim sein. Eine passende Medizin für nervöse und sensible Tiere.

Aviaria D30 Diese Nosode hat sich in der Rekonvaleszenz als nützlich erwiesen. Sie unterstützt den Heilungsprozeß nach Verabreichung anderer passender Arzneien.

Hypostatische Pneumonie

Dieses Leiden taucht bei alten Hunden auf und auch bei solchen, die heruntergekommen und in schlechtem Gesundheitszustand sind. Wenn das Tier sich eine gewisse Zeit ausruht, können Bewegungsmangel und die allgemeine Schwäche dazu führen, daß Plasma in die Lunge sickert und eine hypostatische Lungenentzündung entsteht.

Symptome

Starke Atembeschwerden und Husten. Auf der Seite, auf der das Tier liegt, ist die Lungenentzündung deutlicher ausgeprägt. Der Husten ist zumeist trocken.

Behandlung

Das Tier sollte regelmäßig umgedreht und, wenn möglich, zu leichter Bewegung ermutigt werden. Hilfreiche Medikamente schließen die folgenden ein:

Apis mellifica D30 Diese Arznei hilft, übermäßige Flüssigkeit zu entfernen, sie mindert das Risiko der Ödembildung.

Adonis vernalis D1 und **Convallaria D1** Dies sind nützliche Herzmedikamente, die die Herztätigkeit stimulieren und die Blutzirkulation erhöhen sollen.

Rippenfellentzündung (Pleuritis)

Eine Rippenfellentzündung, d. h. eine Entzündung der Rippen- oder Brustfellhaut, kann entweder trocken oder naß (Flüssigkeit im Pleuralsack) sein.

Ursachen

Gewöhnlich löst die Ausdehnung einer Infektion von einem anderen Teil der Atemwege auf die Brustfelle eine Pleuritis aus. Es kann aber auch ein primärer Grund vorliegen, z. B. ein Trauma.

Symptome

Das Tier erscheint ängstlich. Bei der Bauchatmung signalisieren äußere Zeichen, daß das Einatmen schmerzhaft ist. Wenn nur eine Seite betroffen ist, liegt das Tier vorzugsweise auf dieser Seite. Nimmt das Tier jedoch eine sitzende Position ein, so heißt das gewöhnlich, daß beide Seiten betroffen sind. Die Temperatur kann auf fast 41 °C steigen, gleichzeitig setzen Schmerzen ein. Wenn es zum Übertritt von Flüssigkeit in das Brustfell kommt, lassen die Schmerzen etwas nach. Wird das Tier bei einer trockenen Pleuritis abgehorcht, hört man ein hartes Reibgeräusch; bei einer nassen Pleuritis ist das Geräusch weniger stark.

Behandlung

Aconitum napellus D30 Sollte bei dieser Erkrankung immer so früh wie möglich gegeben werden. Die Ängstlichkeit wird schnell gemildert, die Schmerzen werden vermindert.

Belladonna D30 Die Tollkirsche ist eine nützliche Arznei, wenn sich das Tier unnatürlich heiß anfühlt, erweiterte Pupillen zeigt und einen klopfenden Puls hat.

Bryonia alba D6 oder **D30** Dies ist vermutlich die beste Arznei für die Mehrzahl aller Rippenfellentzündungen. Das wichtigste Leitsymptom für seinen Gebrauch ist die Schmerzerleichterung, die sich einstellt, wenn Druck ausgeübt wird. Zu erkennen ist das daran, daß das Tier auf der betroffenen Seite liegt und sich nicht bewegen will.

Apis mellifica D30 Bienengift hilft, bei einer nässenden Rippenfellentzündung die Flüssigkeit zu reduzieren.

Arsenicum album (syn. Acidum arsenicosum) D30 Vor allem ältere Tiere profitieren von dieser Arznei – besonders, wenn die Symptome gegen Mitternacht schlimmer werden und der kranke Hund Wasser nur schluckweise saufen.

Erkrankungen des Nervensystems

Funktionelle Störungen des Gehirns

Bei Funktionsstörungen gibt es keine strukturellen Veränderungen im Nervengewebe. Solche Leiden sind beim Hund von geringerer Bedeutung als diejenigen, die in die Sparte der organischen Erkrankungen fallen. Die wichtigste funktionelle Störung ist eine Epilepsie-Variante, die keinen offensichtlichen Grund hat. Sie kommt recht häufig vor.

Epilepsie

Symptome

Die Aufmerksamkeit des Hundebesitzers wird zuerst durch kleine Zuckungen geweckt, die manchmal weniger als eine Minute dauern; meistens wird das Tier dabei nicht bewußtlos. Diese Anfälle werden mit zunehmendem Alter des Hundes ernster, kommen dann aber weniger häufig vor. Sie können plötzlich, ohne Warnzeichen einsetzen. Manchmal erscheint das Tier jedoch unmittelbar vorher ruhelos und ängstlich, und anschließend ist es lethargisch und schläfrig.

Behandlung

Wenn das Tier in der Vergangenheit bereits (mehrere) kurze Anfälle hatte, die schnell vorübergingen, dann verzögern die folgenden Mittel den Beginn weiterer Anfälle. Sie werden auch im Ernstfall hilfreich sein, indem sie den Anfall beträchtlich abkürzen.

Belladonna D30 Bei Anfällen, die mit geweiteten Pupillen und pochendem Puls einhergehen, ist *Belladonna* die am häufigsten verordnete Arznei. Das Tier strahlt meist eine ziemliche Wärme aus.

Stramonium D30 Diese Arznei ist bei Warnzeichen angezeigt, wie z. B. taumelnder Gang, wobei der Hund häufig auf die linke Seite fällt. Die Augen sind erweitert und starr.

Hyoscyamus D30 Ist dann angezeigt, wenn den Anfällen Schütteln des Kopfes und unsicherer Gang, der durch Schwindelgefühle hervorgerufen wird, vorausgehen. Ein weiteres Symptom ist Schaum am Maul. Außerdem kneift der Hund seine Augen krampfartig zusammen.

Bufo D30 Die Symptome, die diese Arznei hervorruft, beginnen häufig, wenn das Tier schläft. Zusätzlich kann Nasenbluten auftreten. Die Anfälle sind gewöhnlich von kurzer Dauer.

Cocculus D6 Diese Arznei wird meist vorbeugend eingesetzt und dient der Verhinderung nachfolgender Anfälle. Sie sollte in regelmäßigen Abständen über einige Monate hinweg gegeben werden.

Ignatia D6 Die Ignazbohne ist dann angezeigt, wenn der Hund das Bewußtsein verliert. Eventuell schüttelt er seinen Kopf hin und her und reagiert danach oft hysterisch.

Cuprum metallicum D30 Ist als Arznei dann angebracht, wenn die Krämpfe vermutlich eher durch eine Meningitis (Hirnhautentzündung) als durch eine Enzephalitis (Gehirnentzündung) hervorgerufen werden. Der Hund hält den Kopf gesenkt und versucht, ihn gegen jede geeignete Fläche zu drücken.

Cicuta virosa D30 Dieses Medikament ist ebenfalls bei den beiden Varianten der Hirnhautentzündung, Meningitis cerebralis und Meningitis spinalis, geeignet. Der Hund dreht Kopf und Nacken zu einer bevorzugten Seite. Wenn eine Gehirnerschütterung zu diesen Krämpfen geführt hat, kann man ebenfalls *Cicuta* verabreichen.

Oenanthe crocata D6 Das Arzneimittelbild dieser weniger bekannten Pflanze (Wasserfenchel) umfaßt plötzliche Krampfanfälle, die von Zuckungen der Gesichts- und Kopfmuskulatur sowie von Kieferstarre begleitet sind.

Absinthum D6 Ist dann angezeigt, wenn den Anfällen Nervosität und Zuckungen unterschiedlicher Art vorausgehen. Der kranke Hund dreht häufig den Kopf nach hinten, und seine Pupillen können ungleichmäßig geweitet sein.

ANMERKUNG: Bestimmte epileptische Zuckungen tauchen nach einer normalen Impfung auf, und dies sollten Sie eventuell bedenken. Wenn Sie vermuten, daß die Anfälle seit einer solchen Impfung vorkommen, sollte die Staupe-Virus-Nosode oder eine andere passende Nosode zusammen mit ausgewählten Medikamenten verwendet werden. Gewöhnlich reichen zwei Gaben jeder Nosode aus, die im Abstand von einer Woche verabreicht werden.

Organische Störungen des Gehirns

Darunter versteht man Wasserkopf (Hydrozephalus), Gehirnentzündung (Enzephalitis) und Hirnhautentzündung (Meningitis).

Wasserkopf (Hydrozephalus)

Wasserkopf ist eine Krankheit, die infolge einer starken Flüssigkeitsansammlung in den Gehirnventrikeln entsteht. Das Leiden ist bei kleinen Rassen oder Zwergrassen nicht ungewöhnlich und in vielen Fällen angeboren.

Symptome

Entsprechend der vorhandenen Flüssigkeitsmenge variieren auch die Symptome. Epilepsieartige Krämpfe können auftreten, wobei das Tier beim Gehen gelegentlich stolpert oder seine Beine wegknicken. Weitere Merkmale sind starke Schläfrigkeit und auffallend geweitete Pupillen. Für eine genaue Diagnose sind eine Röntgenuntersuchung und/oder ein Enzephalogramm erforderlich.

Behandlung

Die folgenden Arzneien helfen entsprechend den Symptomen, die das Tier aufweist.

Apis mellifica D6 Diese Arznei sollte routinemäßig gegeben werden, da sie bei Ödemen und übermäßiger Flüssigkeitsentwicklung hilft. Sie führt zu einer Verteilung der angesammelten Flüssigkeit.

Phosphorus D30 Gehört zu den Arzneien, die Schwindelgefühle bei älteren Hunden mindern. Das kranke Tier ist ruhelos und sucht Wärme.

Apocynum cannabinum D6 Bei diesem Leiden sollte *Apocynum* unbedingt versucht werden. Wieder sind Schwindelgefühle vorhanden, und der Hund preßt seine rechte Kopfseite gegen jedes geeignete Objekt. Die Sicht ist beeinträchtigt. Die Schwindelgefühle können schlagartig aufhören und mit gleicher Plötzlichkeit wieder einsetzen.

Helleborus niger D30 Wie bei den vorhergehenden Medikamenten gehört Schwindel ebenfalls zu den ständigen Symptomen, wenn *Helleborus* angezeigt ist. Das Tier sieht abgestumpft aus und jault vor Schmerzen. Der Kopf wird gegen jede geeignete Fläche gepreßt, und der Körper fühlt sich kalt an.

Argentum nitricum D6 Typischerweise wirkt das Tier ängstlich. Es fällt zur Seite, und Schwindelanfälle treten auf, wobei Gallenflüssigkeit erbrochen werden kann. Manchmal wird eine unterschiedlich starke Bindehautentzündung beobachtet.

Cuprum aceticum D6 Die üblichen Schwindelanfälle werden von Bauchschmerzen und Koliken begleitet; das Tier ist durstig und entleert häufig seine Därme. Das Absetzen von Kot verschafft meist Erleichterung der übrigen Symptome.

Calcium carbonicum D30 Diese Arznei bringt jungen Hunden Erleichterung, insbesondere zu fetten Welpen und Welpen aus Rassen mit kurzem Schädel.

Calcium phosphoricum D30 Auch diese Arznei ist bei jungen Tieren angezeigt, allerdings eher bei mageren Welpen. Sie unterstützt die Knochenentwicklung und mindert bei schwerem Wasserkopfleiden den Druck auf die Fontanellen.

Zincum chloratum D30 Bei der Behandlung dieses Leidens sollte unbedingt auch Zinkchlorid in Erwägung gezogen werden. Die Schwindelanfälle führen zu Ohnmachten, und die Augen sind eingesunken. Die Gliedmaßen zittern und zucken krampfartig. Extreme Unruhe und ein Dauerwachzustand sind hervorstechende Symptome.

Gehirnentzündung (Enzephalitis)

Eine Entzündung der Gehirnsubstanz ist nicht ungewöhnlich und kommt bei allen Rassen vor.

Ursachen

Die Hauptverursacher sind verschiedene Viren und Bakterien, hauptsächlich die Erreger der Staupe sowie mehrere Streptokokkenarten. Eine bakterielle Ansteckung aus infizierten benachbarten Körperteilen wie Nebenhöhlen, Augen und Ohren kann ebenfalls zu Gehirnentzündung führen.

Symptome

In leichten Fällen beobachtet man zuerst eine unterschiedlich starke Nervosität, die sich in schweren Fällen zu Krämpfen ausweitet. Die Augen blicken starr und zeigen einen ängstlichen oder wilden Ausdruck. Die Bindehäute sind rot. Veitstanzähnliche (choreatische) Symptome, z. B. Gesichtszucken und Kopfschütteln, können auftreten. Das Tier jault vor Schmerzen. Der Gang ist schwankend und stolpernd, und der Hund neigt dazu, nach vorne oder hinten zu fallen.

Behandlung

Folgende Arzneien zeigen – entsprechend den auftretenden Symptomen – gute Ergebnisse.

Belladonna D30 Ist eine der wichtigsten Arzneien, um dem Tier im akuten Stadium Erleichterung von den Krämpfen zu verschaffen. Typische Symptome, die für diese Arznei sprechen, sind geweitete Pupillen, pochender Puls und Augenrötung.

Aconitum napellus D30 Wenn ein Anfall plötzlich auftritt, hilft diese Arznei, seinen Umfang zu begrenzen und den Schock zu mindern. Sie sollte im halbstündlichen Wechsel mit *Belladonna* gegeben werden, bei einer Gesamtdosis von vier Gaben pro Arznei.

Stramonium D30 Diese Arznei ist im subakuten Fall nützlich, der durch einen schwankenden Gang gekennzeichnet ist, wobei der Hund häufig nach links oder nach hinten kippt. Bauchbeschwerden, z. B. Koliken und Durchfall, können diese Anfälle begleiten. Zuckende Bewegungen des Kopfes und Verlust des Sehvermögens können ebenfalls auftreten.

Amanita muscaria D6 Diese Arznei ist angezeigt, wenn Schwindel ein hervorstechendes Merkmal ist. Gewöhnlich treten vier unterschiedliche Stadien der Gehirnerregung auf, die von leichter Erregbarkeit, Muskelzucken bis hin zu depressiven Symptomen und einer tatsächlichen Depression reichen, welche sich als Lethargie äußert. Wenn *Amanita* angezeigt ist, treten gewöhnlich keine Krämpfe auf.

Cicuta virosa D30 Wenn diese Arznei angezeigt ist, dreht der Hund Kopf und Hals zu einer Seite, und manchmal ist der Körper s-förmig gekrümmt. Erbrechen und Durchfall können ebenfalls auftreten, und die Kopfmuskeln zucken.

Tarantula hispanica D30 Der Hund, der auf diese Arznei anspricht, äußert gegenüber seinem Herrchen oder seiner bisher vertrauten Umgebung ein tiefes Mißtrauen. Seine Handlungen werden als verstohlen oder verschlagen beschrieben. Wutanfälle und extreme Erregung können auftreten.

Opium D30 Wenn nach Krämpfen oder Anfällen ausgeprägte Schläfrigkeit auftritt, ist *Opium* angebracht. Die Darmaktivität ist äußerst träge. Die Augen sind halboffen, und die Pupillen können fast geschlossen sein.

Conium maculatum D30 Diese Arznei hilft älteren Hunden. Typische Symptome sind verschiedene Schwächen der Hinterbeine; das kann z. B. ein unsicherer Gang sein, aber auch die Unfähigkeit, bei rumpfwärts fortschreitender Paralyse aufzustehen.

Bufo D6 Wenn *Bufo* angezeigt ist, kommt es zu krampfartigen Anfällen, die von Nasenbluten begleitet werden. Nach den Blutungen geht es dem Hund sichtbar besser. Lärm und Licht verschlimmern das Leiden. Vor einem Anfall wird der Kopf manchmal nach hinten oder zu einer Seite gedreht.

Hirnhautentzündung (Meningitis)

Dieses Leiden kann entweder zusammen mit einer Hirnentzündung (Enzephalitis) auftreten oder entsteht unabhängig davon. Erreger sind gewöhnlich Bakterien oder Viren.

Symptome

Der kranke Hund nimmt normalerweise seine Umgebung aufmerksamer wahr und reagiert auf äußere Reize stärker als der gesunde Hund. Die Temperatur ist erhöht, und die Nackenmuskulatur wird steif, wodurch das Tier dazu gezwungen wird, den Kopf in einer starren Position zu halten. Der Hund kann den Kopf nicht mehr richtig heben oder senken; diese Bewegungen scheinen den Zustand zu verschlimmern.

Behandlung

Cicuta virosa D6 Ist bei diesem Leiden eine hervorragende Arznei. Sie ist dann angezeigt, wenn Kopf und Hals starr auf die eine bzw. andere Körperseite gezogen sind. Bauchbeschwerden wie Erbrechen können ebenfalls auftreten.

Aconitum napellus D6 Dieses Medikament sollte nach Möglichkeit sofort gegeben werden, wenn man Frühsymptome bemerkt, z. B. Überempfindlichkeit oder übertriebene Wachsamkeit. Wenn man es dem Hund in diesem Stadium verabreicht, wird der Krankheitsverlauf stark gemildert.

Stramonium D30 Ist sinnvoll, wenn das Tier nach links fällt. Bauchbeschwerden wie Durchfall bei gleichzeitiger Abnahme des Sehvermögens können ebenfalls auftreten.

Amanita muscaria D6 Ein taumelnder Gang und zunehmende Verschlechterung der Symptome weisen auf *Amanita* hin. So kann beispielsweise eine leichte Übererregbarkeit in einen Wutanfall oder ein heftiges Kopfschütteln ausarten.

Belladonna D30 Dieses Medikament ist bei krampfartigen Anfällen angezeigt, die von Schaum am Maul, pochendem Puls und Augenrötung begleitet werden. Die Pupillen sind deutlich zusammengezogen, und das Tier fühlt sich am ganzen Körper heiß an.

ANMERKUNG: Der Leser wird wohl die Ähnlichkeit zwischen den verschiedenen empfohlenen Arzneien bemerkt haben, und manchmal ist es wirklich extrem schwierig, sich für eine bestimmte Medizin zu entscheiden. Diese Aufgabe wird noch dadurch erschwert, daß die Symptome selbst sich stark ähneln. Vielfach ist man daher gezwungen, eine Medizin einfach auszuprobieren und abzuwarten, ob sie anschlägt oder nicht.

Erkrankungen des Rückenmarks

Erkrankungen des Rückenmarks kommen relativ häufig vor. Sie umfassen in der Hauptsache Veränderungen der Wirbel, die das Rückenmark umschließen. Zu den Rückenmarksleiden zählen Verletzungen, Rückenmarksentzündung (Myelitis) und Bandscheibenkrankheiten.

Rückenmarksentzündung (Myelitis)

Unter Myelitis versteht man die Entzündung des Rückenmarks. Dieses Leiden tritt gelegentlich auf und wird in der Hauptsache von Krankheitserregern, wie z. B. dem Staupevirus, verursacht.

Symptome

Da möglicherweise sowohl motorische als auch sensorische Nervenbahnen betroffen sind, können eine Vielzahl von unterschiedlichen Symptomen auftreten, z. B. der Verlust des Empfindungsvermögens in den Gliedmaßen und im Schwanz, bei besonders schwer betroffenen Tieren kann es sogar zu einer Querschnittslähmung kommen. Häufig ist der Gang verändert. Außerdem kann der Hund die Kontrolle über die Blasen- und Darmfunktionen verlieren.

Behandlung

Die folgenden Arzneien sind alle mit unterschiedlichem Erfolg verwendet worden und sollten ermutigende Ergebnisse zeigen, wenn das Krankheitsstadium noch nicht zu weit fortgeschritten ist.

Conium maculatum D30 Diese Arznei ist speziell für die Tiere geeignet, deren Hinterbeine geschwächt sind. Die Schwächung reicht von einer leichten Koordinationsstörung bis hin zur Querschnittslähmung, die sich im Laufe der Krankheit immer weiter auf andere Körperteile ausdehnt.

Lathyrus sativus D30 Ist bei Lähmungen verschiedener Art angezeigt, vor allem bei solchen, die die motorischen Nerven beeinträchtigen. Außer an den Hinterläufen ist sie auch bei Beeinträchtigung anderer Körperteile angebracht.

Gelsemium D30 Diese Arznei kann vor allem bei leichteren Fällen mit allgemeiner Schwächung von Nerven und Muskulatur hilfreich sein. Oft sind kleinere, periphere Nerven, z. B. die Hals- und Kehlkopfnerven, eher betroffen als die großen Nervenstränge.

Causticum D30 Ist vor allem bei älteren Tieren angebracht, bei denen speziell ein Nerv, z. B. der Ischiasnerv oder der Radialnerv, betroffen ist. Das Leiden führt zu einer lokalen Lähmung. Der Hund hat oft harte, festsitzende Warzen an verschiedenen Körperstellen.

Silicea (syn. Acidum silicicum) D30 Besonders bei der Behandlung verschiedener Rückenmarksleiden hat diese Arznei einen guten Ruf. Ihr Gebrauch sollte erwogen werden, wenn die übrigen allgemeinen Symptome übereinstimmen.

Angustura vera D30 Zu den Symptomen dieser Arznei gehören Lähmungen der Beine und der Gelenke.

Erkrankungen der Bandscheiben

Verletzungen der Bandscheiben treten auf, wenn der gallertartige Kern der Zwischenwirbelscheiben (oft im Rahmen des natürlichen Alterungsprozesses) seine Flüssigkeit verliert, sich dadurch in Bindegewebe umbildet und schließlich verkalkt. Bei bestimmten Rassen setzt dieser Prozeß schon früher ein, besonders bei Dakkeln und Pekinesen. Die Symptome treten nur auf, wenn die Bandscheibe zwischen den Wirbeln austritt (Bandscheibenvorfall) und auf das Rückenmark drückt.

Symptome

Die Symptome sind vom Ausmaß des Drucks auf das Rückenmark und von der Stelle abhängig, wo die Schädigung auftritt. Ständige Schmerzen treten beim Bandscheibenvorfall im Hals- und unteren Rückenbereich auf, während Lähmungen eher mit Schädigungen im Brust- und oberen Lendenbereich einhergehen. Läsionen im Halsbereich führen zu einem merkwürdigen stolpernden Gang, wobei der Hund seinen Kopf vorstreckt und die Halsmuskulatur kontrahiert ist. Die normale Bewegung wird dadurch stark eingeschränkt. Wenn eine Lähmung infolge der Schädigung der unteren Wirbel vorliegt, kann das Tier seinen Harndrang nicht kontrollieren (Harninkontinenz).

Behandlung

Die folgenden Arzneien haben ihren Wert in der praktischen Behandlung bewiesen.

Ruta graveolens D6 Diese Arznei hat einen äußerst wohltuenden Einfluß auf Verletzungen von Knochen und Knorpeln. Bei Wirbelerkrankungen zeigt die Behandlung mit *Ruta* gute Ergebnisse.

Hypericum D30 Sollte in Verbindung mit der vorhergehenden Arznei eingesetzt werden. Sie hat einen heilsamen Einfluß auf Nervenverletzungen und lindert schnell die Schmerzen, die durch Rücken-

marksschäden, insbesondere im unteren Rücken- oder Steißbeinbereich, hervorgerufen werden.

Hekla lava D12 Falls eine Verkalkung der Bandscheiben vermutet wird, ist *Hekla lava* angezeigt, da es den Abbauprozeß begrenzt.

Calcium fluoricum (syn. Calcium fluoratum) D30 Diese Arznei ist im Frühstadium angezeigt. Sie unterstützt den Kalzium-Metabolismus konstitionell und begrenzt dadurch die Schäden.

Symphytum D30 Wenn als zusätzlicher Faktor eine Verletzung vermutet wird, sollte der Beinwell in der homöopathischen Form erwogen werden. In diesem Fall kann er sinnvoll mit *Arnica* kombiniert werden.

Angustura vera D30 Dies ist eine sehr nützliche Arznei bei Rückenmarkserkrankungen. Ihre Anwendung begrenzt die Nervenschädigung, die möglicherweise aufgrund eines Bandscheibenvorfalls eingetreten ist. Da der Hund seinen Hals nicht heben kann, erscheint dieser schwer.

Calcium carbonicum D30 und **Calcium phosphoricum D30** Beide beeinflussen den Kalzium-Metabolismus des jungen Tieres. *Calcium carbonicum* ist mehr für fette Hunde geeignet, *Calcium phosphoricum* dagegen eher für magere Tiere.

Verletzungen des Rückens, die auch das Rückenmark betreffen, aber in keiner Verbindung zu einem Bandscheibenvorfall stehen, werden durch eine der folgenden Arzneien positiv beeinflußt.

Arnica D30 Arnika sollte bei Verletzungen und Quetschungen, bei denen die Haut nicht verletzt wurde, routinemäßig angewandt werden. Es begrenzt den Umfang subkutaner Blutungen und beschleunigt die Auflösung von Blutklumpen und Hämatomen.

Hypericum D30 Bei Nervenverletzungen ist dies die wichtigste Arznei, besonders wenn eine offene Wunde vorliegt. Der spezielle Einfluß dieser Arznei auf die Nervenenden bringt rasche Schmerzlinderung und beschleunigt die Heilung.

Ledum palustre D30 Wenn eine Stichwunde vorliegt, sollte der Sumpfdost in Erwägung gezogen werden. Er kann erfolgreich mit *Hypericum* kombiniert werden.

Wirbelsäulenversteifung

Bei dieser Krankheit handelt es sich um die Entzündung eines oder mehrerer Wirbel. Sie kommt manchmal bei älteren Hunden vor und führt zu Knochenauswüchsen und Arthritis der Wirbelgelenke.

Symptome

Die im Frühstadium auftretenden Schmerzen erkennt man daran, daß der Rücken gekrümmt ist. Später treten Lähmungen des Hinterteils auf, jedoch keine Querschnittslähmung. Um diese Krankheit von Bandscheibenschäden zu unterscheiden, ist unter Umständen eine Röntgenuntersuchung notwendig.

Behandlung

Wenn das Leiden noch nicht zu weit fortgeschritten ist, führen die folgenden Arzneien zu guten Ergebnissen.

Ruta graveolens D6 Übt auf die Knochenhaut einen heilsamen Einfluß aus und ist besonders im Frühstadium sehr hilfreich. *Ruta* verhindert die Ausdehnung der Entzündung und unterstützt dadurch die Heilung. Man sollte zuvor abklären, ob der Hund eine Veranlagung zu Arthritis hat.

Rhus toxicodendron D6 Früh auftretende arthritische Symptome werden durch den Giftsumach günstig beeinflußt. Der Hund will sich überhaupt nicht bewegen; sein Zustand verbessert sich jedoch, wenn man ihn dazu antreibt. Eine Veranlagung zu Arthritis wird gehemmt.

Hypericum D30 Johanniskraut sollte in Erwägung gezogen werden, wenn Nerven in den Entzündungsprozeß einbezogen sind. In diesem Zusammenhang lindert es schnell die Schmerzen.

Conium maculatum D30 Diese Arznei hilft bei einer Lähmung der Hinterläufe. Schierling liefert die besten Ergebnisse, wenn es in Hochpotenzen angewendet wird.

Causticum D30 Nervenschwäche, speziell beim älteren Hund, spricht gut auf dieses Medikament an. Besonders einzelne Nerven, weniger ganze Nervengeflechte (Plexus), unterliegen der heilsamen Wirkung dieser Arznei.

Erkrankungen der Harnwege (einschließlich der Blase)

Leiden der harnbildenden Organe sowie der Blase kommen sehr häufig vor. Man trifft sie eher in Städten oder bebauten Gebieten an, in denen das Risiko immer gegeben ist, daß sich ansteckende Krankheiten, wie z. B. die Leptospirose, ausbreiten. In gewissem Umfang ist Nierenversagen beim alten Hund normal, wobei Rüden hierfür anfälliger sind als weibliche Tiere. Zu den Nierenleiden, die uns an dieser Stelle beschäftigen sollen, gehören die nichteitrige oder interstitielle Nierenentzündung in der akuten und chronischen Form sowie die Nierenbecken- und Nierenentzündung (Pyelonephritis), das nichtentzündliche Nierenleiden (Nephrose) und die Harnsteinbildung (Urolithiasis). Weniger häufig auftretende Leiden sind die Sackniere (Hydronephrose) und die Nierenbeckenentzündung (Pyelitis). Ein in beiden Geschlechtern häufig auftretendes Harnblasenleiden ist die Blasenentzündung (Zystitis), die bei Weibchen vielleicht sogar etwas häufiger auftritt. Als Endzustand all dieser Krankheiten (außer bei der Blasenentzündung) kann eine Harnvergiftung (Urämie) eintreten, die als Folge eines Nierenversagens angesehen werden muß. Das Nierengewebe kann nicht länger Abfallprodukte und Giftstoffe aus dem Blut filtern.

Nichteitrige oder interstitielle Nierenentzündung

Akute Nierenentzündung (Akute Nephritis)

Die akute Form der nichteitrigen Nierenentzündung ist vermutlich das häufigste Nierenleiden beim Hund.

Ursachen

Die akute Form der nichteitrigen Nierenentzündung wird immer von Bakterien oder Viren verursacht. Als häufigste Erreger sind die Leptospiren zu nennen.

Symptome

Die typischen Kennzeichen entwickeln sich sehr schnell und werden von Appetitlosigkeit und Depressionen begleitet. Der kranke Hund hat starken Durst und erbricht sich zusätzlich recht oft. Anfangs ist häufig leichtes Fieber zu beobachten, das sich aber später gibt. Auffällig sind ein unangenehmes Gefühl im Lendenbereich, außerdem eine Empfindlichkeit über der Nierenregion und der gekrümmte Rücken. Der Hund bewegt sich nur ungern, und wenn man ihn zur Bewegung anhält, bewegt er sich eher steif. Das Fell ist infolge des Wasserverlustes trocken. Kreislaufprobleme sind am vollen, pochenden Puls und an der Verfärbung u. a. der Mundschleimhäute erkennbar. Der Hund schlägt weniger Urin ab.

Behandlung

Für die Behandlung dieser Krankheit gibt es viele nützliche Arzneien, einschließlich der folgenden.

Aconitum napellus D12 Sollte so früh wie möglich verabreicht werden. In diesem Stadium wirkt der Hund ängstlich und elend, manchmal sogar furchtsam. Die Arznei mindert diese Angstzustände und beruhigt ihn.

Apis mellifica D200 Wenn die Veränderungen im Nierengewebe von Ödemen und Schwellungen begleitet werden, ist *Apis* angezeigt.

Arsenicum album (syn. Acidum arsenicosum) M1 Wenn das Tier unter Flüssigkeitsmangel leidet, gerne kleine Mengen Wasser säuft und sein Fell rauh und trocken ist, dann ist diese Arznei angebracht. Die Schleimhäute der Augen sind rot, und Erbrechen mit Durchfall kann auftreten. Die Symptome verschlimmern sich um Mitternacht, und der Hund wird dann ruhelos.

Belladonna D200 Falls diese Arznei angezeigt ist, so ist dem Hund extrem heiß; er hat verengte Pupillen und einen vollen, pochenden Puls. Er versucht häufig, Wasser zu lassen. Der Urin ist spärlich und manchmal rotbraun. Hin und wieder treten auch Symptome einer Beeinträchtigung des Zentralnervensystems auf, z.B. Reizbarkeit und eventuell eine Neigung zu Krämpfen.

Cannabis sativa D30 Der Hund hat einen starken Drang zum Harnlassen, aber es kommt nur wenig Urin. Dieser enthält Schleim und Eiter, eventuell auch Blut. Das Wasserlassen ist sehr schmerzhaft, das Tier jault dann auf.

Chimaphila umbellata D30 Wieder kann der Hund nur wenig Wasser lassen; der Urin ist dunkel und enthält Sediment. Das Tier hat häufigen Harndrang, jedoch gehen die Symptome nach Bewegung etwas zurück.

Berberis vulgaris D30 Ausgeprägte Symptome sind der gekrümmte Rücken und eine Empfindlichkeit im Nierenbereich. Das Tier steht lieber, und die Schmerzen wandern über den gesamten Lendenbereich. Die Symptome werden durch Bewegung verschlimmert. Der Urin kann klar sein. Häufig aber ist er auch gelb, was auf eine Beteiligung der Leber am Krankheitsbild hinweist.

Oleum terebinthinae (syn. Terebinthina) D200 Die Unruhe des Hundes verschwindet, wenn er sich bewegt. Dabei besteht häufiger Harndrang; der Urin enthält Blut und riecht süßlich nach Terpentin oder Veilchen.

Phosphorus D200 Wenn Erbrechen kurz nach einer Flüssigkeitsaufnahme auftritt, ist *Phosphorus* angezeigt. Als Begleitsymptom kann eine Zahnfleischentzündung mit kleinen Blutungen auftreten.

Urtica urens D3 Diese Arznei unterstützt die Ausscheidung von Giftstoffen über den Urin und fördert das Harnlassen. Der kranke Hund leidet normalerweise unter Flüssigkeitsmangel und sollte deshalb stets Zugang zu seinem Wassernapf haben. Arzneien wie *Arsenicum altum* und *Phosphorus* kontrollieren das

Erbrechen und bewirken, daß mehr Flüssigkeit im Körper zurückgehalten wird. In diesem Fall ist die Homöopathie der konventionellen Medizin überlegen, da sie die Symptome mindert, ohne daß Flüssigkeit zur Erhaltung des Elektrolythaushalts intravenös verabreicht werden muß.

Chronische Nierenentzündung

Die chronische Form der nichteitrigen (interstitiellen) Nierenentzündung ist ein fortschreitendes Leiden, das bei den meisten Hunden, die älter als acht Jahre sind, in unterschiedlich starker Ausprägung auftritt. Dabei müssen die Symptome nicht in jedem Fall sichtbar sein. Für dieses Leiden gibt es keinen hervorstechenden Grund. Obgleich die Degeneration des Nierengewebes infolge einer akuten Form auftreten kann und eventuell auch Leptospiren in den Nieren zurückbleiben, kann sich die Krankheit auch ohne vorhandene äußere Faktoren entwickeln.

Symptome

Ein zunehmender Gewichtsverlust wird von Entzündungen im Maul, Erbrechen und vermehrtem Durst begleitet. Die Harnmenge erhöht sich, der Urin ist blaß und wäßrig. Sein spezifisches Gewicht ist gering, weil schwere Abfallstoffe im tierischen Gewebe zurückgehalten werden. Ein ständiges Merkmal ist Flüssigkeitsmangel (Dehydration), das Fell ist dadurch rauh und trocken, während überall auf der Haut verstreut Wunden auftreten können, die durch Ekzeme verursacht werden.

Behandlung

Im Folgenden werden besonders wichtige Arzneien zur Behandlung dieses Leidens aufgeführt.

Arsenicum album (syn. Acidum arsenicosum) D30 Diese Arznei sollte in Erwägung gezogen werden, wenn der Hund unter extremem Flüssigkeitsmangel bei starkem Durst leidet. Das Fell ist trocken und auffallend. Der Juckreiz kann an verschiedenen Körperstellen sehr ausgeprägt sein, und alle Symptome verschlimmern sich gegen Mitternacht.

Chininum sulfuricum D6 Wenn *Chininum* angezeigt ist, läßt der Hund sehr viel Wasser. Der Urin ist blaß und sehr wäßrig, und er kann stark riechen. Diese Symptome werden häufig von einem leichten Abdominalschall begleitet, der die Atemfrequenz erhöht. Auffällig kann auch ein Hautausschlag sein.

Colchicum D30 Wieder tritt starkes, häufiges Harnlassen auf. Die Farbe des Urins kann von klar bis dunkelbraun variieren. Begleitsymptome sind Gelenkschmerzen, die sich durch Steifheit und eine Abneigung gegen Bewegung bemerkbar machen. Ein aufgeblähter Bauch ist ausgeprägter als bei der vorhergehenden Arznei, und zusätzlich kann eine Bauchwassersucht (Aszites) auftreten.

Jodum D30 Ist eine nützliche Arznei für den älteren Hund sowie bei den Hunden, deren Auszehrung von

Heißhunger begleitet wird. Das Fell ist trocken, und die unter der Oberfläche der Haut fühlbaren Lymphknoten sind hart, obwohl gleichzeitig kleiner. Außerdem kann ein schaumiger, hell cremefarbener Durchfall auftreten.

Mercurius corrosivus D30 Wenn das vermehrte Urinieren von schmerzhaftem Drang zum Koten sowie eventuell von schleimigem Durchfall begleitet wird, hilft *Mercurius*. Zwischen Sonnenuntergang und Sonnenaufgang sind die Symptome schlimmer. Offenbar hat diese Arznei generell einen wohltuenden Einfluß auf das Nierengewebe. Häufig treten auch Hautleiden auf, z. B. Geschwürbildung und rote Ekzeme.

Phosphorus D30 Auch dieses Medikament hat einen heilenden und stärkenden Einfluß auf das Nierengewebe. Die Urinmenge ist groß. Ein sicherer Hinweis, um *Phosphorus* einzusetzen, ist Erbrechen, das einsetzt, sobald sich der Mageninhalt erwärmt hat.

Plumbum metallicum D30 Starke Auszehrung im Lendenbereich sowie eine eventuell Querschnittslähmung oder Schwächung der Hinterläufe weisen auf *Plumbum* hin. Weiterhin können Anzeichen für eine beginnende Lähmung auftreten, z. B. hat der Hund Schwierigkeiten, seinen Speichel zurückzuhalten. Außerdem kommt es stets zu starker Verstopfung.

Natrium muriaticum (syn. Natrium chloratum) D30 Starkes und häufiges Harnlassen sind hier hervorstechende Symptome, die sich nachts oft verschlimmern. Im Maul bilden sich häufig oberflächliche Geschwüre und Blasen. Der Hund räuspert sich und kratzt sich am Hals.

Nierenbecken- und Nieren- entzündung (Pyelonephritis)

Diese Krankheit befällt häufiger Hündinnen und folgt oft einer Blasenentzündung (Zystitis) bzw. entsteht gleichzeitig mit dieser. Zur Infektion der Blase kommt es besonders dann, wenn der Harnfluß gehemmt ist. Dadurch treten im Urin Blut und Eiter auf. Ein Verursacher ist das Bakterium *Corynebacterium renale*, das sich im Nierenbecken einnistet und dort Eiterbildung hervorruft. Bei einer bakteriellen Infektion entsteht meist gleichzeitig eine sekundäre Blasenentzündung, die man an Eiter und Blut im Urin recht einfach diagnostizieren kann.

Bei Krankheitsstadien, die nicht zu weit fortgeschritten sind, helfen die folgenden Arzneien:

Hepar sulfuris D30 Dies ist die wichtigste Arznei zur Bekämpfung einer eitrigen Infektion. Um gute Ergebnisse zu erzielen, sollte die Behandlung mit verschiedenen Potenzen dieses Mittels durchgeführt werden.

Silicea (syn. Acidum silicicum) D30 In langandauernden Fällen ist *Silicea* nützlich und sollte zwei Monate lang zweimal wöchentlich verabreicht werden.

Mercurius corrosivus D30 Man sollte sich für Quecksilber entscheiden, wenn Symptome wie schleimiger Durchfall, Speichelfluß und Geschwüre auf der Haut auftreten. Der Urin wird durch aufgelösten Eiter oft grünlich verfärbt.

Pareira D6 Wenn der Hund beim Urinieren hart pressen muß und dabei Schleim aus der Harnröhre fließt, sollte diese Arznei genommen werden. Der Nierenbereich ist sehr empfindlich, und der Urin riecht oft intensiv. Das Tier hat Schwierigkeiten beim Harnlassen und muß dazu tief in die Hocke gehen.

Uva ursi D6 Ist angezeigt, wenn der Urin übermäßig schleimig ist, Blut enthält und grünlich aussieht. Auch hier kann man beobachten, daß der Hund beim Harnlassen preßt.

ANMERKUNG: Für den Besitzer oder Betreuer eines Hundes ist es vermutlich sehr schwer, sich für eine der vorgeschlagenen Arzneien zu entscheiden. Man muß praktisch auf ein anderes Mittel ausweichen, wenn das verabreichte keine Erleichterung verschafft. Unter den genannten Medikamenten sollte es jedoch ein Mittel zur Abhilfe geben.

Nichtentzündliches Nierenleiden (Nephrose)

Bei dieser Krankheit handelt es sich um einen Abbauprozeß der Nierenkanäle mit anschließendem Gewebstod (Nekrose). Die sogenannten Nierentubuli, in denen der Harn gebildet und weitergeleitet wird, können durch verschiedene Ablagerungen verstopft werden.

Ursachen

Gewöhnlich sind verschiedene Giftstoffe und Toxine an der Ausbildung der Krankheit beteiligt, vor allem Chemikalien und Sekundärprodukte aus infizierten Wunden oder Verbrennungen.

Symptome

Im Frühstadium wird weniger Harn gebildet. Wenn in gravierenden Fällen die Nierenkanälchen durch kristalline Ablagerungen verstopft sind, kann der Harnfluß sogar zum Erliegen kommen. Nach einer kurzen Anfangsphase läßt der Hund vermehrt Urin, der Blutzellen und Proteine (Albumin) enthält. Eine genaue Krankheitsdiagnose ist von der Laboranalyse des Urins abhängig. Messungen des spezifischen Gewichts und andere Tests geben Aufschluß über das Problem.

Behandlung

Bei Nephrosen kommt es hauptsächlich auf solche Medikamente an, die einen heilenden Einfluß auf das Nierengewebe haben und gleichzeitig den Allgemeinzustand bessern (konstitutionelle Arzneimittel). Folgende Arzneien sind empfehlenswert:

Plumbum metallicum D30 Da metallisches Blei das Nierengewebe zerstört, sollte es in potenzierter Form eine Heilwirkung zeigen, indem es den zunehmenden Abbau des

Gewebes verhindert. Als weiteres Symptom kann eine Neigung zur Querschnittslähmung auftreten, begleitet von einer Beeinträchtigung der peripheren Nerven.

Phosphorus D30 Dieses Element schädigt ebenfalls Nieren- und Lebergewebe. Phosphor verursacht Gewebstod (Nekrose), je nach Veranlagung begleitet von Symptomen wie z. B. Erbrechen und oberflächliche Blutungen.

Silicea (syn. Acidum silicicum) D30 Diese Arznei kann Narbengewebe absorbieren; bei diesem Leiden finden wir ein solches Gewebe erwartungsgemäß im Füllgewebe (Parenchym) der Nieren vor. *Silicea* ist besonders für Tiere geeignet, die von Natur aus mager sind.

Solidago D6 Ist besonders im Frühstadium sehr nützlich, wenn der Hund unter Harnzwang (Dysurie) leidet. Der Urin enthält dann dicke Niederschläge und ist dunkelbraun bis rötlich gefärbt. Das Sediment kann einen hohen Phosphatanteil enthalten. Ebenfalls können Durchfall und eventuell sogar Ruhr (Dysenterie) auftreten.

Thuja D6 Hierbei handelt es sich um ein gutes Aufbaumittel. Eventuell ist der Urin schaumig und enthält trübes Sediment. Der Hund zeigt uns, daß er Blasenschmerzen hat, indem er sich in diesem Bereich leckt oder ihn mit der Schnauze anstupst. Wenn die Hauptmenge des Harns abgegeben ist, tröpfelt häufig noch eine kleine Menge nach.

Arsenicum album (syn. Acidum arsenicosum) D30 Ist ein gutes Stärkungsmittel für den Hund, der unter trockenem Fell, Durchfall, Hautreizungen und periodischem Erbrechen leidet. Die Symptome verschlimmern sich gegen Mitternacht; dann wird das Tier zunehmend ruheloser und säuft häufig.

Mercurius corrosivus D6 Diese Arznei ist bei Tieren angebracht, die eine trockene Haut mit Ekzemen oder mit Geschwüren haben. Speichel und Durchfall des Hundes werden schleimig. *Mercurius corrosivus* hat einen besonderen Einfluß auf das Nierengewebe und wirkt sowohl als Hochpotenz als auch als Tiefpotenz.

Urtica urens D3 Wenn im Anfangsstadium Beschwerden beim Harnlassen auftreten, wirkt diese Arznei harntreibend. Zusätzlich bilden sich häufig Ödeme im Körpergewebe, insbesondere im Brust- und im unteren Bauchbereich. Sie kann feinkörnige Ablagerungen aus dem Gewebe entfernen und produziert auf diese Weise einen dicken, flockigen Urin.

Harnsteinleiden (Urolithiasis)

Diese Krankheit entsteht durch eine Veranlagung (Konstitution). Sie endet meist mit der Bildung von Nierensand und Nierengrieß, die sich im Nierenbecken und in der Blase ablagern. Dieser Grieß verbindet sich zu Steinen (Konkrementen). Man findet sie fast immer in der Blase; bei männlichen Tieren treten sie häufiger auf.

Ursachen

Blasen- und Nierensteine bestehen überwiegend aus Phosphaten und werden infolge eines basischen (alkalischen) Urins gebildet. Dieser kann die harnbildenden Organe für eine Infektion empfänglich machen. Steine aus Zystin oder Urat sind hingegen seltener und beruhen auf genetischen Defekten, wie sie häufig bei bestimmten Rassen vorkommen.

Symptome

Als erstes Symptom stellt man gewöhnlich Blut und Eiter im Urin fest. Je nachdem, wie weit die Steinbildung bereits fortgeschritten ist, scheidet der Hund dickflüssigen Urin mit schweren Sedimenten aus, oder er hat offensichtliche Probleme beim Harnlassen. Das Tier jault vor Schmerzen und bearbeitet den schmerzhaften Bereich mit Zunge und Zähnen. Das Urinieren bereitet dem Tier Schmerzen und Unbehagen; der Harn wird meist tropfenweise ausgeschieden.

Behandlung

Wenn sich erst einmal große Steine gebildet haben, können sie nur noch chirurgisch entfernt werden. Im Frühstadium jedoch, wenn der Nierengrieß noch nicht zu Steinen zusammengewachsen ist, gibt es eine Reihe nützlicher Arzneien, die eine Verschlechterung verhindern und in einigen Fällen den Nierengrieß sogar auflösen können. Besonders wirksam sind dabei folgende Mittel:

Lycopodium D30 Stärkt die Leber und unterstützt den Stoffwechsel dieses Organs, da eine Fehlfunktion oft zu Steinbildung führen kann. Typische *Lycopodium-*»Patienten« sind häufig dünn und sehen schrumpelig aus. Wenn man ihren Urin stehen läßt, färbt er sich rötlich.

Berberis vulgaris D6 Diese Arznei wirkt auf die gleiche Weise wie *Lycopodium.* Sie sollte bei Empfindlichkeit im Lendenbereich und gelblicher Verfärbung des Urins genommen werden.

Hydrangea D3 Diese wichtige Arznei sorgt dafür, daß – sehr wichtig: bei regelmäßiger Einnahme – keine Steine entstehen. Sie hilft aber auch bei der Auflösung von Nierengrieß, der nun leichter ausgeschieden werden kann. Der Urin enthält abwechselnd weiße Salze und gelben Nierengrieß.

Epigea repens D3 Typische Symptome für *Epigea* sind Harnablagerungen, die überwiegend aus Harnsäure bestehen und bräunlich sind. Das Urinieren gelingt nur unter starkem Pressen.

Acidum benzoicum D6 Auch bei dieser Arznei bestehen die Ablagerungen aus Harnsäure; aber anders als bei *Epigea* besitzt der Urin einen unangenehmen, schweren Geruch. Aus der Harnröhre fließt ein schleimiges Sediment.

Capsella bursa-pastoris D6 Dieses Mittel sollte verabreicht werden, wenn zuviel Phosphat gebildet wird. *Capsella* löst Nierengrieß schnell auf. Wenn man das Mittel in potenzierter Form gibt, wird verstärkt ein ziegelrotes Sediment gebildet.

Urtica urens D3 Auch diese Arznei verdickt den Urin. Gleichzeitig verhindert sie die Steinbildung durch Entfernen der basischen Salze. *Urtica* vermehrt außerdem die Harnmenge.

Calcium phosphoricum D30
Dieses Stärkungsmittel reguliert den Kalzium- und Phosphor-Metabolismus und beugt der Bildung von Steinen vor. Man kann das Mittel jungen Hunden bis zum Alter von einem Jahr routinemäßig verabreichen.

Magnesium muriaticum (syn. Magnesium chloratum) D6
Auch diese Arznei sollte vorbeugend genommen werden und kann wie die vorhergehende regelmäßig eingesetzt werden, wenn der Urin verdächtige Ablagerungen und andere leidens zeigt. Dadurch kann die Bildung weiterer Steine verhindert werden.

Lithium carbonicum D6 Bei flockigem, trübem Harn, der viel Schleim und dunkelbraunes Sediment enthält, ist dieses Mittel angebracht. Die Leberfunktion wird unterstützt, und die Bildung weiterer Steine kann unterbunden werden.

Ocimum canum D6 Wenn sich bereits grießartiges Sediment gebildet hat, dann ist *Ocimum* hilfreich. Der Urin ist intensiv gelb und riecht nach Moschus. Das Sediment ist ziegelrot.

ANMERKUNG: Phosphate sind die wichtigsten Salze bei der Steinbildung, sie entstehen in einem basischen Milieu (Umgebung). Daher kann schon eine Ernährung mit hohem Säuregehalt dazu beitragen, neue Steine zu verhindern. Hierzu reicht es bereits, dem Hundefutter oder Trinkwasser täglich einen Teelöffel Apfelessig beizumengen. Der Hund könnte sich anfangs weigern, »in den sauren Apfel zu beißen«. Wenn Sie aber standhaft bleiben und die Prozedur konsequent fortsetzen, wird das Tier sich bald daran gewöhnt haben.

Blasenentzündung (Zystitis)

Zystitis ist eine Entzündung der Harnblase. Sie kommt recht häufig vor und befällt Rüden und Hündinnen aller Rassen.

Ursachen

Die akute Form wird gewöhnlich durch Bakterien verursacht. Vielfach sind aber Schädigungen oder Verletzungen der Auslöser, beispielsweise Schäden am Blasenepithel, die durch Blasensteine entstanden sind. Dadurch kann die Krankheit chronisch werden. Zu den Erregern gehören Streptokokken, Staphylokokken und das Darmbakterium *Escherichia coli*.

Symptome

Als wichtigstes Anzeichen uriniert der Hund häufig, oft unter großer Anstrengung. Der Harn wird tropfenweise ausgeschieden und enthält meist Blut. Fieber, in manchen Fällen auch verbunden mit Erbrechen und Durchfall, ist ein sicheres Zeichen für eine Schwächung des Allgemeinzustandes. Das Tier reagiert auf Druck in der Blasengegend ausgesprochen empfindlich. Der Urin hat einen strengen Geruch und ist meist dunkel gefärbt.

Behandlung

Dem homöopathisch orientierten Arzt oder Hundehalter steht ein großes Angebot erprobter Arzneien zur Verfügung, die diese Krankheit lindern können.

Aconitum napellus D12 Im Frühstadium einer akuten Blasenentzündung zeigt Eisenhut eine sehr gute Heilwirkung. Der Hund beruhigt sich schnell und verliert vor allem seine Furcht.

Cantharis D6 Dies ist eine besonders bedeutende Arznei. Das Harnlassen ist nur unter starkem Pressen möglich. Der Urin enthält Blut und fließt sehr häufig, wenn auch nur tropfenweise.

Chimaphila umbellata D30 Auch in diesem Fall ist das Harnlassen sehr anstrengend, der abgesetzte Urin enthält jedoch mehr Eiter als Blut. Er ist häufig dunkelgrün und riecht sehr streng. Offensichtlich geht es dem Hund nach körperlicher Betätigung (Auslauf) besser.

Copaiva D6 Der Urin riecht süßlich und ist schaumig. Bei Rüden kann eine Eichelentzündung (Balanitis) auftreten, die sich durch starken Juckreiz äußert. Dies veranlaßt das Tier, sich häufig an der betroffenen Stelle zu lecken; außerdem stellt man einen gesteigerten Geschlechtstrieb fest.

Camphora D6 Der Hund uriniert sehr vorsichtig, und der Harn ist gelbgrün. Im abgestandenen Urin bildet sich ein rötliches Sediment. Der Harn wird zurückgehalten und der Hund versucht oft vergeblich zu harnen.

Equisetum D6 Wenn Schachtelhalm angezeigt ist, läßt das Tier häufiger Harn, allerdings ohne zu pressen. Die Anzeichen, daß der Hund sich unwohl fühlt, verschwinden nach dem Urinieren nicht. Die Schmerzempfindlichkeit in der Blasenregion erstreckt sich bis zur unteren rechten Flanke. Der Hund uriniert nachts häufiger.

Eupatorium purpurea D6 Diese Arznei verschafft bei der chronischen Zystitis Erleichterung. Diese ist dadurch gekennzeichnet, daß der Urin aufgrund der Blasensteine nur tropfenweise ausgeschieden werden kann. Sind der Stein abgegangen und die Verstopfung beseitigt, werden – besonders nachts – große Mengen Harn ausgeschieden. Der Urin hat einen hohen Eiweißanteil.

Pareira D6 Bei chronischer Blasenentzündung ist auch diese Arznei sehr wirksam, insbesondere bei Verhärtung der Blasenmuskulatur. Beim Harnlassen tröpfelt Urin nach dem Ausscheiden der Hauptmenge nach. Der nach Ammoniak riechende Harn enthält große Mengen Schleim.

Causticum D30 Bei Rezidiven (Rückfälle) oder bei chronischer Zystitis ist der Hahnemannsche Ätzstoff eine nützliche Arznei, besonders für den älteren Hund. *Causticum* ist ein gutes Mittel zur Weiterbehandlung nach einer *Cantharis*-Therapie, die einsetzt, wenn im Verlauf einer chronischen Blasenentzündung wieder akute Symptome auftreten.

Sabal serrulata D6 Sabal aus den Früchten der Sägepalme ist ein wirksames Mittel für Hündinnen, da sich die Krankheit häufig auf die Eierstöcke oder die Gebärmutter ausweitet. Das betroffene Tier leidet unter schmerzhaftem Harndrang, und aus der Harnleiteröffnung tritt klebriger Schleim aus.

Oleum terebinthinae (syn. Terebinthina) D200 Diese Arznei ist angebracht, wenn der Hund nur wenig Harn ausscheidet, der aber verhältnismäßig viel Blut enthält. Der Urin riecht süßlich nach Terpentin oder Veilchen. Durch Bewegung kann das Unbehagen des Tieres verschwinden.

Uva ursi D6 Im gesamten Schambereich treten Schmerzen auf oder es wird Unbehagen empfunden. Diese Symptome werden von grünlichem, schleimigem Urin mit Blut und Eiter begleitet. Der Hund versucht häufig, unter heftigem Pressen zu harnen. Seine offensichtlichen Schmerzen werden dadurch jedoch nicht gelindert.

Erkrankungen des Herz-Kreislauf-Systems

Erkrankungen des Herzens

Wenn der Hund älter wird, treten Herzfunktionsstörungen sehr häufig auf. Je nach betroffenem Bereich fallen diese Störungen unterschiedlich aus.

Alarmzeichen

Neben den Informationen, die man durch Abhorchen mit dem Stethoskop und mit einem EKG (Elektrokardiogramm) erhält, ist das deutlichste Symptom ein Venenstau, der zu Ödemen und hier speziell zu Bauchwasser (Aszites) führt. Andere Anzeichen, z. B. Atemnot (Dispnoe) und Husten, können ebenfalls auf eine Herzkrankheit hindeuten, obwohl sie auch bei Atemwegserkrankungen auftreten. Ein sicheres Symptom ist das Blauwerden der sichtbaren Schleimhäute (Blausucht, Zyanose). Der sog. »Herzhusten«, der ein Begleitsystem einer Herzinsuffizienz ist, klingt sanft und gedämpft, und er ähnelt dem Husten, der bei einer Staupeinfektion auftritt. Insgesamt können der Herzbeutel (Perikard), der Herzmuskel (Myokard), die innerste Herzwandschicht (Endokard) und die Herzklappen betroffen sein. Hier wird eine Beschränkung auf den Herzmuskel und die Herzklappen vorgenommen, da beide häufig in Mitleidenschaft gezogen werden.

Erkrankungen des Herzmuskels

Degenerative Krankheiten des Herzmuskels entstehen manchmal als Folge von Infektionskrankheiten und Schwermetallvergiftungen. Infolge einer Nierenerkrankung kann sich der Herzmuskel vergrößern (Hypertrophie).

Eine Herzmuskelentzündung (Myokarditis) entsteht während oder nach einer Infektionskrankheit; typische Symptome sind ein schneller und schwacher Puls und eine Lungenanschoppung. Nützliche Arzneien zur Milderung der Symptome sind *Crataegus* (∅ oder D1), *Convallaria* (∅ oder D1) sowie *Strophanthus* (∅ oder D1). Die Diagnose der Herzmuskelentzündung ist für den Laien schwierig und sollte dem Arzt überlassen werden. Blutuntersuchungen und ein Elektrokardiogramm (EKG) sind auf jeden Fall erforderlich.

Herzasthma

Diese Krankheit entsteht, wenn das Herz das Gewebe nicht mit genügend Blut versorgen kann. Der Blutkreislauf wird schwach, in verschiedenen Körperteilen kommt es zu Ödemen, unter anderem in der Bauchhöhle (Bauchwassersucht, Aszites). Aszites wiederum beeinträchtigt die Nierenfunktion, so daß die Nieren die übermäßig produzierten Flüssigkeiten nicht ausscheiden können.

Ursachen

Hauptursachen sind eine angeborene Herzkrankheit und eine erworbene Herzklappenerkrankung; im letztgenannten Fall sind auch Herzmuskelschäden wichtig. Meist sind die Segel- oder Mitralklappen der linken Seite betroffen; gelegentlich kommt es aber auch zu einer allgemeinen Störung der Herzfunktion.

Symptome

Bauchwassersucht und zunehmende Atembeschwerden sind häufige Symptome. In seinem Verhalten auffällig ist, daß der Hund oft unruhig umherrennt. Um den Druck des Bauchwassers auf das Zwerchfell zu verringern, nimmt das Tier häufig die Sitzhaltung ein.

Behandlung

Lycopus virginicus D3 Der Puls ist schnell und unregelmäßig; der Hund ist kurzatmig.

Adonis vernalis D1 *Adonis* ist eine der besten Arzneien bei Herzklappenleiden. Die Harnmenge ist vermindert, und der Urin enthält u. a. Eiweiß. Der Herzschlag ist beschleunigt, aber schwach. Auffällig sind auch Wasseransammlungen (Ödeme).

Crataegus ∅ oder D1 Diese Arznei reguliert die Herztätigkeit und kräftigt den Pulsschlag. Ohnmacht ist ein typisches Symptom für den Gebrauch von Crataegus.

Convallaria maialis D1 Der Puls ist kräftig und setzt manchmal aus. Diese Arznei wirkt ähnlich wie *Lycopus*. Der Hund verspürt nicht den geringsten Drang, sich körperlich zu bewegen.

Lilium tigrinum D6 Der Puls ist schwach und schnell, und schon die geringste Bewegung verschlimmert diese Symptome. Diese Arznei wirkt besser bei Hündinnen als bei Rüden.

Laurocerasus D6 (*Prunus laurocerasus*, Kirschlorbeer). Körperliche Bewegung führt zu Kurzatmigkeit, eventuell sogar zu Ohnmachtsanfällen. Die Schleimhäute verfärben sich blau.

Strophanthus D1 Ein schneller, kleiner Puls ist das typische Symptom für *Strophanthus*. Es verlangsamt die Herzarbeit, kräftigt den Herzschlag und unterstützt den Harnfluß bei Bauchwassersucht.

Cactus grandiflorus D6 Obwohl die typischen Symptome nur sehr subjektiv bewertet werden können, kann diese Arznei zusätzlich zu anderen Medikamenten genommen werden. Bei der Behandlung verschiedener Herzleiden werden gute Resultate erbracht.

Rumex crispus D6 Bei alten Tieren mit länger andauerndem Herzleiden kann diese Arznei Erfolg bringen. Kurzatmigkeit und Heiserkeit werden oft von einem trockenen Krampfhusten begleitet.

Spongia tosta D6 Auch bei *Spongia* handelt es sich um eine optimale Arznei für chronische Fälle. Die Symptome ähneln denen bei *Rumex*, sie fallen jedoch wesentlich stärker aus. Der Hund atmet keuchend und heftig.

Carbo vegetabilis D30 Diese Arznei ist in aussichtslos erscheinenden Fällen äußerst nützlich oder wenn der Hund im Sterben liegt. Sie stellt häufig die tiefe Atmung wieder her. *Carbo* sollte abends gegeben werden, wenn zusätzliche Asthmaanfälle auftreten.

Schock

Unter Schock versteht man einen Zustand, der nach einer verminderten peripheren Durchblutung auftritt. Er entsteht bei Blutungen, ausgedehnten Verbrennungen, Blutvergiftung (Sepsis) und Überempfindlickeit gegen Proteine (anaphylaktischer Schock).

Symptome

Das betroffenen Tier wird seiner Umgebung gegenüber gleichgültig und erscheint ungepflegt. Die Augen sind eingesunken, die Körperoberfläche ist kalt, und die sichtbaren Schleimhäute sind blaß. Die Atmung ist meist verstärkt und wird gelegentlich durch tiefes Luftholen unterbrochen. Der Puls ist schwach und schnell.

Behandlung

Als wichtigstes Medikament gilt *Aconitum* D12, das die Symptome in kurzer Zeit mildert. *Arnica* D30 und *China* D6 sind ideale Arzneien, wenn Schwäche und Schock infolge einer Blutung auftreten. *Carbo vegetabilis* D30 empfiehlt sich in Fällen von Atemnot und Kollaps.

ANMERKUNG: Hunde, die unter Schock stehen, sollten nicht zusätzlich gewärmt werden. Eventuell muß man ihnen per Infusion Flüssigkeit zuführen. Das gilt insbesondere in Notfällen, in denen ein Kreislaufstillstand verhindert werden muß. Die genannten Medikamente unterstützen diese Maßnahme.

Erkrankungen der Muskeln

Muskelentzündung (Myositis)

Muskelfaserentzündungen sind beim Hund sehr intensiv untersucht worden. In chronischen Fällen führen sie zum Muskelabbau.

Ursachen

Die Ursache kann eine generelle Veranlagung oder aber eine Verletzung sein. Mit der vagen Bezeichnung »rheumatisch« kann die Krankheit nicht erklärt werden. Wenn die Entzündung den ganzen Körper betrifft, ist gewöhnlich eine bakterielle Infektion vorhanden. Ein Muskeltrauma entsteht hingegen aufgrund einer Verletzung.

Symptome

Ein bestimmter Muskel kann angeschwollen sein, häufig gibt es jedoch keine besonderen Anzeichen. Der Besitzer des Hundes bemerkt die Erkrankung, wenn das Tier bei Bewegung oder beim Anheben jault. Der Hund nimmt unterschiedliche Körperhaltungen ein, je nachdem, welcher Muskel betroffen ist. So krümmt er beispielsweise den Rücken, wenn die Lendenmuskulatur angegriffen ist. Falls sich der Unterleib bretthart anfühlt, so ist dies ein sicheres Indiz, daß die Muskeln dieses Körperteils schmerzen.

Behandlung

Aconitum napellus D6 Ist im Frühstadium angezeigt und wirkt schmerzlindernd, besonders dann, wenn eine bakterielle Infektion vorliegt. Falls die Krankheit plötzlich auftritt, kann das Schockrisiko herabgesetzt werden.

Rhus toxicodendron D6 Charakteristisch ist, daß es dem Hund nach Bewegung besser geht, obwohl er zunächst Schmerzen verspürt. *Rhus* beeinflußt stärker die linke als die rechte Körperhälfte; ein typisches Symptom ist, daß der Hund zu Beginn der Krankheit vollkommen verschwitzt ist.

Bryonia alba D30 Der Hund widersetzt sich typischerweise jeder Bewegung. Er versucht, auf den entzündeten Muskeln zu liegen, da ihm der Druck auf diese Muskeln die Schmerzen lindert. Meist hilft auch eine Wärmetherapie.

Curare D30 Hilft bei allgemeiner Schwäche und bei einer Teillähmung der betroffenen Muskeln. Die Muskelreflexe sind nicht mehr vorhanden.

Causticum D30 Charakteristische Symptome sind die Kontraktionen der Sehnen und steife Muskeln. Der Aufenthalt im Warmen verschafft dem Hund Erleichterung. Diese Arznei ist eher für den älteren Hund geeignet, der nicht mehr so sicher laufen kann.

Zincum metallicum D30 Zink ist ein ideales Mittel, wenn die betroffene Muskulatur schwach ist und zittert. Die Symptome werden meist durch eine bakterielle Infektion hervorgerufen, und häufig ist das gesamte Nerven- und Muskelsystem betroffen.

Strychninum purum D30 Bei heftigen Muskelkontraktionen, die Teil einer systemischen Krankheit sind, kann diese Arznei gegeben werden. Der Hund weiß nicht, wie er sich drehen und wenden soll, und nimmt daher die unterschiedlichsten Positionen ein.

Gelsemium D30 Die Symptome dieser Arznei sind hauptsächlich Schwäche und gelegentliche Lähmungen. Meist werden sie durch eine bakterielle Infektion verursacht. Es kann die gesamte Muskulatur in Mitleidenschaft gezogen sein. Körperliche Bewegung des Hundes kann zu starker Erschöpfung und zum Kollaps führen.

Entzündung der Kaumuskeln (Massetermuskel)

Eine besondere Muskelentzündung (Myositis eosinophilica) befällt Schäferhunde und mit ihnen verwandte Rassen. Sie kommt gleichermaßen bei Rüden und Hündinnen vor. Dabei vermehren sich bestimmte weiße Blutkörperchen (eosinophile Granulozyten) stark und sammeln sich schließlich in den betroffenen Muskeln an. Die genaue Ursache für diese Krankheit ist unbekannt.

Symptome

Die Wangenmuskulatur des Hundes ist wie aufgeblasen, und das Gesicht sieht dadurch spitz aus. Die Muskeln üben entsprechenden Druck auf die Augenregion aus, wodurch die Augen hervortreten. Im akuten Frühstadium treten Schmerzen auf, und der Hund hat Schwierigkeiten, das Maul zu öffen. Bei Ausdehnung der Krankheit auf den Hals können sich Mandeln und Lymphknoten entzünden. Der Hund wird zunehmend schwächer, weil er sein Maul nicht zum Fressen öffnen kann. Die Veränderungen in den Muskelfasern führen zu verstärktem Bindegewebswachstum (Fibrositis), wodurch sich die Muskulatur, die in zunehmendem Maße degeneriert, hart anfühlt.

Behandlung

Die Behandlung ist schwierig, trotzdem sollten die folgenden Arzneien berücksichtigt werden.

Curare D30 Unterstützt die Muskelarbeit und schränkt mögliche Lähmungen ein.

Thuja D6 Wirkt sich wohltuend auf den gesamten Körper aus und führt bei Muskelkrankheiten, die sich in einer Verhärtung der Fasern äußern, zu guten Ergebnissen. *Thuja* gilt auch als gutes Mittel bei degenerativen Muskelerkrankungen anderer Rassen.

Silicea (syn. Acidum silicicum) D30 Diese Arznei reduziert die Überproduktion von weißen Blutkörperchen bei bestimmten Krankheiten. Daher kann sie den Krankheitsprozeß indirekt begrenzen.

Mercurius bijodatus D30 Wirkt auf die linke Seite des Rachens und hilft dadurch bei Entzündungen, die in diesem Bereich sowie bei den benachbarten Lymphknoten lokalisiert sind.

Mercurius jodatus flavus D30 Auf diese Arznei treffen die gleichen Symptome zu wie auf die vorhergehende. Allerdings ist die rechte Seite betroffen.

Phytolacca D30 Da *Phytolacca* ebenfalls eine gute Arznei für den Rachenraum ist, mildert sie alle Symptome in diesem Bereich (also auch an der Kaumuskulatur).

Muskelschwund (Muskeldystrophie)

Unter Muskeldystrophie versteht man eine Degeneration der Muskelzellen, wobei letztlich Muskelfasern durch Bindegewebe ersetzt werden. Dadurch wird die Muskelmasse scheinbar vergrößert. Hauptsächlich sind die Muskeln der Hinterläufe oberhalb des Sprunggelenks sowie die Schultermuskulatur betroffen.

Ursachen

Eine ähnliche Krankheit tritt bei Lämmern und Kälbern auf und ist eine Folge von Vitamin-E-Mangel im Stoffwechsel des wachsenden Muskels. Dieser Kausalzusammenhang konnte unter natürlichen Bedingungen beim Hund nicht direkt nachgewiesen werden, obwohl dies unter Laborbedingungen gelang.

Die Ursache könnte ein unbekannter Erbfaktor sein, der den Stoffwechsel im Muskel beeinträchtigt.

Symptome

Fortschreitende Muskelschwäche führt schließlich dazu, daß das betroffene Tier nicht mehr stehen kann. Vorher kommt es bereits zu unterschiedlich starken Teillähmungen, die einen schlurfenden oder stolpernder Gang verursachen. Fettleibigkeit ist ein häufiges Zeichen, daß sich die Krankheit auf den ganzen Körper auswirkt.

Behandlung

Der Zusatz von Vitamin E zur Nahrung kann bei gleichzeitiger Gabe des Elements Selen sehr nützlich sein. Zu den konstitutionell und symptomatisch wirkenden Arzneien zählen die folgenden Mittel:

Curare D30 Allgemeine Schwäche und Zittern des betroffenen Muskels sprechen gut auf diese Arznei an.

Calcium carbonicum D30 Wenn die Krankheit bei jungen oder fettleibigen Hunden auftritt, kann *Calcium carbonicum* hilfreich sein, da es den gesamten Stoffwechsel reguliert.

Silicea (syn. Acidum silicicum) D30 Ein weiterer Abbau der Muskelfasern kann verhindert werden, wenn *Silicea* im Frühstadium der Krankheit eingesetzt wird. Das Mittel kann Narbengewebe auflösen und zuviel gebildetes Bindegewebe entfernen.

Erkrankungen der Knochen

Knochenstörungen und Knochenerkrankungen

Osteoporose

Symptome

Man versteht darunter eine Krankheit, bei der die Knochen zunehmend porös werden. Die Ursache sind Stoffwechselstörungen. Diese treten aufgrund unterschiedlicher systemischer Erkrankungen auf und führen schließlich zu einem mangelhaften Knochenwuchs, so daß sich der Hund nun häufiger die Knochen bricht. Eine genaue Diagnose ist erst per Röntgenbild möglich.

Behandlung

Calcium phosphoricum D30 Ist ideal für jüngere Hunde, die sich noch im Wachstum befinden, weil das Mittel besonders stark die Entwicklung der Knochen und Muskulatur beeinflußt. Es ist eher für magere Tieren geeignet.

Calcium carbonicum D30 Diese Arznei wirkt ähnlich wie *Calcium phosphoricum*, paßt aber mehr auf fette als magere Hunde.

Calcium fluoricum (syn. Calcium fluoratum) D30 Flußspat wirkt auf das Gewebe, fördert die Knochenhärtung und stärkt die Knochenhaut.

Hekla lava D12 und M1 Auch diese Arznei beeinflußt die Knochenbildung. Im puren Zustand verursacht *Hekla* verschiedene Knochenauswüchse (Exostosen); wenn nun solche »Überbeine« zu häufig auftreten, kann dies zu spröden Knochen und somit indirekt auch zu Brüchen führen. In der Homöopathie werden mit *Hekla* in solchen Fällen gute Ergebnisse erzielt.

Silicea (syn. Acidum silicicum) D30 Wirkt sich vorteilhaft auf das Skelett aus.

Knochenhautentzündung des Unterkiefers

Diese Krankheit betrifft relativ häufig einige kleine Rassen, besonders den Scotch-Terrier und den West-Highland-White-Terrier. Die Knochenhaut am Unterkiefer entzündet sich sehr stark, und das Gelenk zwischen Unter- und Oberkiefer funktioniert nur noch schlecht. Vermutlich handelt es sich um eine Erbkrankheit.

Symptome

Die typischen Symptome tauchen auf, wenn der Welpe seine Milchzähne verliert und die bleibenden Zähne erscheinen. Sobald der Hund nun das Maul öffnen will, leidet er unter Schmerzen. Zu den Frühsymptomen gehören, daß der Hund nicht frißt und sein Maul nur unter großen Schwierigkeiten öffnen kann. Der Unterkiefer schwillt an, besonders neben dem Kiefergelenk, zudem verkümmert (atrophiert) die

Wangenmuskulatur. Der Hund verliert seine Kondition und wird immer schwächer, da er nicht mehr richtig fressen kann.

Behandlung

Hekla lava D12 und M1 Diese Arznei wirkt gezielt auf die Knochen des Unter- und Oberkiefers und unterstützt den Abbau der Knochenauswüchse. Sie sollte ebenso bei der Rückbildung von Knochenschwellungen helfen.

Calcium fluoricum (syn. Calcium fluoratum) D30 Eignet sich besser bei leichteren Fällen oder im Frühstadium, bevor man die Knochenschwellung sehen kann, und wirkt auf alle Gewebstypen.

Acidum fluoricum (syn. Acidum fluoratum) D30 Bei Anzeichen von Knochenfraß, den man an weichen Stellen im Oberkiefer oder Unterkiefer erkennen kann, ist diese Arznei sehr nützlich. Außerdem fördert sie die Erneuerung der Knochen.

Phosphorus D30 Das Element Phosphor hat einen positiven Einfluß auf absterbendes Gewebe – insbesondere im Frühstadium, bevor es zu ernsthaften pathologischen Veränderungen gekommen ist.

Ruta graveolens D30 Da *Ruta* im Frühstadium einer Knochenhautentzündung besonders wirksam ist, sollte es bei den ersten Anzeichen dieser Krankheit gegeben werden.

Symphytum D200 Der homöopathisch aufbereitete Beinwell kann solchen Knochenbrüchen vorbeugen, die als Folge schwindender Knochen auftreten.

Knochenmarksentzündung (Osteomyelitis)

Bei einer akuten Osteomyelitis handelt es sich um eine Infektion des Knochens, die von der Markhöhle ausgeht. Bei einer chronischen Knochenmarkentzündung liegt die Ursache hingegen in der Knochenhaut (Periost). Durch diese Entzündung entstehen Knochenzysten und Abszesse, die sich zum Periost hin öffnen.

Ursachen

Die akute Form entsteht, wenn Eiterbakterien über den Blutweg oder durch komplizierte Brüche in die Markhöhle eindringen. Die chronische Knochenmarksentzündung entsteht, wenn die Infektion die Knochenhaut befällt, z. B. durch Stichwunden oder Bisse. In erster Linie wird die Eiterbildung durch Staphylokokken, aber auch durch Streptokokken hervorgerufen.

Symptome

Der akute Krankheitsverlauf ist gekennzeichnet durch Lahmsein, Fieberanfälle und Anschwellen des betroffenen Gliedes. Abszeßbildung mit eitrigem Ausfluß sowie leichtes Fieber sind Frühsymptome der chronischen Osteomyelitis. Im Zweifelsfall sollte der Hund geröntgt werden.

Behandlung

Akute und chronische Osteomyelitis können mit den folgenden Arzneien behandelt werden:

Aconitum napellus D30 Eisenhut sollte immer dann gegeben werden, wenn in der Anfangsphase der akuten Entzündung Fieber auftritt. Unter Umständen muß die Behandlung ein- oder zweimal wiederholt werden.

Hepar sulfuris D30 Diese Arznei ist bei starken Schmerzen im akuten Krankheitsfall ideal. Ein typisches Symptom ist die extreme Schmerzempfindlichkeit.

Ruta graveolens D6 Da diese Arznei Infektionen oder Entzündungen der Knochenhaut heilt, sollte sie bei akuter Osteomyelitis gegeben werden, um die Entstehung der chronischen Krankheitsform zu verhindern.

Calcium phosphoricum D30 und **Calcium carbonicum D30** Sind besonders für junge Tiere geeignet, die sich noch in der Entwicklung befinden.

Silicea (syn. Acidum silicicum) D30 Ist eine sinnvolle Arznei, wenn sich im chronischen Krankheitsverlauf bereits mehrere Knochensinus gebildet haben.

Tuberculinum bovinum D30 Obwohl Osteomyelitis nichts mit der Tuberkulose des Menschen zu tun hat, sollte diese Nosode dennoch gegen derartige Knochenleiden verwendet werden.

Symphytum D200 Gilt als ein gutes Heilmittel, das eine eventuell auftretende Schwächung der Knochenstruktur verhindert.

Staphylococcinum D30 Kann mit anderen Mitteln kombiniert werden, wobei eine einmalige Anwendung normalerweise ausreicht.

Rachitis und Knochenerweichung (Osteomalazie)

Hierunter versteht man eine Funktionsstörung der Knochen, die dazu führt, daß Mineralstoffe wie Kalzium und Phosphor nicht aufgenommen werden. Dies führt zu Knochenerweichung sowie zur Verformung und Verdickung der Gelenke. Bei Welpen und jungen Hunden spricht man von Rachitis, während die gleiche Krankheit bei älteren Hunden als Osteomalazie bezeichnet wird.

Ursachen

Die Krankheit ist hauptsächlich auf einen Vitamin-D-Mangel zurückzuführen, der den Kalzium- und Phosphorstoffwechsel beeinträchtigt.

Symptome

Durch die Knochenerweichung bekommt der Hund »O-Beine«. Die Schwellungen der Gelenke (an den Knochenenden) können sehr schmerzhaft sein. Ist der Rippenbereich entzündet, stehen die Schwellungen wie die Perlen eines Rosenkranzes hervor. Bei einer Osteomalazie sind die Knochen kaum verformt, vielmehr ist der Hund lahm. Beide Krankheiten können durch Röntgenuntersuchungen abgeklärt werden.

Behandlung

Rachitis (Englische Krankheit): Die wichtigsten Arzneien sind *Calcium carbonicum* D30 (für fette Welpen) und *Calcium phosphoricum* D30 (für magere Tiere). Beide Mittel unterstützen in starkem Maße den Kalziummetabolismus.

Knochenerweichung: Hilfreiche Arzneien zur Stärkung der Knochenbildung sind *Silicea* D30, *Hekla lava* D12 und *Acidum phosphoricum* D30. Zwei Gaben pro Woche, über acht Wochen verabreicht, sollten einen wohltuenden Einfluß ausüben.

Knochenschwund (Osteodystrophia fibrosa generalisata)

Diese Krankheit tritt oft in Zusammenhang mit Nierenleiden auf. Sie führt zu Knochenerweichung und verhindert die Mineralisation neuer Knochen.

Ursachen

Sowohl die nichteitrige Nierenentzündung als auch die Nierenbeckenmit Nierenentzündung (Pyelonephritis) kommen als Krankheitsursache infrage. Infolge einer gestörten Nierenfunktion werden verstärkt Kalzium, Phosphor und Kalium ausgeschieden. Der Körper versucht, das Fehlen dieser Mineralstoffe im Blut dadurch auszugleichen, indem er die im Skelett vorhandenen Reserven angreift. Die Nebenschilddrüsen sind ebenfalls an dieser Krankheit beteiligt, da sie den Kalziumstoffwechsel hormonell (durch Parathyroidhormon, PTH) steuern.

Symptome

Röhrenknochen sind seltener betroffen als Plattknochen. Besonders häufig sind Gesichts- und Schädelknochen befallen. Man kann deutliche Anzeichen einer Nierenerkrankung erkennen (siehe Kapitel »Erkrankungen der Harnwege«). Eine allgemeine Schwäche und Appetitlosigkeit deuten auf eine systemische Störung hin. Bei zusätzlicher Blutarmut (Anämie) sind die Schleimhäute blaß. Charakteristisch ist außerdem, daß der Hund häufig säuft und uriniert und daß seine Knochen leicht brechen. Zweifelhafte Fälle sollten durch eine Untersuchung des Blutbildes sowie durch eine Röntgenuntersuchung abgeklärt werden.

Behandlung

Calcium fluoricum D30 Wirkt sich generell positiv auf die Knochenzellen aus, insbesondere auf die Knochenentwicklung.

Calcium phosphoricum D30 und **Calcium carbonicum D30** Beide Arzneien helfen beim jungen Hund.

Ruta graveolens D30 Hilft besonders bei gerade beginnender Entzündung der Knochenhaut.

Arsenicum album (syn. Acidum arsenicosum) D30 oder **M1** Diese Arznei ist bei Anämie und allgemeiner Kraftlosigkeit angezeigt.

Hekla lava D12 Dies ist eine gute Arznei zur Vorbeugung von Knochenbrüchen.

ANMERKUNG: In Abhängigkeit von den Symptomen für eine Nierenentzündung können auch diejenigen Arzneien genommen verden, die im Kapitel »Erkrankungen der Harnwege« beschrieben werden.

Muskelkrampf bei Windhunden (Greyhounds)

Dieses Leiden ist typisch für die Rasse und tritt auf, wenn die Tiere rennen (Muskelkrampf in den Hinterläufen). Als Ursachen für die Krämpfe werden in erster Linie Müdigkeit und Kalziummangel verantwortlich gemacht. Die Krankheit ähnelt bei flüchtiger Betrachtung der Azoturie (»Harnstoffruhr«), die bei Pferden auftritt; jedoch findet man bei der Hundekrankheit keine Muskelpigmente (Myoglobin) im Urin vor.

Symptome

Der Windhund verliert während des Rennens oder Trainingslaufs schnell an Kraft und Geschwindigkeit. Mit fortschreitender Erkrankung wird sein Gang schleppender. Er kann aufgrund der Krämpfe nicht normal mit seinen Zehen auftreten, er setzt den ganzen Fußballen auf. Dies erweckt den Eindruck, er würde mit den Füßen wegknicken. Die Lendenmuskeln verspannen sich und werden hart, und der Hund sieht ängstlich und gestreßt aus.

Behandlung

Aconitum napellus D6 oder **D30** Dieses Mittel behebt rasch den Angstzustand des Hundes und wirkt beruhigend.

Arnica D30 Sollte routinemäßig zur Schmerzlinderung gegeben werden. Nebenbei schwächt es Schockzustände ab.

Rhus toxicodendron D6 Der Giftsumach wirkt gegen Verstauchungen und Sehnenzerrungen.

Ruta graveolens D6 Hilft bei Knochenhautentzündung, die nach einem Bänderriß oder dem Riß einer Sehne an ihrer Ansatzstelle entsteht.

Berberis vulgaris D30 Diese Arznei wirkt einer Muskelschwäche im Lendenbereich sowie den von dort ausgehenden Schmerzen entgegen.

Curare D30 Lockert die versteifte Muskulatur an den Hinterläufen.

Erkrankungen des Blutes und der blutbildenden Organe

Anämie (Blutarmut)

Unter Anämie versteht man allgemein eine Verminderung des Gesamthämoglobins im Blut. Der Blutfarbstoff Hämoglobin bindet Sauerstoff in den roten Blutkörperchen (Erythrozyten). Jede Abnahme des Hämoglobins führt daher zu körperlicher Schwäche und läßt die (sichtbaren) Schleimhäute blaß werden. Anämie kann als direkte Folge eines starken Blutverlusts auftreten, z. B. nach plötzlichen Blutungen oder weil das Blut langsam und über eine längere Zeit ausgetreten ist. Parasitenbefall und bestimmte Infektionskrankheiten führen ebenfalls zu Anämie. Auch Knochenmarkserkrankungen können die Blutarmut bewirken, indem sie die Bildung der Erythrozyten stören.

Anämie nach akuten Blutungen

Diese Anämie heilt von selbst, wenn die Blutung nicht zu stark ist, und die blutbildenden Organe können bald den Verlust an roten Blutkörperchen ausgleichen. Zu den Arzneien, die die Blutgerinnung beschleunigen und die Blutung verringern, gehören u. a. die folgenden:

Aconitum D12* Eignet sich für den akuten Zustand, der zu Blutandrang mit Fieber oder Entzündung führt. Blutgefäße, die direkt unter der Haut liegen, können leicht reißen, wie z. B. die Kapillargefäße in der Nase, was zu Nasenbluten führt. Das Blut ist gewöhnlich hellrot.

Arnica D30 Zur Blutung kommt es hierbei infolge eines Traumas (gewaltsame Verletzung von außen) bzw. eines sehr starken Blutstaus. Das Blut tritt aus allen Körperöffnungen aus. Die Blutung entsteht durch Stockung, was zu schwachen, eher sickernden Blutungen (von dunklem Blut) führt.

Ficus religiosa D6 Gilt als gutes Mittel gegen Blutungen. Der Hund kann auch Blut erbrechen, aber auch Blutungen aus der Gebärmutter sowie Darmbluten kommen vor.

Millefolium D30 Das ausströmende Blut ist hellrot, und gleichzeitig kann es zu einer akuten (Infektions-)Krankheit mit Temperaturanstieg kommen. Manchmal enthält auch der Harn Blut; desgleichen kann der Hund Lungenblutungen und Darmbluten haben.

Crotalus horridus D200 Die Blutungen sind häufig, aber nicht immer mit Eiterungen und Gelbsucht kombiniert. Das Blut ist dunkel und gerinnt häufig überhaupt nicht. Die Blutungen treten überall am Körper auf, und der Urin wird dunkelrot.

Vipera D6 Verursacht – wie auch andere Schlangengifte – Venenbluten, und der Hund zeigt Symptome wie nach einer Vergiftung mit Nervengiften. Die Blutungen treten oft im Bereich des lymphatischen Systems auf.

Lachesis D30 Das Arzneimittelbild von *Lachesis* enthält gleichfalls Symptome wie nach einem Schlangenbiß. Ganz typisch ist, daß sich die Haut gleichzeitig bläulich oder violett verfärbt. Weitere charakteristische Symptome sind Eiter und dunkle Stauungsblutungen.

Ipecacuanha D30 Bei diesen starken Blutungen spritzt hellrotes Blut hervor. *Ipecacuanha* eignet sich sehr gut, um stoßweise austretende Blutungen direkt nach einer Geburt zu stillen. In dieser Situation erbricht sich die Hündin meistens und mag nichts fressen. Darmbluten und Blutungen in der Lunge sind ebenfalls denkbar.

Melilotus D6 Hilft bei Nasenbluten, wenn das Blut hellrot ist. Die Adern an Nacken und Hals sind gespann und pochen,und häufig staut sich Blut in den Arterien.

Hamamelis D30 Wirkt auf Blutungen, die durch einen Venenstau bedingt sind. Häufig blutet das Tier aus der Nase, aber auch aus Gebärmutter und Lunge.

Anämie nach Dysfunktion des blutbildenden Systems

Knochenmarksstörungen, die beim Menschen zu einer bösartigen Anämie (perniziöse Anämie) führen, gibt es bei Hunden nicht. Eine analoge Fehlfunktion des blutbildenden Knochenmarks wird bei Hunden als aplastische Anämie (Markberaubungsanämie) bezeichnet. Sie kann durch Giftstoffe (Toxine) oder schwere chronische Infektionen verursacht werden – z. B. durch eine Überdosierung mit starken Medikamenten. Da eine Anämie auch durch Vitaminmangel entstehen kann, sollten dem Hundefutter regelmäßig Vitamine beigemengt werden. Besonders wichtige Vitamine sind Vitamin E und der Vitamin-B-Komplex.

Symptome

Die Symptome sind so ähnlich wie bei einer »normalen« Anämie.

Behandlung

Außer den oben bereits genannten Arzneien können bei dieser Krankheit folgende Mittel genommen werden:

Trinitrotoluol D30 Für TNT ist eine zusätzliche toxische Gelbsucht

charakteristisch. Das Mittel kann die Sauerstoffbindungskapazität des Hämoglobins wieder normalisieren (d. h., der ordnungsgemäße Sauerstofftransport im Blut ist nun gewährleistet). Der Herzschlag ist schwach, und der Urin ist intensiv gefärbt.

Silicea (syn. Acidum silicicum) D200 Wird verabreicht, wenn die Krankheit als Folge einer langanhaltenden Infektion entstanden ist. *Silicea* wirkt besonders gut auf Knochen und hilft, wenn der Hund nicht nur an Anämie leidet, sondern zudem noch unterernährt ist.

Arsenicum album (syn. Acidum arsenicosum) M1 Der Hund ist völlig geschwächt und erschöpft; er ist unruhig und hat Durst auf kleine Wassermengen. Diese tiefgreifende Arznei gilt als ideales Mittel bei chronischer Anämie.

Mercurius solubilis D30 Ruft schwere Anämie hervor. Besondere Begleitsymptome sind z. B. (starker) Speichelfluß und schleimiger Durchfall mit Hautausschlag.

Hämolytische Anämie

Bei dieser Krankheit kommt es zu einer massenhaften Zerstörung der roten Blutkörperchen in den Blutgefäßen. Das Knochenmark kann dann nicht mehr genügend Ersatz-Erythrozyten bilden.

Ursachen

Hämolytische Anämie entsteht bei Hunden gewöhnlich nach Befall mit

Protozoen oder Bakterien; eventuell kann sie auch durch eine chronische Schwermetallvergiftung (z. B. durch Blei) hervorgerufen werden. Häufige Verursacher sind der Einzeller *Babesia canis*, eine Piroplasmenart, das Bakterium *Clostridium welchii* sowie verschiedene Streptokokken.

Symptome

Auch hier findet man die klassischen Anzeichen einer Anämie; als Besonderheit werden jedoch Unterleibsmuskulatur und die Beinmuskeln geschwächt und sehr berührungsempfindlich. In schweren Fällen kann der Hund so schwach werden, daß er sich nicht mehr aufrichten kann. Die Schleimhäute sind vollständig farblos. Durch die Zerstörung der roten Blutkörperchen wird Hämoglobin freigesetzt und gelangt in den Blutstrom. Später erscheint es dann im Urin, der durch den Blutfarbstoff rötlich-braun gefärbt wird. In besonders gravierenden Fällen sieht der Harn wie Portwein aus, und in allen Fällen beobachtet man eine Gelbsucht.

Behandlung

Alle bereits unter Anämie angegebenen Arzneien können auch in diesem Zusammenhang gegeben werden; zusätzlich sollte *China* D30 verabreicht werden, da es den Hund nach starkem Verlust von Körperflüssigkeit stärkt.

ALLGEMEINE ANMERKUNG: Wenn der Verdacht einer Anämie naheliegt, muß das Blut des kranken Tieres im Labor untersucht werden. Hierdurch wird der Anämie-Typ genau bestimmt; außerdem kann man feststellen, ob die Zahl der Leukozyten (weiße Blutkörperchen) in Ordnung ist, und so eventuelle Rückschlüsse auf eine weitere Erkrankung ziehen.

Erkrankungen der Gelenke

In diesem Kapitel werden nicht nur Krankheiten aufgeführt, die entzündliche Veränderungen bedingen (Arthritis), sondern auch Gelenkleiden (Arthropathien), die z. B. neues Knochenmaterial ablagern. Unter dem allgemeinen Begriff Arthritis werden meist jedoch Gelenkleiden im weiteren Sinne zuzusammengefaßt, d. h. alle Gelenkentzündungen und degenerativen Veränderungen.

Infektionsbedingte Arthritis

Diese Arthritis entsteht meist nach einer Verletzung, weil eiterbildende Bakterien, hauptsächlich Streptokokken und Staphylokokken, in die Gelenke eingedrungen sind.

Symptome

Zunächst steigt die Temperatur, und es entwickeln sich Fiebersymptome. Die betroffenen Gelenke schwellen an und sind gespannt und heiß. Der Hund wird nun sehr lahm, was ihm auch große Schmerzen bereitet. Bei einer Untersuchung wird man Hautpunktionen entdecken, aus denen eitriges Exsudat austritt. Man muß bei dieser Krankheit Eiter und Gelenkschmiere (Synovialflüssigkeit) auseinanderhalten. Gelenkschmiere kann austreten, wenn die Wunde durch die Gelenkkapsel geht. Die Synovialflüssigkeit fühlt sich ölig an, jedoch ist sie nicht so trüb wie das eitrige Exsudat.

Behandlung

Aconitum napellus D30 Wenn die Krankheit rechtzeitig bemerkt wird, sollte *Aconitum* so schnell wie möglich gegeben werden, d. h. möglichst dann, wenn das Fieber gerade einsetzt.

Ferrum phosphoricum D6 Eignet sich ebenfalls für die Anfangsphase des Fiebers. Halsbeschwerden, welche die bakterielle Infektion begleiten, sollten jedoch als weitere Symptome hinzukommen.

Belladonna D30 Typische Zeichen sind geweitete Pupillen; außerdem ist der Hund aufgeregt, seine Arterien pochen, und die Haut ist heiß.

Bryonia alba D6 Ist angebracht, wenn sich die Symptome bei körperlicher Bewegung verschlimmern, der Schmerz durch Druck auf das Gelenk gemildert wird und die Atemwege eventuell in Mitleidenschaft gezogen sind. Das Gelenk ist meist extrem hart und gespannt.

Apis mellifica D6 Charakteristisch sind fluktuierende (d. h. nachgiebige) ödemartige Schwellungen, die leicht zu verschieben sind. Bei Zufuhr von Wärme in jeder Art verschlechtert sich der Zustand des Hundes; das Tier hat automatisch keinen Durst.

Ledum palustre D6 Ist für eine Arthritis geeignet, die infolge einer Stichwunde entstand.

Jodum D6 In subakuten Fällen erzielt man manchmal mit dieser Arznei gute Ergebnisse – vor allem wenn die Gelenkschmerzen nachts schlimmer werden. Der *Jodum*-Hund ist eher dünn und schlingt sein Futter gierig hinunter. Seine Haut ist trocken und welk.

Rhus toxicodendron D6 Kennzeichnend für den Giftsumach ist, daß der Hund sich nach körperlicher Bewegung besser fühlt, obwohl er beim Aufstehen etwas steif wirkte. Weitere Symptome sind Hautbeschwerden mit Bläschen und Juckreiz.

Silicea (syn. Acidum silicicum) D30 Hilft eher bei chronischen Fällen. Die umliegenden Lymphdrüsen können in Mitleidenschaft gezogen werden, und sie weisen kalte Abszesse auf. Zwischendurch können Sie Ihrem Hund ruhig eine Dosis *Streptococcinum* bzw. *Staphylococcinum* verabreichen.

Gelenkentzündung (Rheumatische Arthritis)

Eine rheumatische Arthritis, wie sie beim Menschen vorkommt, gibt es bei Hunden nicht. Der Symptomkomplex beim Hund wird landläufig als Polyarthritis mit systemischem Ursprung bezeichnet. Sie befällt hauptsächlich ältere Hunde, besonders Hunde großer Rassen.

Symptome

Zunächst ist der Hund nur äußerst lahm, mit zunehmendem Krankheitsverlauf fällt es ihm aber immer schwerer aufzustehen. Im Anfangsstadium sehen die Gelenke noch ganz normal aus, sie werden aber zunehmend größer, dies geschieht vor allem deshalb, weil neues Knochenmaterial abgelagert wird (Osteoarthritis). Gleichzeitig wurden neben diesen Veränderungen auch Hautschäden beobachtet. Meist fühlt sich der Hund nach körperlicher Bewegung besser, und er reagiert auf jede Witterungsveränderung.

Behandlung

Die folgenden Arzneien konnten in der Anfangsphase teilweise recht gut helfen:

Rhus toxicodendron D6 Wiederum ist für *Rhus* kennzeichnend, daß sich der Hund bei körperlicher Bewegung erleichtert fühlt. Zunächst wirkt er steif und zeigt nicht das geringste Interesse, auch nur eine Pfote zu rühren. Wenn er sich aber erst einmal aufgerafft hat und herumläuft, so erscheinen die Symptome weniger ausgeprägt. Bei nassem oder feuchtem Wetter verschlechtert sich oft der Zustand. Gelegentlich bilden sich auch Hautleiden, z. B. bläschenförmiger Ausschlag.

Bryonia alba D6 Sollte man nehmen, wenn es dem Hund in Ruhe besser geht; Training oder Bewegung sind »pures Gift« und verschlechtern den Zustand. Das Gelenk ist gespannt, meist auch heiß und geschwollen, was auf eine zusätzliche Gelenkhautentzündung (Synovitis) hindeutet.

Acidum salicylicum D6 Eignet sich bei Entzündungen kleinerer Gelenke, wie beispielsweise dem Handwurzelgelenk und der Mittelhandknochenregion. Bei Bewegung wird der Zustand verschlimmert, während die Symptome bei trockener Hitze abklingen. Alle entzündeten Gelenke reagieren sehr empfindlich auf Berührung.

Jodum D6 Hilft im chronischen Zustand, oder wenn der Hund mager ist und ein trockenes, struppiges Fell hat. Das Tier frißt gierig, und seine Drüsen können anschwellen, sie atrophieren (verkümmern) jedoch später. Die Gelenkschmerzen nehmen in der Nacht zu und werden durch Berührung oder Druck verschlimmert. Die Gelenke schwellen an, weil sich in ihnen Flüssigkeit ansammelt; diese Schwellungen beginnen später zu eitern.

Calcium fluoricum (syn. Calcium fluoratum) D30 Knackende Gelenke und häufige Verrenkungen sprechen für diese Arznei. Die Gelenkhäute sind ebenfalls betroffen und können anschwellen, und unter Umständen bilden sich knochige Ablagerungen (Knochenauswüchse, Überbeine).

Actaea racemosa D6 Ein ausgeprägtes Symptom des Wanzenkrauts ist, daß sämtliche Gelenke arthritisch sind, insbesondere in der unteren Wirbelsäulenregion sowie im Hüftgelenksbereich. Die anhaftende Muskulatur in diesen Bereichen wird ebenfalls in Mitleidenschaft gezogen.

Caulophyllum D6 Wirkt vorwiegend auf die kleineren Gelenke, insbesondere an den Füßen und an der Halswirbelsäule. *Caulophyllum* eignet sich besonders für Hündinnen mit verschiedenen Störungen der Geschlechtsorgane.

Lithium carbonicum D6 Die Gelenke der Hinterläufe sind mehr als die der vorderen Gliedmaßen betroffen. Der Hund kann nur schwer eine Treppe steigen. Die Hüftgelenke können gelegentlich ebenfalls (abwechselnd) erkranken.

Osteoarthritische Nosode D30 Diese Nosode wird aus der Synovialflüssigkeit erkrankter Gelenke gewonnen und wurde mit Erfolg als eigenes Mittel eingesetzt, aber auch in Kombination mit anderen Arzneien.

Wirbelsäulenversteifung (Ankylosierende Spondylitis)

Diese Krankheit, die auf die Wirbelsäule begrenzt ist, kommt beim Hund häufiger vor. Offenbar besitzen bestimmte Rassen (Dackel, Dänische Dogge und Boxer) eine erbliche Veranlagung für dieses Leiden.

Ursachen

Die genaue Ursache ist bisher nicht bekannt. Die Krankheit scheint nach einem Bandscheibenvorfall aufzutreten, weil die Stützbänder (Ligamente) infolge einer Entzündung degeneriert sind. Anschließend wird das Wirbelgelenk steif.

Symptome

Die Frühschäden werden von akuten Schmerzen begleitet. Das Tier bewegt sich unsicher. Je nach Schwere der Erkrankung sind symmetrische Körperteile – Vorderläufe, Hinterläufe – gelähmt (Paraplegie), oder aber die Lähmung (Parese) befällt andere Körperregionen. Charakteristischerweise ist der Rücken gekrümmt. Der Hund läßt seinen Urin oft unwillkürlich ab. Im Zweifelsfall muß das Tier geröntgt werden.

Behandlung

Wenn die Therapie früh genug einsetzt, schlagen die folgenden Arzneien gut an.

Ruta graveolens D6 Wirkt speziell auf die Knochenhaut (Synovium) und begrenzt den frühen Entzündungsprozeß, insbesondere in der Gegend des Kreuz- und Darmbeins.

Hypericum perforatum D30 Lindert den Schmerz sehr effektiv, da seine Wirkung auf die verletzten Nerven zielt. In Kombination mit *Ruta* wirkt *Hypericum* besonders gut. Die befallenen Gebiete erstrecken sich vom Kreuzbein bis zum Steißbein (d. h., sie liegen am unteren Ende des Rückens).

Calcium carbonicum D30 Ist für kräftige, korpulente Hunde, wie z. B. Boxer und ähnliche Arten. Ein Spondylitisanfall tritt plötzlich auf und führt zu krampfartigen Bewegungen, ehe es zu Schäden an den Gelenke kommt. *Calcium carbonicum* greift in den Kalzium-Stoffwechsel ein und verhindert, daß zuviel Kalzium in den Gelenken eingelagert wird.

Calcium fluoricum (syn. Calcium fluoratum) D30 Häufiges Symptom ist eine Verrenkung (Luxation) des Gelenks; außer den Wirbeln können auch andere Gelenke betroffen sein.

Hekla lava D12 Besitzt eine hohe Affinität zu Knochen. In der Homöopathie schützt sie vor neuen Knochenauswüchsen (Exostosen).

Knochen- und Gelenkentzündung (Osteoarthritis)

Unter Osteoarthritis versteht man eine degenerative Gelenkkrankheit, bei der die Gelenkknorpel angegriffen werden und knochige Auswüchse an den Gelenkrändern erscheinen. Besonders häufig sind Hüft- und Kniegelenke betroffen.

Ursachen

Obwohl das Alter des Hundes eine wichtige Rolle spielt, wann diese Veränderungen einsetzen, können die Ursachen bei Störungen im Organismus oder bei Stoffwechselstörungen liegen. Wenn ein Gelenk chronisch länger entzündet ist, und wenn die anfangs leichte Entzündung immer stärker wird, führt dies viel eher zu Osteoarthritis als eine sonstige Veranlagung. Fettleibige und schwere Hunde erkranken viel häufiger als leichte Hunde. Jedoch macht auch ein magerer Körperbau für diese Krankheit anfällig. Wenn der Abbauprozeß des Knorpels erst einmal eingesetzt hat, kann das Gelenk keine Stöße mehr abfedern, und die Gelenkkapsel wird stärker abgenutzt.

Symptome

Besonders auffällig ist, daß der Hund an mehreren Gelenken lahm ist. Weil der Hund die betroffenen Gelenke nicht mehr bewegen und benutzen will, kommt es dort zu Muskelschwund. Als ein späteres Symptom verdicken sich dann die betroffenen Gelenke. Der Hund hält das Gelenk gebeugt, das ihn am meisten schmerzt.

Behandlung

Diese Krankheit läßt sich nicht einfach behandeln, und je früher die Therapie einsetzt, desto größer wird die Chance, daß der Prozeß verlangsamt wird. Zu diesem Zweck eignen sich folgende Arzneien ideal:

Rhus toxicodendron D6 Nach kurzer körperlicher Betätigung (z. B. ein kurzer Spaziergang) gehen die Symptome leicht zurück. Wenn der Hund sich hierzu erhebt, wirkt er zunächst ziemlich steif.

Bryonia alba D6 Bei *Bryonia* sind die Symptome genau anders als bei

Rhus. Das heißt, der Hund zieht Ruhe vor, jede Bewegung läßt ihn schlapp werden und verursacht manchmal sogar starke Schmerzen, so daß er aufjaulen muß.

Actaea racemosa D6 Wird benötigt, wenn auch die angrenzenden Muskeln in Mitleidenschaft gezogen werden. Die Glieder sind sichtlich schwer, und die Bewegungsversuche des Hundes fallen ziemlich steif und ungelenk aus.

Caulophyllum D6 Hilft besonders dann, wenn nur kleinere Gelenke (z. B. Handwurzel-, Fußwurzel- und Zehengelenke) erkrankt sind.

Lithium carbonicum D6 Wirkt sich ebenfalls eher auf die kleineren Gelenke aus. Die Schmerzen werden durch Wärme gemildert. In den Gelenken kann man kleine knotige Schwellungen ertasten.

Calcium fluoricum (syn. Calcium fluoratum) D30 Ist ein Mittel für das fortgeschrittene Stadium, wenn bereits Knochenauswüchse und Gelenkschwellungen eintreten, und wirkt vornehmlich, wenn das Handwurzelgelenk erkrankt ist. Um das Gelenk herum können sich blasenartige Tumoren bilden.

Hekla lava D12 Hilft ebenfalls, wenn sich bereits Knochenauswüchse gebildet haben. *Hekla* begrenzt die Ablagerung neuen Knochenmaterials.

Schleimbeutel-entzündung (Bursitis)

Diese Krankheit äußert sich in einer Schwellung über dem Gelenk. Besonders betroffen sind die Ellbogenspitze und das Sprunggelenk.

Ursachen

Wenn ein Hund Übergewicht hat, können die Schleimbeutel am Gelenk eventuell geschädigt werden. Eine andere Möglichkeit ist, daß der Hund zu oft mit dem Gelenk über den Boden scheuert, weil er sich häufiger als normal ausruht. Diese Reizung (Irritation) kann ebenfalls Auslöser einer Bursitis sein.

Symptome

Die akute Bursitis erkennt man an Schwellungen, Hitze und Schmerzen, aber auch an lahmen Beinen. Dabei kann es zu einem Erguß in den Schleimbeutel kommen, wodurch dieser größer wird. Bei einer chronischen Schleimbeutelentzündung verändert sich das Bindegewebe, und an der betroffenen Stelle bildet sich eine feste Beule. Manchmal entstehen hier nun Geschwüre, wodurch es zu Sekundärinfektionen kommt.

Behandlung

Apis mellifica D30 Ist im frühen Stadium der Entzündung nützlich, wenn sich die Synovialflüssigkeit gerade in den Schleimbeutel ergossen hat. Zu diesem Zeitpunkt reagiert das Gelenk sehr empfindlich auf Berührungen. Der Hund beleckt und beknabbert das Gelenk, das stark juckt. Er meidet heiße Orte und will partout nicht berührt werden.

Bryonia alba D6 Hilft bei einer Vergrößerung des Gelenks. Druck und kalte Kompressen schaffen dem Tier Erleichterung. Der Hund will sich generell nicht von der Stelle rühren und bleibt zumeist auf dem betroffenen Gelenk liegen.

Rhus toxicodendron D6 Wird dann benötigt, wenn die umgebenden Bänder und Sehnen im größeren Umfang angegriffen sind. Durch körperliche Bewegung wird der Hund locker.

Jodum D6 Paßt auf folgenden Typ: ein magerer Hund mit einem Riesenappetit und trockenem, stumpfem Fell. Wenn die Gelenkkapsel ebenfalls betroffen ist, so ist meist das Gelenk vergrößert.

Calcium fluoricum (syn. Calcium fluoratum) D30 Als bekannte Arznei für alle Gewebetypen wirkt *Calcium fluoricum* bei dieser Krankheit heilend auf Zysten, zystische Geschwulste und Bindegewebsschwellungen.

Silicea (syn. Acidum silicicum) D30 Bei einer Langzeittherapie löst *Silicea* Narbengewebe oder Bindegewebe auf, die an der Schwellung beteiligt sind, und hilft auch gegen oberflächliche Geschwüre, die zu Sekundärinfektionen führen können.

Erkrankungen von Haut und Fell

Allgemeines zur Haut

Die Hauterkrankungen des Hundes können in erster Linie drei verschiedene Ursachen haben: äußere biologische Faktoren (z. B. Parasitenbefall), Erkrankungen infolge von Gewebewucherungen (z. B. Tumoren) oder andere äußere Einwirkungen (Verbrennungen u. ä.).

Die Haut hat sehr wichtige Funktionen: Ausscheidung (von beispielsweise Giftstoffen), Temperaturregulation, Sekretion (über die Talgdrüsen) und Schutzhülle. Sie kann überempfindlich gegen Reize (Hyperästhesie) oder völlig reizunempfindlich sein (Anästhesie). Vielfach werden Hauterkrankungen von leichtem oder schwerem Hautjucken (Pruritus) begleitet, das aber auch durch andere organische Beschwerden ausgelöst werden kann. Infolge des Juckreizes knabbert, kratzt oder beißt der Hund an der juckenden Stelle, so daß sich dort Sekundärinfektionen bilden können, z. B. durch Eiterbakterien, die in die verletzte Haut eindringen.

Bei der homöopathischen Behandlung von Hautkrankheiten sollte man nicht zuerst an den Symptomen kurieren, sondern den Hund in seiner Gesamtheit berücksichtigen, z. B. ob es sich um einen *Mercurius*-Hund, ein *Pulsatilla*-Hündchen oder einen *Sulfur*-Typ handelt. Je nach Typus sollten Sie vielleicht erst einmal ein Stärkungsmittel geben und dann das geeignete Mittel, das sich aus den Besonderheiten des Hundes (Verhalten, Modalitäten) ergibt.

Vielfach kann schon eine ausgeglichene Ernährung vor Erkrankungen von Haut und Fell schützen. Zu viele oder zu wenige Vitamine und Spurenelemente und ein unausgewogenes Verhältnis von Fett, Proteinen und Kohlenhydraten können die Haut krankhaft verändern. Auch der Zustand des Fells sagt häufig sehr viel darüber aus, was der Hund gefressen hat bzw. was nicht: Haarausfall bei Welpen sowie Haarausfall und Hautrötung bei älteren Hunden deuten beispielsweise auf Fettmangel hin. Mangel an Vitamin A erkennt man an starker Verhornung (Hyperkeratose), geschwollenen Augenlidern und erhöhter Anfälligkeit gegen Infektionskrankheiten. Starker Juckreiz, Nekrosen (Absterben von Zellen) und Gangräne (Brand) sprechen für Vitamin-E-Mangel, während ein Pigmentverlust der Haare auf zuwenig Vitamin B schließen läßt. Auch einen Mangel an Mineralien und Spurenelementen kann man an Haut und Fell ablesen. Wenn der Hund beispielsweise zuwenig Jod aufgenommen hat, besitzt er ein trockenes Fell, sein Haar wächst schlecht, und er ist blutarm. Bei Eisenmangel entstehen vielfach an manchen Körperstellen Ödeme, und die Haut wird blaß, während sie bei Mangel an Natrium, das im Kochsalz enthalten ist, austrocknet und ulzeriert.

Parasitär verursachte Hauterkrankungen

Im folgenden Abschnitt werden die unterschiedlichen Formen der Räude besprochen, die durch verschiedene Milbenarten übertragen werden.

Demodex-Räude (Demodikose)

Demodikose kommt bei jungen Hunden vor, die meist nicht älter als ein Jahr sind. Die Wirkungen sind leider erst im späten Krankheitsstadium zu sehen. Man unterscheidet bei der Demodikose eine Form mit Schuppen und eine andere mit entzündeten Bläschen (Pusteln).

Ursachen

Krankheitserreger ist die Milbe *Demodex canis*. Außerdem besteht manchmal eine erbliche Veranlagung für diese Krankheit.

Schuppenform der Demodikose

Symptome

Die Milbe dringt in die Haarbälge (Follikel) ein und kommt auch in den angrenzenden Talgdrüsen vor. Sehr bald fällt das Haar aus, so daß die Haut in kleinen Bereichen, aber auch weitflächig kahl aussieht. Während sich die kahlen Stellen bläulich verfärben, schuppt die Haut ab und wird runzlig und trocken. Der gesamte Prozeß verursacht keinerlei Hautjucken.

Behandlung

Die Behandlung muß bei den ersten Anzeichen einer Demodikose sofort mit einem äußerlich anwendbaren Mittel eingeleitet werden, um weiteren Schaden zu verhindern. Die heute erhältlichen Medikamente sind alle sehr gut. Zusätzlich können Sie aber – je nach Symptomen und Krankheitsstadium – noch folgende homöopathische Mittel einsetzen:

Sulfur D30 Wird eine Woche lang zweimal täglich gegeben, um die Umweltbedingungen der Milbe zu verändern, die sie zum Leben braucht.

Kalium arsenicosum D30 Ist dann angebracht, wenn die Krankheit fortgeschritten ist und die Haut allmählich runzelig wird. Das Tier ist unruhig und sucht einen warmen Ort auf. Empfohlene Dosis: fünf Tage lang einmal täglich.

Lycopodium clavatum M1 Falls die Räude noch nicht zu weit fortgeschritten ist und noch nicht alle Haarbälge zerstört sind, kann *Lycopodium* das Haarwachstum anregen. Empfohlene Dosis: eine Woche lang einmal täglich.

Pustelform der Demodikose

Ursachen

Bei dieser Demodikose bilden sich aus den Follikeln heraus kleine Bläschen, die man besonders um die Schnauze herum, am äußeren Ellbogen und Sprunggelenk sowie unter den Achseln antrifft. Gelegentlich weiten sich die befallenen Flächen zu Fisteln aus, aus denen Eiter herausläuft.

Hepar sulfuris D30 Wirkt eitrigen Infektionen der Haarbälge entgegen. In dieser Potenz kann das Mittel die Eiterbildung stoppen. Empfohlene Dosis: eine Woche lang einmal täglich.

Kalium arsenicosum D30 Hier gilt das gleiche wie bei der Schuppen-Demodikose.

Silicea (syn. Acidum silicicum) D30 Bietet sich bei einer beginnenden Fistelbildung an. Empfohlene Dosis: fünf Tage lang einmal täglich.

Calcium sulfuricum D6 Dieses Mittel heilt besonders gut Hautbereiche mit entzündeten Bläschen und kleinem, gelblichen Schorf. Empfohlene Dosis: drei Tage lang dreimal täglich.

Mezereum D6 Gute Wirkung zeigt der Seidelbast hauptsächlich auf Gesicht und Kopf des Hundes. Als weitere Symptome findet man eitrige Flächen, die mit kleinen Schorfpusteln bedeckt sind. Empfohlene Dosis: eine Woche lang zweimal täglich.

Thallium aceticum D30 Wenn das Nährgewebe in Haut und Unterhautschichten beschädigt wurde, so beseitigt *Thallium* die Folgen. Es fördert auf diese Weise den Haarwuchs auf den kahl gewordenen Stellen und ist daher als Langzeitmittel für beide Formen der Demodikose geeignet. Empfohlene Dosis: einen Monat lang zweimal täglich.

Sarcoptes-Räude

Diese Räudevariante ist allgemein bekannter als die Demodex-Räude. Obgleich sie seltener geworden ist, kann man sie doch noch bei Hunden antreffen, die in überfüllten, unhygienischen Zwingern gehalten werden.

Ursachen

Der Erreger ist die Grabmilbe *Sarcoptes canis*, die mit dem Erreger der Krätze (*Sarcoptes scabei*) beim Menschen verwandt ist. Der Parasit bohrt sich in die äußeren Hautschichten, wo er dann lebt und auch seine Eier ablegt.

Symptome

Im Gegensatz zur Demodikose juckt dem Hund das Fell bei dieser Räudeform wirklich unerträglich, so daß er sich permanent kratzt, beißt und leckt. Der Juckreiz wird durch Wärme noch verschlimmert, so daß sich der Hund, wenn eben möglich, nur im Kühlen aufhält. Diese Räude ist äußerst ansteckend; daher wird meist mehr als nur ein Hund pro Rotte oder im Zwinger befallen. Die Milben können sich auf dem ganzen Körper festsetzen, jedoch suchen sie bevorzugt die Schwanzbasis, die äußeren Bereiche der Ohrmuscheln, die Vorderläufe und den Augenbereich auf. Die befallenen Körperstellen werden kahl, weil der Hund dort alle Haare ausgebissen oder weggekratzt hat. Das Tier führt reflexartige Kratzbewegungen aus, wenn man es an den räudigen Stellen berührt.

Diese weisen zahlreiche kleine Pickel auf, die bald verschorfen. Ganz typisch ist ein schwerer, muffiger Geruch. Bei länger andauernder oder nicht behandelter Krankheit verdickt sich die Haut und erscheint faltig.

Behandlung

Auch hier helfen äußerlich anwendbare Medikamente (z. B. Baden mit einem Mittel gegen den Erreger). Zur Unterstützung der Behandlung und als Vorbeugemaßnahme gegen erneuten Befall kann man aber auch folgende Mittel geben:

Sulfur D30, M1, M100 Dies ist das wichtigste Mittel. Es sollte in den steigenden Potenzen an drei aufeinanderfolgenden Tagen einmal täglich gegeben werden.

Arsenicum album (syn. Acidum arsenicosum) M1 Eignet sich für Hunde mit Unruhe und häufigem Durst, deren Beschwerden nach Mitternacht schlimmer werden. Gelegentlich kommt es zu Durchfällen, die nach faulem Fleisch riechen. Die nicht befallenen Hautbereiche schuppen und werden trocken. *Arsenicum* album läßt sich wegen seiner wohltuenden Wirkung auf die Haut gut im Anschluß an *Sulfur* verwenden. Empfohlene Dosis: eine Woche lang einmal täglich.

Hydrocotyle D30 Hilft bei fortgeschrittener Krankheit, wenn die Haut verdickt und runzelig geworden ist, und wirkt auch auf die kleinen Pusteln, die dabei entstehen. Empfohlene Dosis: eine Woche lang zweimal täglich.

Psorinum M1 Wenn *Sulfur* bei einigen Hunden nicht so recht anschlagen will, kann sich der Erfolg vielleicht mit dieser Nosode einstellen. Empfohlene Dosis: drei Tage lang einmal täglich.

Sepia D30 Stärkt die gesamte Verfassung des Hundes, wenn man es als Aufbaumittel im Anschluß an die Behandlung mit den oben genannten Arzneien verabreicht. Empfohlene Dosis: vier Wochen lang einmal wöchentlich.

Vorbeugung

Sobald in einem Zwinger oder einer Hundepension ein Fall von Räude auftaucht, sollte man allen Tieren, die mit dem erkrankten Hund in Berührung waren, *Psorinum* verabreichen. Da es sich bei *Psorinum* um eine Nosode handelt, die aus Krätzebläschen gewonnen wird (es sich also im Prinzip um den gleichen Erreger handelt), kann sie sowohl zur Behandlung als auch vorbeugend eingesetzt werden. Alle Hunde sollten täglich eine Dosis an drei aufeinanderfolgenden Tagen erhalten.

Ohrmilben-Räude

Diese besondere Form der Räude findet man nur gelegentlich bei Hunden, wo sie eine Reizung der befallenen Körperteile hervorruft. Viel häufiger findet man die Ohrmilben-Räude bei Katzen.

Ursachen

Die Erkrankung wird durch eine Nagemilbenart, *Otodectis cynotis*, ausgelöst, die im Gehörgang lebt und ihre Eier in die Schleimhaut ablegt.

Symptome

Der Besitzer kann am Verhalten seines Hundes merken, daß etwas nicht in Ordnung ist: Der Hund schüttelt seinen Kopf und reibt mit den Pfoten an seinen Ohren. Wenn das Ohr näher untersucht wird, stellt man übermäßig viel braunes Ohrenschmalz (Cerumen) fest, in dem sich der parasitische Störenfried gewöhnlich (unter einem Mikroskop) feststellen läßt. Hinter der Ohrmuschel wird die Haut oft wund, weil der Hund sich dort stark gekratzt hat. Gelegentlich können aus diesen Hautabschürfungen auch Ekzeme entstehen.

Behandlung

Wenn man das Ohr gründlich gespült hat (z. B. mit einer verdünnten Wasserstoffperoxid-Lösung), können Sie zu folgenden Mitteln greifen:

Hepar sulfuris D6 Unterbindet eine Entzündung des Gehörgangs und verhindert dadurch die übermäßige Bildung von Ohrenschmalz. Empfohlene Dosis: vier Tage lang dreimal täglich.

Mercurius corrosivus D30 Wirkt ebenfalls entzündungshemmend und hilft vor allem gegen stärkere Entzündungen, z. B. Vereiterungen. Empfohlene Dosis: fünf Tage lang einmal täglich.

Tellurium D30 Lindert Hautentzündungen auf der Ohrmuschel und wirkt einer Gehörgangsentzündung (Otitis externa) entgegen. Empfohlene Dosis: eine Woche lang zweimal täglich.

Sulfur D30 Zwei tägliche Gaben stärken die Konstitution des Hundes und lassen ihn bereits weniger anfällig gegen weiteren Befall werden. *Sulfur* kann gleichzeitig mit anderen Mitteln gegeben werden, um deren Wirkung zu verstärken.

Pilzerkrankungen der Haut

Scherpilzflechte (Trichophytie)

Dieses Hautleiden befällt hauptsächlich jüngere Hunde. Vielfach liegt es am allgemeinen Gesundheitszustand eines Tieres, ob es an Trichophytie erkrankt, da man diese Erkrankung besonders häufig bei krankheitsanfälligen Hunden findet.

Ursachen

Die Scherpilzflechte (oder Glatzflechte) bei Hunden wird von den beiden Hautpilzgattungen *Microsporon* und *Trichophyton* ausgelöst, die zur Gruppe der Schlauchpilze (Askomyzeten) gehören. Da beide Pilzarten auch den Menschen befallen können, sollte man bei der Behandlung des Hundes besonders auf persönliche Hygiene achten. Auch Kinder sollten das Tier während dieser Zeit nicht berühren.

Symptome

Bei einer Mikrosporie (Befall mit *Microsporon*) werden immer Haare und behaarte Körperpartien befallen. Nach der Infektion der Haare kommt es dann auch zu krankhaften Veränderungen der benachbarten Follikel

(Verschorfung, gelegentlich auch bläschenartiger Ausschlag). Hauptsächlich werden Kopf, Hals und Beine befallen. Die infizierten Hautpartien nehmen kreisrunde Form an und schließen sich bei schwerer Erkrankung zu großflächigen Kahlstellen zusammen. Im Anfangsstadium leidet der Hund an starkem Hautjukken. An den befallenen Stellen bilden sich Schuppen und Schorf, die man manchmal aber gar nicht bemerkt, z. B. bei langhaarigen Rassen. Gelegentlich ist auch der Krallenbereich infiziert.

Bei einem Befall mit *Trichophyton* besitzen die Hautläsionen einen Durchmesser von gut einem Zentimeter; sie sind von einer erhabenen Kruste bedeckt, deren Mitte dunkler und pockennarbig ist. An allen befallenen Stellen können Sekundärinfektionen durch Eiterbakterien entstehen.

Behandlung

Folgende Mittel beschleunigen das Abklingen der Symptome, wenn sie mit geeigneten fungiziden (pilzabtötenden) Arzneien, wie beispielsweise griseofulvinhaltige Puder, Salben oder Bäder, kombiniert werden.

Bacillinum D200 Diese Nosode wurde häufig erfolgreich eingesetzt, ohne daß man zu fungiziden Salben oder Bädern greifen mußte. Empfohlene Dosis: zweimal in einem Intervall von zwei Wochen.

Kalium arsenicosum D30 Ist im Frühstadium der Krankheit angebracht, wenn Hautjucken auftritt. Das Mittel ist besonders für Hunde mit Unruhe und Durst auf kleine

154

Mengen Wasser gedacht, deren Beschwerden nach Mitternacht schlimmer werden. Empfohlene Dosis: fünf Tage lang einmal täglich.

Araroba (syn. Chrysarobinum) D6 Wird bei fortgeschrittener Trichophytie gegeben, wenn sich die verschorften Hautpartien zusammenschließen. Um Augen und Ohren herum bildet sich ein schuppender Hautausschlag. Empfohlene Dosis: fünf Tage lang dreimal täglich.

Tellurium D30 Hat sich bei Hauterkrankungen mit kreisförmigen Hautentzündungen (wie bei der Scherpilzflechte) bewährt. Das Mittel sorgt auch dafür, daß die Entzündung auf beiden Körperhälften gleichmäßig abklingt. Empfohlene Dosis: eine Woche lang zweimal täglich.

Sepia D30 Gibt man bei kleinen, knötchenförmigen Hautschäden, die isoliert auftreten und sich so gut wie nie zusammenschließen. Empfohlene Dosis: zwei Wochen lang zweimal wöchentlich.

Bakteriell verursachte Hauterkrankungen

Akute bakterielle Dermatitis

Hierbei handelt es sich um eine spezielle Entzündung der obersten Hautschicht (Epidermis).

Ursachen

Neben anderen Erregern dieser Hautkrankheit kommen vor allem Staphylokokken und Streptokokken in Frage, die häufig gemeinsam eine Mischinfektion hervorrufen.

Symptome

Die Schädigung der Haut äußert sich als bläschenförmiger Ausschlag. Die Bläschen können sich zu einer wunden Fläche zusammenschließen, aus der klares Sekret suppt. Infolge der starken Hautreizung leckt sich der Hund permanent an dieser Stelle, so daß sich diese noch vergrößert. Aufgrund einer Sekundärinfektion vereitert die Stelle sehr rasch.

Behandlung

Die erkrankten Hautpartien sollten mit warmem Wasser gereinigt werden, das eine 10%ige *Calendula-Hypericum*-Lösung enthält. Anschließend können folgende Mittel gegeben werden:

Sulfur D6 oder D30 Sollte immer zu Beginn der Dermatitis gegeben werden, da das Mittel andere Keime (Bakterien), die den Entzündungsprozeß eventuell noch verschlimmern, im Blut beseitigen kann.

Rhus toxicodendron M1 Hilft in der Anfangsphase, wenn sich Bläschen und aufgetriebene Erytheme (Hautrötungen) bilden. Infolge eines sehr starken Juckreizes können die Bläschen platzen, und es entsteht eine gerötete Fläche. Kratzen hilft jedoch nicht viel. Manchmal können auch rheumatische Beschwerden auftreten; der Hund kann sich nur schwer aufrichten. Diese Symptome klingen jedoch nach einem ausgedehnten Auslauf wieder ab. Der Hund wirkt durchweg rastlos.

Antimonium crudum D6 Bietet sich an, wenn sich die befallenen Hautstellen mehr im oberen Körperbereich befinden und die Symptome gegen Abend schlimmer werden. Die Bläschen erinnern eher an einen Nesselausschlag oder an Masern und sondern ein blutdurchsetztes Sekret ab. Der sehr starke Juckreiz wird durch Wärme oder Berührung noch gesteigert. Ab und zu stellt sich eine Verstimmung des Magen-Darm-Traktes ein, die man an Symptomen wie Appetitlosigkeit und Erbrechen erkennen kann.

Borax D6 Charakteristisch sind wundrosenartige Entzündungen, bei denen sich Hautschädigungen im Wangenbereich und an den unteren Gliedmaßen einstellen. Die blassen Bläschen sind von einem roten Hof umgeben. Der Hund sabbert stark. Häufig vereitern die Hautläsionen sehr rasch.

Staphylococcinum-Streptococcinum-Kombination D30 Die kombinierte Nosode verstärkt, wenn »zwischendurch« gegeben, die Wirkung anderer Arzneimittel und schafft auch bei leichter Dermatitis Abhilfe.

Chronische bakterielle Dermatitis

Diese Dermatitis kommt häufiger vor als die akute Entzündung der Haut. Vor allem großwüchsige Hunderassen sind dafür anfällig.

Ursachen

Erreger sind überwiegend Staphylokokken, aber auch Streptokokken.

Symptome

Vornehmlich entzündet sich die Haut im Bereich der Pfoten, Sprunggelenke, Ellbogen und gelegentlich auch in Maulnähe. Die Haut schwillt an, wird aufgedunsen und erscheint glänzend. Sehr bald bilden sich in der Haut eitrige Abszesse, die über zahlreiche Fisteln ein blutdurchsetztes Sekret freisetzen. Auch in diesem Fall beleckt der Hund infolge der starken Hautreizung dauernd diese Stelle, so daß sie noch größer wird, sich schließlich verdickt und faltig wird. Sehr oft sieht die Haut wie sog. wildes Fleisch aus. Infolge von Sekundärinfektionen suppt Eiter aus den erkrankten Hautstellen.

Behandlung

Je nach Krankheitsstadium werden folgende Mittel verabreicht:

Rhus toxicodendron M1 Eignet sich besonders für ein Anfangsstadium, in dem die Haut wie bei einem Erythem gerötet und im Bereich von Sprunggelenk und Ellbogen entzündet ist. Aufgrund des sehr starken Juckreizes beleckt und kratzt sich der Hund permanent.

Silicea (syn. Acidum silicicum) D200 Bietet sich in der Vereiterungsphase an, wenn das Sekret, das aus den Fisteln läuft, allmählich eitrig wird. Der Eiter ist dünnflüssig und gräulich. *Silicea* eignet sich für Hunde mit hellem Fell, aber insbesondere für schlanke Rassen. Das

Mittel ist auch ideal, wenn die Pfotenbereiche befallen sind.

Hepar sulfuris D6 Die entzündeten Stellen sind äußerst berührungsempfindlich, und das Sekret, das vor dem eigentlichen Eiter abgesondert wird, ist dünnflüssig und mit Blut durchsetzt. Das Mittel kann an allen befallenen Körperstellen verwendet werden, wirkt aber besonders gut in der Nähe des Maules. *Hepar sulfuris* ist auch zu einem späteren Zeitpunkt sehr erfolgreich, wenn der Eiter gelblich ist und Blutspuren enthält. Als Tiefpotenz (D3 bis D6) gegeben, begünstigt das Mittel den Eiterausfluß und die Entleerung der Fisteln, während es als Hochpotenz (D200 bis M1) den Vereiterungsprozeß stoppt und die Auflösung des Eiters fördert.

Calcium sulfuricum D6 Besitzt eine ähnliche Wirkung wie *Hepar* und wird meist in der Phase benutzt, wenn sich der Eiter gebildet hat. Zu einem früheren oder späteren Zeitpunkt wirkt das Mittel kaum oder überhaupt nicht. *Calcium sulfuricum* eignet sich gut, wenn die Haut der Gliedmaßen befallen ist.

Tarantula cubensis D6 Gibt man, wenn die ursprüngliche Schwellung hart und sehr schmerzvoll ist sowie einen roten Hof besitzt. Bei einer Vereiterung vereinigen sich die Fisteln zu einem großen Krater, der voll von blutdurchsetztem Eiter ist. Manchmal fiebert der Hund auch.

Nokardiose

Bei dieser durch Bakterien verursachten Krankheit bilden sich Granulome (sog. »wildes Fleisch«), die manchmal eitern. Die Bakterien befallen sowohl die Haut als auch das Unterhautgewebe.

Ursachen

Nokardiose wird durch verschiedene *Nocardia*-Arten (grampositive, aerobe Bakterien) ausgelöst.

Symptome

Obwohl die Schwellung der Granulome auf der Haut zu sehen ist, entstehen sie in Wirklichkeit unter der Haut. Sie können an allen Teilen des Körpers auftauchen, sind jedoch in erster Linie an Hals, Brust und Flanken zu finden. Das Granulom besteht aus einem festen, an eine Geschwulst erinnernden Gewebe und wird langsam größer. Mit zunehmender Größe beginnt es, leicht zu schmerzen, und manche Granulome sind sogar recht empfindlich. Mit fortschreitender Krankheit vereitert das Gewebe, und aus tiefliegenden Fisteln wird Eiter abgesondert. Bei einer Sekundärinfektion sind auch die anliegenden Lymphdrüsen betroffen, die jedoch nur selten vereitern. Auch hier fiebert der Hund gelegentlich.

Behandlung

Ferrum phosphoricum D6
Hilft im Frühstadium der Nokardiose, indem es die Durchblutung im Bereich der geschädigten Haut dros-

selt. Hierdurch wiederum wird das Wachstum der Granulome reduziert. Da *Ferrum phosphoricum* in erster Linie auf der rechten Körperhälfte wirkt, sollten die Granulome auch im rechten Hals- und Schulterbereich wachsen.

Hepar sulfuris D6 bis D200
Sollte immer dann eingesetzt werden, wenn die Abszeßbildung zwar schon fortgeschritten, der Eiter jedoch noch nicht völlig »reif« ist. Ganz charakteristisch ist, daß die entzündeten Stellen äußerst schmerzempfindlich und auch sehr empfindsam für andere äußere Reize sind. Als Hochpotenz gegeben, stoppt *Hepar sulfuris* den Vereiterungsprozeß, während es als Tiefpotenz den Ausstoß des Eiters fördert.

Silicea (syn. Acidum silicicum) D30 Eignet sich wiederum für die Vereiterungsphase, wenn sich Abszesse und Fisteln gebildet haben und der dünnflüssige, gräuliche Eiter abläuft. *Silicea* ist angezeigt für chronische Fälle, bei denen die akuten Beschwerden immer wieder ausbrechen. Da das Mittel generell Narbengewebe entfernt, kann es auch die wilden Wucherungen (Granulome) beseitigen.

Calcium fluoricum (syn. Calcium fluoratum) D30 Kommt immer dann zum Tragen, wenn auch die Lymphdrüsen in der Nähe des Entzündungsherdes betroffen sind. Diese sind meist hart wie Stein und schmerzen gewöhnlich nicht. Außerdem bewirkt *Calcium fluoricum*, daß die Granulome nicht größer werden.

Pyrogenium M1 Ist in schweren Fällen außerordentlich wichtig, um bei einem fiebernden Hund Komplikationen wie drohender Kollaps oder Blutvergiftung (Septikämie) in den Griff zu bekommen. Ganz typisch ist das ungewöhnliche Temperatur-Puls-Verhältnis, z. B. hohes Fieber und ein träger, kleiner Puls (bzw. umgekehrt eine niedrige Temperatur und ein fester Puls).

Haarausfall (Alopezie)

Der Ausfall der Haare ist vielfach eine Veranlagung, kann manchmal aber auch auf einer systemischen Erkrankung oder einer hormonellen Störung beruhen.

Symptome

Die Haare fallen hauptsächlich an den Seiten und im hinteren Rückenbereich aus. Bei schwerer Alopezie kann die Haut stellenweise völlig kahl werden; sie sieht dort glänzend und wie poliert aus. Abgesehen von den Fällen, wo sich Ekzeme bilden, ist kein Hautjucken vorhanden.

Behandlung

Besteht der Verdacht, die Erkrankung beruhe auf Veranlagung, sollte man den Hund entsprechend den Symptomen behandeln, während man bei Hormonstörung oder -mangel das betreffende Hormon gibt. Folgende homöopathischen Mittel sind ebenfalls von Nutzen:

Lycopodium clavatum M1 Ein typisches Symptom für *Lycopodium* ist eine Leberfunktionsstörung, die sich als Gelbsucht äußert. Außerdem nehmen die Beschwerden zwischen 16 und 20 Uhr zu. Das Haar ergraut vorzeitig, z. B. an der Schnauze.

Sepia M1 Eignet sich besonders für Hündinnen, denen kurz nach dem Werfen ihrer Welpen die Haare ausfallen. Gelegentlich wird aus der Gebärmutter ein Sekret abgesondert.

Pix liquida D6 Dieses Mittel (Teer aus Pinienholz) hilft, wenn die Haut rissig ist, statt wie gewöhnlich zu glänzen. Manchmal leidet das Tier auch an Bronchialbeschwerden und hustet beispielsweise einen eitrigen Schleim aus.

Kalium arsenicosum D30 Da diese Arznei ein gutes Stärkungsmittel für die Haut ist, kräftigt sie die Haare und fördert deren Wachstum.

Ustilago maydis D30 Wird gegeben, wenn die Kopfhaare fleckenweise ausfallen. Die Kahlstellen sind meist kreisrund und schließen sich in der Regel nicht zu größeren Flächen zusammen.

Thyreoidinum D1 Da hormonell bedingte Stoffwechselstörungen meist mit der Schilddrüse in Verbindung stehen, sollte die mehrwöchige Gabe einer niedrigen Potenz (wie in diesem Falle) ausreichen, um das Haarwachstum anzuregen.

Thallium aceticum D30 Wirkt ganz gezielt auf Haut und Unterhautschichten. Daher gibt man *Thallium aceticum* in unregelmäßigen Abständen als Langzeitmittel (drei bis vier Monate) gegen die Verletzungen des Nährgewebes in diesen Hautbereichen.

Zwischenzehenekzeme, Zwischenzehenzysten

Zwischenzehenekzeme entstehen häufig infolge einer erblichen Veranlagung.

Symptome

Der Hund beleckt seine erkrankte Pfote intensiv und lahmt oft auf diesem Bein. Im Frühstadium entdeckt man eine rötliche Stelle zwischen zwei Zehen, die sich manchmal auch etwas den Lauf hochzieht. Mit zunehmender Verschlimmerung bildet sich ein kleines, erbsengroßes Knötchen, das weich oder hart und gelegentlich voll mit dunklem Blut sein kann. Insgesamt reagieren die meisten Hunde an den entzündeten Stellen sehr empfindlich, wobei es aber immer Ausnahmen gibt. Bei unbehandelten Zwischenzehenzysten können sich Abszesse und Fisteln mit eitrigem Ausfluß bilden.

Behandlung

Je nach Art und Beschaffenheit der Zysten greift man zu folgenden Mitteln:

Hepar sulfuris D6 bis D30 Gilt als ideales Mittel im Frühstadium, aber auch bei Ekzemen, die schon länger bestehen und äußerst schmerzempfindlich sind. Bei einer

Eiterbildung fördert *Hepar sulfuris* als Tiefpotenz den Ausstoß des Eiters, während es in Hochpotenzen dem Vereiterungsprozeß Einhalt gebietet.

Silicea (syn. Acidum silicicum) D30 Ist besser noch als *Hepar sulfuris* bei harten und hartnäckigen Zysten geeignet, bietet sich aber auch bei Fisteln und Abszessen mit dünnflüssigem, gräulichem Eiter an. *Silicea* läßt gerade derartige Entzündungen rasch verheilen und baut das dabei entstandene Narbengewebe ab.

Graphites (syn. Carbo mineralis) D6 Ist das Mittel für weiche, mit dunklem Blut gefüllte Zysten. Die umliegende Haut ist fettig und sondert ein honigfarbenes Sekret ab; sie kann im Bereich des Ekzems, aber auch auf der Pfote an zahlreichen Stellen einreißen.

Calcium sulfuricum D6 Gibt man jungen übergewichtigen Hunden mit schlecht ernährtem Gewebe. Das Mittel wird meist in der Phase verwendet, in der sich der Eiter gebildet hat. Beim Abheilen bildet sich auf den erkrankten Stellen ein grünlicher Schorf.

Secale cornutum D6 Wird bei Ekzemen und Zysten eingesetzt, die man bisher noch nicht behandelt hat. Die erkrankte Haut ist teilweise abgestorben, sieht runzelig aus und droht, sich zu einem Gangrän (Brand) zu entwickeln. Bei diesen Symptomen fördert *Secale cornutum* die Durchblutung und somit auch die Heilung.

Nesselsucht (Urtikaria)

Bei dieser Erkrankung bilden sich Quaddeln auf der Haut, die recht stark jucken können.

Ursachen

Nesselsucht kann infolge einer Veranlagung entstehen, jedoch auch durch äußere Faktoren hervorgerufen werden (z. B. durch Brennesseln oder Insektenstiche). Zahnende oder falsch ernährte Welpen sind häufig betroffen, jedoch kann auch schon ein bloßer Ortswechsel der auslösende Reiz sein. So wird beispielsweise von einem Boxer aus einer Industriegegend berichtet, der in jedem »Urlaub« in einem Badeort einen schweren Nesselausschlag bekam.

Symptome

Die Quaddeln erscheinen als weiche, flüssigkeitsgefüllte Geschwulste, die überall auftauchen können. Man beobachtet sie aber besonders häufig an Kopf und Gliedmaßen. Im Kopfbereich können sich beträchtliche Ödeme ausbilden. Die Symptome einer Urtikaria, die durch äußere Faktoren (z. B. Brennesseln, Bremsenstiche) hervorgerufen wird, sehen ähnlich aus.

Behandlung

Apis mellifica D30 Gibt man bei verstreuten Ödemen, die durch Zusammenwachsen verschiedener quaddelbedeckter Flächen entstehen. Die befallenen Hautstellen können sich sowohl heiß als auch kalt anfühlen. Wenn man mit dem Fingernagel auf die Quaddeln bzw. Ödeme drückt, bleibt der Abdruck als Furche bestehen.

Calcium carbonicum D30 Ist bei jungen, dicken Welpen mit Stoffwechselstörungen und einer Anfälligkeit für Rachitis angezeigt.

Chamomilla D6 Wenn ein junger Hund Zähne bekommt, bedeutet dies eine zusätzliche Komplikation der Nesselsucht. Man gibt dieses Mittel auch dann gegen Urtikaria, wenn der Hund zusätzlich an einem grünlichen Durchfall leidet.

Nux vomica D6 Eignet sich, wenn die Krankheit durch eine fehlerhafte Ernährung und ihre Folgen (unzureichende Verdauung der Nahrung, Verstopfung) ausgelöst wurde.

Urtica urens D6 Braucht nicht nur dann verabreicht zu werden, wenn der Nesselausschlag durch äußere Faktoren bewirkt wurde. Die Arznei erhöht die Urinausscheidung, so daß auch Flüssigkeit aus den Ödemen entfernt wird.

Aconitum napellus D6 Sollte man als erstes Mittel geben, vor allem bei einem plötzlich einsetzenden Ausschlag.

Rhus toxicodendron D6 Wird bei einer zusätzlich auftauchenden Zellgewebsentzündung (Zellulitis) mit Hautrötung und starkem Juckreiz gegeben.

Warzen

Auch wenn Warzen immer nur auf der Haut erscheinen, liegt ihr Ursprung meist an einer anderen Stelle des Körpers.

Ursachen

Viele Warzen werden durch Viren hervorgerufen, manche entstehen jedoch infolge einer Stoffwechselstörung.

Symptome

Warzen können sehr unterschiedlich aussehen: Manche sind flach und sitzen fest und breit auf der Haut, andere sind gestielt, dünn und lang. Ihre Oberfläche kann weich, runzelig oder gezackt aussehen. Sehr häufig findet man Warzen an Augenlidern, Ohren, Kopf und im oberen Brustbereich. Bei älteren Hunden sehen Warzen manchmal wie ein Blumenkohl aus; sie sitzen meist am Kopf, besonders auf der Nase, aber auch an den Gliedmaßen.

Behandlung

Diese hängt wiederum vom jeweiligen Warzentyp ab.

Thuja D6 Obwohl das Mittel auch bei breit aufsitzenden Warzen wirkt, gibt man *Thuja* in erster Linie bei gestielten Warzen. Diese sind sehr empfindlich und beginnen häufig zu bluten, wenn man sie berührt. Die äußerliche Anwendung der Tinktur ist sehr wichtig für die innere Wirkung des Mittels. Eventuell muß man die Therapie mit einer höheren Potenz wiederholen.

Acidum nitricum D30 Eignet sich für Blumenkohlwarzen. Die Haut sieht insgesamt sehr ungesund und bläßlich aus und ulzeriert leicht. Die Hautschädigungen treten häufig in der Nähe einer Körperöffnung auf, im Bereich von Maul und Augen, in der After- und Schamgegend.

Calcium carbonicum D30 Wird bei weichen Warzen gegeben, die an allen Körperstellen auftauchen und die man besonders bei Welpen (vor allem wabbeligen, übergewichtigen Hunden) antrifft. Die Haut ist meist schlaff, rauh und mit einem pickeligen Ausschlag bedeckt.

Causticum D6 Ist ein Mittel gegen Warzen mit spröder Kruste, die auf der Brust und den unteren Gliedmaßen sitzen. Die umliegende Haut ist meist entzündet und schmerzt. Gelegentlich treten Beschwerden der Atemwege auf, z. B. ein harter, trockener Husten. *Causticum* eignet sich eher für ältere Hunde.

Sabina D6 Wird zwar seltener verwendet, zeigte jedoch gute Erfolge bei Hündinnen, bei denen nach dem Werfen warzenähnliche Geschwulste gewachsen waren. Diese sind dunkel und sehen wie Leberflecken aus. Ein weiteres Symptom sind Nachgeburtsblutungen.

Dulcamara D30 Die warzenähnlichen Gebilde entstehen nach einer pickeligen Entzündung, insbesondere an den unteren Gliedmaßen. Die Haut sieht insgesamt schorfig und entzündet aus. Die Hautschäden entstehen, wenn auf einen warmen Tag plötzlich ein kühler Abend folgt, z. B. im Herbst, sie nehmen gewöhnlich auch bei nassem Wetter zu.

Erkrankungen der weiblichen Geschlechtsorgane

In diesem Kapitel sollen die Erkrankungen und die besonderen Probleme von Eierstöcken (Ovarien) und Gebärmutter (Uterus) beschrieben werden. Alles, was mit Brunst, Schwangerschaft und Geburt zu tun hat, folgt im Kapitel »Erkrankungen und Probleme bei Zuchthündinnen«.

Erkrankungen der Eierstöcke (Ovarien)

Eine Entzündung der Eierstöcke wird als Oophoritis bezeichnet; bei Hündinnen kommt diese Erkrankung normalerweise nicht sehr oft vor. Man kann eine Oophoritis daran erkennen, daß die Hündin ihre Flanken beknabbert oder ihre Hinterläufe weit ausstreckt. Oft beobachtet man Ausfluß aus der Scheide. Die Symptome sind bei dieser Krankheit allerdings sehr subjektiv.

Behandlung

Folgende Mittel wirken gezielt auf die Ovarien und lohnen sich bei Erkrankungen dieser Organe:
Apis mellifica D30 Da eine akute Entzündung meist von Ödemen

begleitet wird, dürfte *Apis* in diesem Zusammenhang sicherlich nützlich sein.

Pulsatilla D30 Wirkt bei liebebedürftigen Hündinnen, die sich sehr launisch geben. Gelegentlich beobachtet man einen rahmartigen Ausfluß aus der Gebärmutter.

Palladium D6 Typisch ist, daß der rechte Eierstock häufiger entzündet ist. Die Symptome dehnen sich oft bis ins Peritoneum (Bauchfell) aus.

Platina D6 Ist für übernervöse, stark erregbare Hündinnen gedacht, die niemals freundlich reagieren wollen. Die Schmerzen sind besonders im Beckenbereich sehr stark.

Lachesis D30 Sollte immer dann gegeben werden, wenn das linke Ovar entzündet ist. Oftmals ist die Haut bläulich-violett, besonders im Bereich des Gesäuges, und weiterhin ist auch der Hals sehr stark angeschwollen.

Actaea racemosa (syn. Cimicifuga racemosa) D30 Kennzeichnend für diese Arznei ist, daß die Hündin in der Beckengegend, insbesondere im linken unteren Bereich, sehr schmerzempfindlich ist. Meistens sind auch die Muskeln geschwächt und steif.

Jodum D30 Ist ideal für die schlanke Hündin, die einen normalen Appetit und ein trockenes Fell hat. Die unter der Haut liegenden Lymphdrüsen sind klein und hart, das Gewebe des Gesäuges wird dünn und schrumpelig, und der Urin verfärbt sich dunkelgelb-grün.

Erkrankungen der Vagina und Vulva

In diesem Abschnitt sollen nicht solche Krankheiten beschrieben werden, die durch chirurgische Eingriffe behoben werden müssen, wie z. B. Geschwulste oder Vaginavorfall, sondern lediglich die Entzündungen von Vagina (Scheide) und Vulva (äußere Genitale), die sich oft beide gemeinsam entzünden.

Entzündung von Vulva und Vagina (Vulvovaginitis)

Als Symptome dieser Krankheit treten u. a. Rötungen, Anschwellungen und eventuell auch Ödeme auf. Wenn man die Scheidenschleimhaut der Hündin untersucht, kann man kleine rote Knötchen auf der Scheidenwand feststellen. Aus der Vagina sickert ein klarer Ausfluß, der bei Nicht-Behandlung eitrig werden kann. Die Hündin leckt den Schambereich und muß nach dem Urinieren stark pressen.

Behandlung

Acidum nitricum D30 Eignet sich für Entzündungen der Schleimhaut im Randbereich von Körperöffnungen. Dabei können eventuell auch Vereiterungen auftreten, und der Ausfluß ist gelegentlich blutig. Die Hündin leidet manchmal auch an einem schleimigen Durchfall.

Antimonium crudum D6 Alle entzündeten Bereiche jucken sehr stark, und aus der Gebärmutter sikkert ein rahmartiger Ausfluß. Bei dieser Form der Erkrankung kann es auch zu einem pickligen Hautausschlag (Effloreszenz) kommen.

Apis mellifica D30 Beseitigt die ödematösen Schwellungen und die stechenden Schmerzen, die eine Vulvovaginitis gewöhnlich begleiten. Bei den ersten Anzeichen einer Schwellung im Schambereich sollte *Apis* gegeben werden.

Rhus toxicodendron D6 Die Scheidenschleimhaut der Hündin ist intensiv gerötet, juckt und ist stark angeschwollen. Als konstitutionelles Symptom kann ein Hautausschlag mit Bläschen erscheinen. Häufig bewegt sich das Tier sehr steif. Diese Symptome verschwinden jedoch, wenn man es animiert, sich körperlich zu bewegen.

Cantharis D6 Sollte verabreicht werden, wenn die Hündin während und nach dem Wasserlassen stark pressen muß. Die Hündin gebärdet sich sexuell wie rasend. Der Juckreiz in der Genitalzone ist sehr ausgeprägt.

Helonias dioica D30 Typische Symptome sind Fieber, Juckreiz, Anschwellungen sowie ein stark fließendes Scheidenexsudat (entzündliche Ausschwitzung). In der Kreuzbeingegend ist die Hündin so stark geschwächt, daß sie sich nur mühsam aufrichten kann.

Kreosotum D30 Die Scheidenschleimhaut ist vereitert, und es bildet sich ein beißender, schmutziger Ausfluß. Der Juckreiz ist wiederum sehr stark, und es kommt zu oberflächlichen Blutungen an Haut und Zahnfleisch.

Erkrankungen der Gebärmutter (Uterus)

Eiteransammlung in der Gebärmutter (Pyometra) und Zystenbildung

Bei dieser Erkrankung kann die Gebärmutter groß und schlaff werden. Gelegentlich behält sie auch ihre normale Größe bei, und man kann nur anhand von perlförmigen Geschwulsten erkennen, an welcher Stelle der Gebärmutterschleimhaut (Endometrium) sich Zysten gebildet haben. In den meisten Fällen verläuft die Erkrankung über einen längeren Zeitraum, wobei die Uteruswand dünner wird. Im Uterus sammelt sich zunächst schaumiges Sekret an, das später eitrig-schaumig wird und übel riecht. Pyometra kommt vor allem bei älteren Hündinnen, aber auch bei ganz jungen Weibchen sehr häufig vor. Sehr viel weniger sind Muttertiere betroffen, die gerade geworfen haben.

Ein weiteres sehr bekanntes Phänomen ist die sogenannte Scheinträchtigkeit. Diese Phase kann sechs Wochen bis zwei Monate nach der Hitze (Östrus) eintreten und signalisiert häufig eine heranziehende eitrige Gebärmutterentzündung. Bei dieser Erkrankung verdickt sich die Gebärmutterschleimhaut, und auf ihrer Oberfläche entstehen unterschiedlich große Zysten. Durch die Tätigkeit der Drüsen kommt es zu Ödemen und Blutüberfülle (Hyperämie).

Die angesammelte Flüssigkeit in der Gebärmutter ist zunächst noch keimarm, sehr bald jedoch dringen Eitererreger ein, die auch für die begleitende Blutvergiftung (Toxämie) verantwortlich sind. Man unterscheidet offene und geschlossene Pyometra. Die geschlossene ist die gefährlichere Form, da der Uterusinhalt nicht abfließen kann, woraus sich häufig systemische Komplikationen ergeben. Bei der offenen Form bleibt der Gebärmutterhals geöffnet, so daß der Uterusinhalt als eitriger oder blutiger Ausfluß ablaufen kann. Pyometra ist zu einem weitverbreiteten Leiden geworden, seitdem man Hündinnen vermehrt schwangerschaftsverhütende Injektionen setzt. Geschieht dies zu oft, kommt es zu Hyperplasie und Zystenbildung.

Symptome

Die ersten Symptome sind starker Durst, ein hängender Bauch und häufiges Erbrechen. Bei einer offenen Pyometra fließt ein schaumigeitriges oder gar blutiges Exsudat. Die Hündin beleckt öfters ihren Schambereich und hinterläßt Flecken an allen Stellen, wo sie gelegen hat. Anzeichen für eine Blutvergiftung sind zunehmendes Austrocknen (Dehydrierung), ein trockenes, glanzloses Fell sowie eine unangenehme Körperausdünstung.

Behandlung

Falls man einen chirurgischen Eingriff vermeiden möchte oder nicht durchgeführt hat, können die folgenden Mittel der Eiteransammlung im Uterus entgegenwirken oder die Krankheitsbeschwerden mildern. Diese Behandlung wird von vielen Hundebesitzern bevorzugt und kann das Tier bei rechtzeitigem Einsatz vielfach wieder recht gesund werden lassen. Je nach Hundetypus und Beschaffenheit des Ausflusses können folgende Arzneien gegeben werden:

Hydrastis D30 Ist im Frühstadium einer offenen Pyometra geeignet, wenn der Eiter ausfließt. Das Mittel wirkt auf die Schleimhäute und läßt das in der Anfangsphase gebildete Exsudat zurückgehen.

Apis mellifica D30 Beseitigt die Ödeme im Frühstadium der Entzündung.

Sepia D30 Wirkt auf den gesamten Genitaltrakt, steuert die Aktivität seiner Organe und reguliert das hormonelle Ungleichgewicht, das diese Erkrankung ausgelöst hat.

Caulophyllum D30 Wirkt ebenfalls gezielt auf die Gebärmutter. Bei offener Pyometra hat sich *Caulophyllum* sehr bewährt, da es die Uteruskontraktion erhöht und dadurch die Abstoßung des Eiters aus der Gebärmutter fördert. Der Ausfluß ist oft schokoladenfarben.

Corpus luteum D30 Diese Nosode ist immer dann sehr nützlich gewesen, wenn andere Mittel nur sehr langsam angeschlagen haben. Vermutlich wirkt die Nosode auf die Ovartätigkeit und verhindert, daß sich Zysten im Endometrium bilden.

Oopherinum D30 und **Hypophysis cerebri D30** Regulieren ebenfalls die Arbeit der Eierstöcke und können abwechselnd in monatlichen Abständen gegeben werden.

Gebärmutterentzündung (Metritis)

Eine Metritis kann akut oder chronisch verlaufen.

Akute Gebärmutterentzündung

Akute Metritis stellt sich fast immer nach einer »Entbindung« ein und dauert etwa bis zu fünf Tage.

Ursachen

Dies kann hauptsächlich eine zurückgehaltene Plazenta in Verbindung mit einer Infektion des Genitaltraktes sein. Letztere kann entstehen, weil der behandelnde Arzt während der Geburt fehlerhaft vorgegangen ist, z. B. durch mangelnde Hygiene.

Symptome

Zunächst steigt die Temperatur, die Hündin fühlt sich insgesamt unwohl und ist lethargisch. Weitere Symptome sind Durchfall, Erbrechen und eventuell auch Dehydrierung. Die Augen sind eingesunken und blicken besorgt umher. Die Hündin hat vermehrten Durst, während ihr Appetit schlecht oder gar nicht vorhanden ist. Aus der Gebärmutter fließen Absonderungen heraus, die je nach Erkrankungsgrad variieren: Bei einer leichten Metritis ist der Ausfluß schaumig-eitrig, in schwereren Fällen hingegen dunkelbraun und mit Blut durchsetzt.

Behandlung

Aconitum napellus D30 Sollte immer sofort gegeben werden, da dieses Mittel Schock, Angst und Aufregung beseitigt und den Kreislauf anregt.

Belladonna D30 Charakteristisch ist, daß sich die Hündin heiß anfühlt. Weitere Symptome sind ein voller, hüpfender Puls und geweitete Pupillen. Außerdem kann es in Extremfällen zu Hirnkrämpfen kommen.

Apis mellifica D30 Beseitigt im Frühstadium der Entzündung Ödeme, die sich in der Gebärmutterschleimhaut gebildet haben.

Lilium tigrinum D30 Ist ein Mittel bei Stauungen in der Gebärmutter. Als Folge entstehen ein blutiger Ausfluß und Pressen in der Beckengegend.

Pyrogenium M1 Ist ein sehr wertvolles Mittel, wenn die Hündin schon halb im Koma liegt, hohes Fieber sowie einen trägen, kleinen Puls hat. Das Mittel ist besonders dann geeignet, wenn eine Metritis mit Blutvergiftung infolge zurückgehaltener Plazenta oder toter Föten vorliegt. Die Absonderungen der Hündin sind allesamt sehr ekelerregend.

Sabina D6 Sollte bei zurückgehaltener Plazenta oder bei hellroten Blutungen verabreicht werden – ein ideales Mittel vor allem nach einer Fehlgeburt.

Secale D6 Auch hier kommt es zu Blutungen, jedoch ist das ausströmende Blut dunkel. Die kranke Hündin sieht beinahe tot aus, und ihre Extremitäten sind infolge der mangelhaften Durchblutung eiskalt.

Echinacea D3 Hilft gleichfalls bei Komplikationen während der Geburt. Begleitend kommt es meist zu einer Blutvergiftung mit sehr abstoßendem Ausfluß. Am Bauchraum kann man bedrohliche Symptome einer Peritonitis feststellen (brettharte Bauchdecke, Abdominalschall).

Chronische Gebärmutterentzündung

Diese Form der Metritis tritt gewöhnlich nach der Geburt auf, wenn die Welpen tot zur Welt gekommen oder unmittelbar nach der Geburt gestorben sind. Falls dies schon einmal vorgekommen ist, sollte man die Hündin vernünftigerweise vor ihrer nächsten Trächtigkeit mit folgenden Mitteln behandeln:

Sepia D30 Wirkt sich auf den gesamten Geschlechtsapparat aus und kräftigt besonders den Uterus. Hierdurch werden chronische Entzündungen vermieden, die den Verlauf der Geburt stören könnten.

Hydrastis D30 Hilft hervorragend gegen eine Entzündung der Gebärmutterschleimhaut (Endometritis), bei der ein katarrhalisches Exsudat aus der Scheide fließt.

Silicea (syn. Acidum silicicum) D30 Wenn in der Vergangenheit bereits eine Metritis vorgelegen hat, kann sich im Uterus Narbengewebe gebildet haben, das durch *Silicea* abgebaut wird. Auch andere chronische Infektionskrankheiten der Hündin können durch diese Arznei beseitigt werden.

Helonias dioica D30 In der Kreuzbeingegend ist die Hündin stark geschwächt, und der Uterus kann vorgestülpt sein. Sie schleppt ihre Hinterläufe über den Boden. *Helonias* ist besonders bei einer Gebärmutterentzündung angebracht, die infolge mehrerer Fehlgeburten entstanden ist.

Ustilago maydis D30 Ist sehr hilfreich, wenn der Uterus als Folge einer Entzündung hypertrophiert ist und seine Spannkraft verloren hat. Gelegentlich tritt Blut in Form länglicher Blutgerinnsel aus der Scheide.

Erkrankungen und Probleme bei Zuchthündinnen

Die Hündin wird zweimal jährlich läufig – im Frühjahr und im Herbst. Die eigentliche »Hitze« dauert etwa 17 Tage. Der gesamte Zyklus wird in vier Phasen unterteilt:

1. Unter Anöstrus versteht man den Zeitraum, in dem eine gesunde Hündin nicht läufig ist (Dauer: etwa 90 Tage).
2. Auf diese Periode folgt der Proöstrus. Dieser dauert vier bis dreizehn Tage und stellt eine Vorbereitungsphase dar. Der Graafsche Follikel wächst heran und sammelt vermehrt Flüssigkeit an, die das Steroidhormon Östradiol enthält, dem neben Östron physiologisch wichtigsten Östrogen. Während des Proö-

strus treten Blutungen aus der Vulva auf.

3. Das nächste Stadium, der Östrus, entspricht der eigentlichen Hitze. Gleichzeitig mit dem Graafschen Follikel ist auch die Eizelle (Ovum) reif geworden. Die Hündin ist nun sehr erregt und so weit paarungsbereit, daß sie den Rüden an sich heranläßt. Der Östrus dauert durchschnittlich vier bis dreizehn Tage, manchmal auch einige Tage länger. Während dieser Zeit findet der Eisprung (Ovulation) statt, nachdem der reife Graafsche Follikel geplatzt ist und die Eizelle entlassen hat.

4. Im nun folgenden Metöstrus, der 60 bis 80 Tage dauern kann, bildet sich im entleerten Follikel der Gelbkörper (Corpus luteum) aus. Der Organismus bildet nun das Hormon Progesteron, das die Uterusschleimhaut (Endometrium) auf die Einnistung des befruchteten Eies vorbereitet. Gleichzeitig wird die Östrogenproduktion gehemmt und das Heranreifen weiterer Follikel unterbunden. Progesteron steuert auch die Entwicklung des Gesäuges.

Wenn eine Hündin keine Jungen bekommt, kann dies beispielsweise daran liegen, daß sie nicht läufig wird (nicht in den Östrus gerät). Manchmal können aber auch Erkrankungen im Genitaltrakt die Ursache sein, wie beispielsweise eine Entzündung der Gebärmutter (Metritis), des Gebärmutterhalses (Zervizitis) oder von Vulva und Vagina (Vulvovaginitis). Auch können bakterielle Entzündungen durch *Brucella* auftreten (Brucellose).

Wenn eine Hündin nicht läufig werden will, kann vielleicht schon *Sepia* D30 Abhilfe schaffen, da dieses Mittel, wie schon gesagt, auf den gesamten Genitaltrakt wirkt. In vielen Fällen wurden mit einer dreimaligen Gabe in monatlichem Abstand bereits gute Erfoge erzielt. Verstärkend wirkt hier auch eine einmalige Dosis *Hypophysis cerebri* D30.

Brucellose

In einigen Zwingern kann es zu Infektionen mit *Brucella* kommen. Kennzeichen dieser Krankheit sind eine Fehlgeburt in der siebten Schwangerschaftswoche und anschließende Unfruchtbarkeit. Wenn man sicher ist, daß eine Brucellose vorliegt, sollten alle Hündinnen mit *Brucella*-Nosode D30 therapiert werden. Diese Nosode wird aus den drei pathogenen Bakterienstämmen *Brucella abortus*, *Brucella melitensis* und *Brucella canis* hergestellt. Jede Hündin erhält drei Monate lang eine Dosis pro Monat. Auch Tiere, die bereits infiziert waren, sollten eine einfache Dosis dieser Nosode bekommen. Außerdem gibt man zwei Wochen lang *Hepar sulfur* D30, um Rückfällen vorzubeugen.

Fehlgeburt (Abort)

Allerdings gibt es auch unspezifische Fehlgeburten. Bei Hündinnen, die derlei schon einmal mitgemacht haben, gibt man *Sepia* D30 einmal monatlich über drei Monate hinweg, ehe man die Hündin decken läßt. Wenn die Hündin nach der Paarung trächtig ist, können *Viburnum opulis* und *Caulophyllum* D30 einer Fehlgeburt vorbeugen. Während *Viburnum* eher in den ersten beiden Wochen der Trächtigkeit wirkt, entfaltet *Caulophyllum* seine Wirkung in der späten Schwangerschaft. Bei *Viburnum* reicht eine einzige Dosis, hingegen gibt man ab der vierten Woche zwei Gaben *Caulophyllum* im Abstand von einer Woche.

Gegen den Ausfluß nach einer Fehlgeburt gibt man folgende Mittel:

Sabina D6 Sollte bei Ausfluß verabreicht werden, der mit hellrotem Blut durchsetzt ist. Häufig wird auch die Plazenta zurückgehalten.

Secale D30 Das ausströmende Blut ist dunkel. Die Hündin sieht verschrumpelt aus und ist dehydriert. Die Extremitäten sind eiskalt.

Sepia D30 Eignet sich gut bei Uterusprolaps (Vorstülpung der Gebärmutter). Die Hündin ist schwach und teilnahmslos. Ein Ausfluß aus der Gebärmutter kann, braucht aber nicht vorhanden zu sein.

Hydrastis D30 Ist eher bei »sauberen« Aborten geeignet, wenn der Ausfluß mehr schaumig-eitrig als blutig ist.

Lilium tigrinum D30 Ist ein Mittel bei zähem, dunklem und geronnenem Ausfluß. Begleitsymptome sind Pressen und Durchfall.

Ipecacuanha D30 Hilft vermutlich eher als andere Mittel, wenn hellrotes Blut stoßweise ausströmt.

Pulsatilla D30 Wirkt bei liebebedürftigen Hündinnen mit stark wechselnden Symptomen. Der Ausfluß ist mal blutig, mal schaumig-eitrig.

Pflege der trächtigen Hündin

Neben guter Ernährung und viel Auslauf garantieren auch die folgenden Mittel, daß Schwangerschaft und Geburt reibungslos und erfolgreich verlaufen.

Viburnum opulis D30 Unterbindet, wie schon erwähnt, Fehlgeburten, wenn es in den ersten beiden Wochen der Trächtigkeit gegeben wird. *Viburnum* ist speziell auch für Hündinnen gedacht, die bereits einmal einen Abort hatten.

Caulophyllum D30 Während der Schwangerschaft gibt man alle zwei Wochen eine Dosis und abschließend eine in der letzten Woche. Falls sich der Muttermund bei der Geburt nicht richtig öffnen will, wirkt *Caulophyllum* entspannend, wenn man das Mittel in häufigen Gaben verabreicht (z. B. viermal eine Gabe halbstündlich).

Arnica D30 In der letzten Schwangerschaftswoche gibt man *Arnica* zweimal. Hierdurch wird das Risiko gesenkt, daß das Gewebe während der Geburt zerstört wird, außerdem wird die Geburt erleichtert. Nach der Geburt verabreicht, hilft dieses Mittel, die Elastizität des Geburtskanals schneller wiederherzustellen.

Sepia D30 Als einmalige Dosis nach der Geburt garantiert *Sepia*, daß sich der Uterus rasch wieder strafft, und beugt somit Uterusvorfall und Pressen vor.

Laktationstetanie (Eklampsie)

Dieses Leiden taucht gelegentlich auf und ruft eine Muskeltetanie hervor, wobei auch das zentrale Nervensystem betroffen ist. Eklampsie findet man häufiger bei Hündinnen kleiner Rassen, die große Würfe und zuviel Milch haben.

Ursachen

Eklampsie hängt eng mit dem Kalzium- und Magnesiumstoffwechsel, gelegentlich auch mit einer gestörten Nebenschilddrüse zusammen. Als Auslöser wirkt ein Anstieg des Kalzium- und Magnesiumspiegels in der Milch bei gleichzeitiger relativer Zunahme des Blutphosphats.

Symptome

Die ersten Anzeichen erscheinen 10 bis 14 Tage nach der Geburt, gelegentlich auch später. Die Hündin wird bald sehr unruhig, entwickelt starke Atembeschwerden und winselt ängstlich. Typische Nervositätssymptome sind Unrast und Übererregbarkeit. Infolge des gestörten Kalzium- und Magnesiumstoffwechsels werden die Bewegungen unbeholfener. Die Beinmuskulatur versteift sich, und die Hündin kann nicht mehr stehen. Nun setzt Muskelzittern ein, und schließlich wird auch das zentrale Nervensystem in Mitleidenschaft gezogen (Krämpfe, Zukkungen). In diesem Stadium kann man als systemische Symptome Blaßwerden der Schleimhäute, Fieber sowie einen kleinen und harten Puls beobachten.

Behandlung

Die Beschwerden klingen rasch ab, wenn man eine Kalziumlösung intravenös oder subkutan injiziert, jedoch kann diese Maßnahme auch durch *Belladonna* D200, *Aconitum napellus* D12, *Calcium phosphoricum* D30, *Curare* D30, *Stramonium* D30 und *Hyoscyamus* D30 unterstützt werden.

Vorbeugung

Zur Vorbeugung der Laktationstetanie kann man der Hündin einen Tag nach der Geburt kurzfristig *Calcium phosphoricum* D30 zusammen mit einer Dosis der Nosode *Parathyreoidinum* (syn. *Glandulae parathyreoidae*) D30 geben. Hierdurch wird der Kalziumstoffwechsel wieder stabilisiert und ein übermäßiger Milchverlust verhindert. Wenn die Hündin bereits einmal Eklampsie hatte, kann man vorbeugend schon während der Trächtigkeit *Calcium phosphoricum* D30 geben (einmal wöchentlich während des zweiten Monats).

Erkrankungen der Milchdrüsen

Entzündung des Gesäuges (Mastitis)

Nach der Geburt kann des öfteren eine Mastitis eintreten: eine oder mehrere Drüsen schwellen an, werden heiß und sehr berührungsempfindlich. Die Milch kann nach einer Weile käsig und gelb werden, und bei unbehandelter Mastitis verfärbt sich der Gesäugebereich. Die Hündin leidet sichtlich unter Schmerzen, sie wirkt unruhig und ängstlich.

Behandlung

Aconitum napellus D12 Sollte immer im Anfangsstadium der Krankheit gegeben werden. Das Mittel beseitigt Ängste und beruhigt das kranke Tier.

Belladonna D30 Charakteristische Symptome sind heiße, gespannte und geschwollene Drüsen bei gleichzeitig geweiteten Pupillen und einem vollen, springenden Puls. Gelegentlich ist die Hündin auch empfindlich und übermäßig erregbar.

Apis mellifica D30 Wenn die akute Entzündung in die ödematöse Phase übergeht, baut *Apis* die Flüssigkeit ab, die sich im Gewebe angesammelt hat, und lindert die Schmerzen.

Phytolacca D30 Wirkt gezielt auf die Brustdrüsen. Die Entzündung erscheint dem Betrachter als knotige Plaque aus hartem Gewebe. Unter dem heilenden Einfluß von *Phytolacca* verschwinden die käsigen Gerinnsel in der Milch.

Bryonia D30 Ist angebracht, wenn die Drüsen außerordentlich hart sind. Begleiterscheinungen sind Verstopfung, Probleme mit den Atemwegen (Brustfellentzündung) und allgemein steife Glieder.

Hepar sulfur D200 Die Hündin reagiert äußerst heftig auf Berührung, was auf starke Schmerzen und Empfindlichkeit hindeutet. Das Sekret, das aus dem Gesäuge fließt, ist dünn und eitrig.

Urtica urens D1 Fördert den Milchfluß, nachdem die akuten Symptome abgeklungen sind und die Drüsen wieder ihre normale Größe erreicht haben.

Pyrogenium M1 Ist ein sehr wertvolles Mittel, wenn eine Blutvergiftung vorliegt. Typische Symptome, die nach *Pyrogenium* verlangen, sind: hohe Temperatur, ein träger, kleiner Puls, ein unangenehmer Geruch sowie eine kalte Körperoberfläche.

ANMERKUNG: Einige Mittel können auch als Kombinationspräparate verabreicht werden, wie beispielsweise *Belladonna-Bryonia-Urtica* in der Potenz D30, die bei akuter Mastitis hilft. Eine andere Kombination – ebenfalls als Potenz D30 – besteht aus *Sulfur, Silicea* und *Carbo vegetabilis*. Diese Mischung eignet sich aber eher in der weniger akuten Phase. Die Milch gerinnt typischerweise zu kleinen stecknadelkopfgroßen Klümpchen. (Die Rezeptur dieser Mittel erfahren Sie in Ihrer Apotheke.)

Gesäugetumoren

Geschwulste am Gesäuge findet man häufig bei nicht sterilisierten Hündinnen. Sie beginnen als kleine knotenartige Verdickungen, deren Größe zwischen erbsengroß und walnußgroß schwankt. Zunächst sind solche Geschwulste oft gutartig; wenn sie jedoch weiter wachsen, können sie auch bösartig (maligne) werden.

Solche Tumoren müssen generell chirurgisch entfernt werden, jedoch kann man im Anfangsstadium einer Geschwulst versuchen, das Wachstum einigermaßen in Schach zu halten.

Phytolacca D30 Wirkt gezielt auf das Gewebe des Gesäuges und kann die Größe und Verhärtung der Wachstumszone verringern.

Conium maculatum D30 Eignet sich besser für ältere Hündinnen. Häufige Begleiterscheinungen sind angeschwollene Lymphdrüsen und Muskelschwäche.

Jodum D30 Charakteristischerweise liegen die Tumoren eher oberflächlich, und das Gesäugegewebe ist faltig. Die *Jodum*-Hündin ist dünn, besitzt ein verknittert aussehendes, trockenes Fell und einen mordsmäßigen Appetit. Die unter der Haut liegenden Lymphdrüsen sind klein und hart.

Bromium D30 Meist ist die linke Seite des Gesäuges stärker entzündet. Die Hündin mag es nicht, wenn man auf die Zitzen drückt. Begleitend leidet das Tier an Atemwegsbeschwerden (Husten, Nasenkatarrh).

Plumbum jodatum D30 Als zusätzliche Symptome treten Teillähmungen wie im Anfangsstadium einer Totalparalyse auf. Die Drüsen sind steinhart, und das Tier ist dauernd verstopft.

Scrophularia nodosa D30 Wirkt wohltuend auf sämtliche Drüsen und hat oft dazu beigetragen, daß kleine Knötchen wieder zurückgegangen sind.

Cancerinum (syn. Carcinominum) D200 Diese Nosode aus Karzinomen kann als Adjuvans verabreicht werden. In Kombination mit anderen geeigneten Mitteln sollte schon eine einzelne Dosis ausreichen.

Erkrankungen der männlichen Geschlechtsorgane

Viele Leiden dieser Organe können nur operativ behoben werden, jedoch kann die Homöopathie funktionelle Beschwerden beheben, wie beispielsweise Entzündungen an Penis, Hoden und Vorsteherdrüse (Prostata). Diese Entzündungen sollen im Folgenden erläutert werden.

Entzündung der Eichel (Balanitis)

Symptome

Eine derartige Entzündung der Eichel (Glans penis) trifft man relativ häufig an; charakteristisch sind die angeschwollene Eichel und ein eitriges Exsudat. Als systemische Symptome können in schwereren Fällen eine erhöhte Temperatur sowie ein beschleunigter Pulsschlag hinzukommen. In erster Linie sollte man die folgende Mittel einsetzen.

Behandlung

Aconitum napellus D12   Ist immer das erste Mittel bei einer akuten Entzündung – insbesondere, wenn systemische Beschwerden auftreten.

Belladonna D30   Diese Arznei hilft bei systemischen Beschwerden, die durch geweitete Pupillen, einen schnellen, pochenden Puls und eine heiße Haut gekennzeichnet sind.

Mercurius solubilis D6   Ist das am meisten verwandte Mittel bei Fällen ohne weitere Komplikationen. Das Exsudat ist – wie fast immer in solchen Fällen – von grünlicher Farbe.

Mercurius corrosivus D30   Sollte in ernsteren oder hartnäckigen Krankheitsfällen in Erwägung gezogen werden, wenn man mit *Mercurius solubilis* nur mäßigen Erfolg hatte.

Thuja occidentalis D6   Diese Arznei könnte nach einer Kur mit *Mercurius solubilis* gut anschlagen, da sie eine starke Tiefenwirkung besitzt und ein Mittel zur Stärkung ist.

Acidum nitricum D30   Ist besonders hilfreich, wenn die Eichel mit Bläschen oder Geschwüren bedeckt ist und wenn die Entzündung auf die Penishülle übergegriffen hat.

Calendula Ø   Auf alle Fälle sollte man die entzündete Eichel regelmäßig in einer zehnfach verdünnten *Calendula*-Lösung baden.

Entzündung der Hoden (Orchitis)

Symptome

Entzündete Hoden sind seltener als die eben beschriebene Balanitis; hierbei kann ein Hoden, es können aber auch beide entzündet sein. Bei einer akuten Orchitis schwillt typischerweise die Eichel an, sie wird sehr heiß und empfindlich, und es können sich Abszesse bilden. Eine chronische Hodenentzündung führt zur Verhärtung des Eichelgewebes, das zu Bindegewebe wird. Zur Behandlung dieses Leiden gehören nicht nur eine einfache Kost und ausreichend Ruhe, sondern sicherlich auch die folgenden Arzneien:

Behandlung

Pulsatilla D6   Charakteristisch für *Pulsatilla* ist, daß oft nur ein Hoden entzündet ist. Die Entzündung dehnt sich nach oben in den Leistenkanal aus. Gelegentlich treten Ödeme auf. Ein systemisches Symptom ist, daß sich der Hund erbricht. Hin und wieder beobachtet man, daß der Rüde sexuell übererregt ist.

Rhododendron D6 Sollte gegeben werden, wenn die Hoden äußerst empfindlich auf Berührung reagieren und eingezogen erscheinen. Starker Juckreiz läßt sich daran erkennen, daß der Rüde die entzündeten Organe beknabbert.

Hepar sulfuris D30 Ist ebenfalls bei sehr berührungsempfindlichen Hoden angebracht, jedoch bilden sich dann auch immer Abszesse. Bei Gabe höherer Potenzen ist *Hepar sulfuris* in der Lage, die Eiterung zu beseitigen.

Bryonia alba D6 Dies ist ein ideales Mittel gegen verhärtetes Eichelgewebe – vor allem bei Schmerzlinderung, sobald man auf den Entzündungsbereich drückt. Manchmal kann man beobachten, wie sich der Rüde mit dem Bauch auf den Boden preßt, um die Schmerzen im entzündeten Bereich zu erleichtern.

Jodum D30 Ist bei chronischer Orchitis sehr hilfreich, wenn die Haut der Eichel verschrumpelt aussieht bzw. die Hoden insgesamt kleiner erscheinen.

Silicea (syn. Acidum silicicum) D30 Eignet sich, wenn die Beschaffenheit der Eichel faserig (fibrös) wird. Dies kann man daran erkennen, daß sich die Eichel kühl und fest anfühlt.

Brucella canis D30 Wenn man davon ausgehen kann, daß sich der Hund darüber hinaus mit dem Bakterium *Brucella canis* infiziert hat (Brucellose), kann diese Nosode »zwischendurch« als Adjuvans verabreicht werden.

Erkrankungen der Prostata (Vorsteherdrüse)

Prostatavergrößerung

Bei diesem Leiden hypertrophiert die Prostata aufgrund hormoneller Veränderung. Es tritt sehr häufig bei älteren Rüden auf, deren Hoden jedoch unverändert normal funktionieren. Wenn sich in der Drüse Zysten bilden, fühlt sie sich knotig an. Auch der Urin kann dadurch trübe werden, weil er Zystenflüssigkeit und einen erhöhten Eiweißanteil enthält. Wenn eine Hypertrophie (starke wachstumsbedingte Vergrößerung) mit Zystenbildung diagnostiziert wurde, so kann der Einsatz folgender Mittel in Betracht gezogen werden:

Apis mellifica D30 Unterstützt die Auflösung der Zystenflüssigkeit.

Ferrum picrinicum D6 Diese Arznei gilt generell als ein gutes Mittel bei allen Formen der Prostatavergrößerung.

Solidago D30 Wenn der Rüde vergeblich versucht, seine Blase zu entleeren (was auf eine Prostatahypertrophie hindeutet), dann bietet sich *Solidago* als exzellentes Heilmittel an.

Entzündung der Prostata

Unabhängig von einer Vergrößerung der Drüse kann sich diese akut entzünden; meist rührt das von irgendeiner anderen Infektion her. Als Folge dieser Entzündung stellen sich systemische Symptome wie erhöhte Temperatur und ein beschleunigter Puls ein. Der Hund versucht meistens, mit stark gekrümmtem Rücken auf dem Boden zu liegen, in dieser Haltung scheint es ihm besser zu gehen. Das Tier sträubt sich heftig gegen eine Untersuchung des Mastdarms (Rektum). Wenn derartige akute Symptome auftreten, können folgende Heilmittel verwendet werden:

Aconitum napellus D30 Sollte immer als erstes Mittel im Anfangsstadium gegeben werden, da es hilft, den Hund zu beruhigen.

Belladonna D30 Hilft immer dann, wenn Symptome wie geweitete Pupillen, ein schneller, pochender Puls und starke Körperhitze vorhanden sind.

Hepar sulfuris D200 In dieser höheren Potenz kann dieses Mittel dafür sorgen, daß sich keine neuen Abszesse bilden.

Chimaphila umbellata D6 Charakteristisch sind der angeschwollene Dammbereich (Perineum) sowie ein fädenziehender Schleim im Urin. Der Hund kann nur unter erheblichen Schwierigkeiten Harn lassen.

Analadenom

An dieser Stelle sollen auch die Analadenome bei älteren Rüden abgehandelt werden. Dabei handelt es sich um Geschwulste (Tumoren), die zunächst als etwa erbsengroße Anschwellungen um den After herum entstehen. Sie können miteinander verschmelzen und nachfolgend zu bösartigen Geschwulsten auswachsen. Analadenome lassen sich nur äußerst schwer medikamentös behandeln, jedoch erwiesen sich *Acidum nitricum* D30 und *Calcium fluoricum* (syn. *Calcium fluoratum*) D30 als recht gute Mittel. Vielfach halfen sie, das Wachstum der Adenome zu stoppen.

Impotenz

Nur selten findet man Rüden, die sich nicht paaren können oder wollen. Sollte es jedoch einmal notwendig werden, eine solche Veranlagung kurieren zu müssen, dann kann man mit *Lycopodium clavatum* M1, *Agnus castus* D6, *Damiana* D6 oder *Staphisagria* D6 sicherlich Erfolg erzielen. Genau genommen sollte man es nicht zulassen, daß sich ein Deckrüde mit einer derartigen Veranlagung überhaupt fortpflanzt, da sich diese – wenn der Rüde erfolgreich geheilt wird – möglicherweise auf seine Nachkommen überträgt.

Allergische Reaktionen

Allergischer Schock (Anaphylaxie)

Hierbei handelt es sich um eine Überempfindlichkeit, die durch Kontakt mit einem speziellen Antigen ausgelöst wird. Ein allergischer Schock kann auch entstehen, wenn der Hund Antikörper eines anderen Tieres erhält (z.B. durch eine Seruminjektion). Manche Gewebe können gleichfalls Substanzen enthalten, die einen allergischen Schock auslösen.

Symptome

Die Symptome ähneln teilweise denjenigen einer lokalen bzw. weitgestreuten Entzündung. Sie reichen von einer Verengung der kleinen Arterien und gleichzeitiger Kreislaufschwäche bis hin zu schweren pathologischen Schäden. Beim eigentlichen allergischen Schock muß sich der Hund oft übergeben, er leidet an Durchfall und starker Mattigkeit. In der Regel entsteht der Schock, wenn der Hund mit dem entsprechenden Antigen konfrontiert wurde. (Häufig handelt es sich um ein Serum zur passiven Immunisierung.) Weitere Symptome sind u.a. eine erschwerte Atmung, Verlust des Gleichgewichts und bleiche Schleimhäute.

Behandlung

Aconitum napellus D6 Sollte zur Schockbekämpfung immer sofort gegeben werden, wenn der Schockzustand ganz plötzlich eintritt.

Camphora D30 Diese Arznei hilft einem kollabierten Hund, der zusätzlich an Durchfall und extrem kalter Haut leidet. Der Kot ist wäßrig und dunkel, und gelegentlich setzt der Durchfall plötzlich ein.

Carbo vegetabilis D200 Erweist sich als nützlich, wenn sich Symptome wie Lufthunger oder Kurzatmigkeit einstellen. Selbst bei fast schon hoffnungslosen Todeskandidaten gilt *Carbo vegetabilis* als ein exzellentes Stärkungs- und Wärmmittel.

Veratrum album D30 Kann gleichfalls bei Kollaps mit zusätzlichem Durchfall und Mattigkeit eingesetzt werden. Im Gegensatz zum Kampher sind bei der Weißen Nieswurz die Symptome weniger stark ausgeprägt. Der Kot ist generell etwas grünlicher.

Allergische Hauterkrankungen

Diese bei Hunden recht häufigen Krankheiten treten als sog. Dermatosen sehr oft im Sommer auf. Schlecht oder überhaupt nicht behandelte Fälle findet man jedoch auch chronisch das ganze Jahr über.

Ursachen

Hautallergien beruhen meist auf äußeren Reizfaktoren (Reizung der äußeren Hautschicht), können aber auch durch Allergene im Körper ausgelöst werden.

Symptome

In den meisten Fällen liegt ein Juckreiz der Haut vor, der mit zunehmender Wärme oder Kälte in der Umgebung des Hundes schlimmer wird. Die Haut selbst ist – meist ohne weitere krankhafte Veränderungen – mäßig stark gerötet; manchmal ist sie auch verdickt und von leichtem Haarausfall begleitet. Besonders am Bauch und auf der Innenseite der Schenkel bildet sich ein Ausschlag mit Erythemen (entzündliche Hautrötung) und Knötchen.
Ekzeme müssen nicht immer allergisch bedingt sein und können in sehr unterschiedlichen Formen auftauchen: akut oder chronisch, nässend oder trocken. Die Symptome decken sich mit den bereits geschilderten. Auch hier kann es durch Jukken zu offenen Hautstellen kommen, die durch eindringende Eiterbakterien weiter infiziert werden.

Behandlung

Die folgenden Mittel werden – wie immer – den Symptomen entsprechend eingesetzt, stellen jedoch nur eine Auswahl dar.
Sulfur D30 oder **D200** Typische Symptome sind eine gerötete Haut und starker Juckreiz, der durch Hitze verstärkt wird. Das Zahnfleisch ist sehr stark gerötet, und manchmal leidet der Hund an einem Ausschlag mit Knötchen und Bläschen. *Sulfur* kann man sehr gut »zwischen-

durch«, am Anfang der Behandlung oder in Kombination mit anderen Mitteln geben, um deren Wirkung zu verstärken.
Arsenicum album (syn. Acidum arsenicosum) D30 bis M1 Gibt man bei trockener, schuppender Haut, Schuppenbefall und rauhem, glanzlosem Fell. Der Hund sucht warme Orte auf und hat Durst auf kleine Mengen Wasser, die er aber häufig säuft. Als weiteres Symptom kann sein Kot ruhrartig sein und nach faulem Fleisch riechen. Nach Mitternacht werden die Symptome schlimmer.
Rhus toxicodendron D6 bis M1 Sollte gegeben werden, wenn sich die Symptome durch Nässe verschlechtern. Der Hund macht steife Bewegungen, wenn er länger geruht hat, nach einem längeren Auslauf bewegt er sich jedoch besser. Die Haut hat einen Ausschlag mit Knötchen und Bläschen, juckt stark und ist gerötet. Die Symptome werden durch Wärme abgeschwächt.
Antimonium crudum D6 Gibt man, wenn die Haut hauptsächlich auf Hals, Rücken und Gliedmaßen befallen ist. Der Hautausschlag besteht zunächst aus Knötchen, wandelt sich später jedoch in Schorf um und sondert ein gelbliches Sekret ab. Der Juckreiz wird gegen Abend und durch Wärme verschlimmert.
Mezereum D6 Eignet sich bei Schorfbildung auf dem Kopf. Auch hier wird ein gelbliches Sekret abgesondert. Der Hund reagiert empfindlich auf Berührung. Im Bereich der Knochen bildet sich häufig ein jukkender Ausschlag, der von einem ro-

ten Hof umgeben wird. Das Leiden verschlechtert sich durch Kratzen und Wärme. Wenn die Symptome stimmen, kann *Mezereum* auch bei chronischen Ekzemen eingesetzt werden.

Hypericum M1   Bietet sich z. B. bei Lichtempfindlichkeit (Photosensibilität) an. Die Hautschäden treten vornehmlich als rötliche, juckende, schuppende, eiternde Flächen in pigmentfreien Bereichen auf. Gelegentlich findet man Symptome einer Gelbsucht.

Hepar sulfuris D200   Ist besonders geeignet, wenn die Haut übermäßig auf äußere Reizung reagiert und Eiterbildung einsetzt. Die Haut ist gewöhnlich geschwollen, glänzend und wirkt gespannt. Wenn sich Krusten und Schorf gebildet haben, kann *Hepar sulfuris* das darunter angesammelte eitrige Sekret vertrocknen lassen.

Psorinum M1   Diese Nosode hilft bei sehr unangenehmen Ekzemen, die stark jucken und muffig riechen. Die Haut ist meist trocken, und die Hautläsionen sind bläschen- oder knötchenförmig.

Bacillinum D200   Diese Nosode kann hervorragend »zwischendurch« verabreicht werden, da sie die Haut insgesamt kräftigt. *Bacillinum* eignet sich besonders, wenn die befallenen Hautstellen trocken sind und schuppen.

Tellurium D30   Wenn dieses Mittel angezeigt ist, treten die rötlichen, kreisförmigen Hautschäden symmetrisch auf beiden Körperseiten auf. Der äußere Bereich der Ohrmuscheln ist besonders häufig befallen.

Allergische Kontaktdermatitis (Kontaktallergie)

Hierunter versteht man alle Überreaktionen, die ein Hund nach Hautkontakt mit einer bestimmten Substanz zeigt. Diese Reaktionen können zeitlich verzögert einsetzen, und die auslösende Substanz ist kein Reizstoff. Die Reizeinwirkung dauert gewöhnlich länger an, und fast immer besitzt der Hund eine Veranlagung zu Allergien.

Symptome

Die allergischen Prozesse bschränken sich meist auf die unbehaarten Körperregionen (Innenseite der Oberschenkel, Hodensack, Leistengegend und Zehenzwischenräume). Dort bilden sich zunächst rötliche Schwellungen (Erytheme), die später zu Knötchen auswachsen. Bei einer schweren Allergie ist der überwiegende Teil des Körpers betroffen.

Behandlung

Antimonium crudum D6   Ist im »Knötchen-Stadium« geeignet, da es dafür sorgt, daß sich die Knötchen (Papeln) nicht zu Bläschen weiterentwickeln.

Rhus toxicodendron D6   Wirkt in der Anfangsphase, wenn aus den Erythemen Knötchen entstehen. Der Juckreiz ist dann meist sehr groß.

Cortisonum D30   Dieses potenzierte Steroid kann den entzündlichen Prozeß gut eindämmen, ohne daß Nebenwirkungen entstehen.

Thallium aceticum D30 Fördert das Wachstum der Haare und regt prinzipiell alle Prozesse in der Haut an (z. B. Abwehr, Durchblutung).
Nosode aus dem Allergen Diese Spezialnosode sollte in der Potenz D30 mit den übrigen Mitteln verabreicht werden.

Erkrankungen der Augen

Diese Erkrankungen schließen sehr unterschiedliche Kategorien ein. Hierunter fallen u. a. krankhafte Zustände der Augenlider, der Augenbindehaut, der Hornhaut und besonders der Netzhaut.

Erkrankungen der Augenlider

Lidentzündung (Blepharitis)

Unter Blepharitis versteht man eine leichte Entzündung der Augenlider, die unterschiedliche Formen annehmen kann, z. B. eitrig oder von Schuppenbildung oder Geschwürbildung begleitet. Bei einer einfachen akuten Blepharitis schwellen die Augenlider an und werden ödematös, wodurch das Auge sehr aufgequollen aussieht. Bei einer ulzerativen Blepharitis bilden sich auf der äußeren Lidhaut Bläschen; diese können später platzen und zu Geschwüren auswachsen, aus denen ein gräulicher Ausfluß sickert. Bei der seborrhoischen Augenlidentzündung (Blepharitis squamosa) rötet und verdickt sich die Lidhaut, und meist findet man auch Hautläsionen in anderen Körperbereichen. Die Haut ist oft voller Schuppen. Eine eitrige Blepharitis entsteht meist infolge einer Staphylokokkeninfektion, und es bilden sich hier und da kleine Abszesse. Diese Form der Lidentzündung kann auch von systemischen Erkrankungen abhängen, z. B. Staupe oder einem beliebigen Leiden, das eine Bindehautentzündung (Konjunktivitis) hervorruft.

Behandlung

Leichte Entzündungen mit Ödemen und verquollenen Augen sollten zunächst gut auf *Apis mellifica* D30 ansprechen; zur Weiterbehandlung kann man *Rhus toxicodendron* D6 und M1 geben. Wenn als Auslöser der Blepharitis z. B. eine Allergie vermutet wird, ist *Urtica urens* D6 sehr hilfreich.

Eine Blepharitis ulcerosa kann – je nach den begleitenden Symptomen – mit *Ranunculus bulbosus* D6, *Antimonium crudum* D6, *Acidum nitricum* D30 und *Kalium bichromicum* D6 behandelt werden. Auch die *Variolinum*-Nosode kann verwendet werden. In jedem Fall sollte man ein homöopathisches Arzneimittelverzeichnis zu Rate ziehen. Unabhängig davon gilt *Acidum nitricum* als ein gutes Mittel, um Krankheiten an den Körperstellen zu lindern, wo sich

Haut und Schleimhäute berühren. Bei einer eitrigen Blepharitis kann man neben der Nosode *Staphylococcinum* D30 auch noch Mittel wie *Mercurius corrosivus* D6, *Pulsatilla* D6 und *Hepar sulfuris* D30 verwenden. Die erkrankten Lider können jedoch immer mit verdünnter *Calendula*-Lösung gebadet werden.

Lidveränderungen: Entropium und Ektropium

Bei einigen Hunderassen, z.B. Chow-Chow oder Boxer, kommt es vor, daß sich der Lidrand einkehrt (Entropium) bzw. ausstülpt (Ektropium). Normalerweise muß dieser Fehler durch einen chirurgischen Eingriff behoben werden, jedoch sollte man durchaus einmal – vor einer Operation – zu Mitteln wie *Borax* in den Potenzen D6 oder D30 greifen, da diese Arznei recht gute Ergebnisse erzielte. Hierbei empfiehlt sich eine Langzeittherapie über drei Monate hinweg.

Gerstenkorn (Hordeolum)

Das Gerstenkorn ist ein rundlicher Drüsenabszeß, der sich meist am inneren Lidrand befindet. Der Hund empfindet Schmerz am Auge und Unwohlsein, und seine Augen tränen.

Behandlung

Gegen Gerstenkörner hilt am besten *Staphisagria* D6, während in beson-

ders schlecht abklingenden Fällen Mittel wie *Calcium fluoricum* (syn. *Calcium fluoratum*) D30 oder *Silicea* (syn. *Acidum silicicum*) D30 benötigt werden. Wenn das Tier sehr empfindlich reagiert und große Schmerzen hat, dann sollte man *Hepar sulfuris* D30 einsetzen.

Hagelkorn (Chalazion)

Das Hagelkorn ist ein an der Lidkante liegendes Knötchen (bzw. eine kleine entzündliche Anschwellung), das chronisch nicht schmerzt. Wenn man einen chirurgischen Eingriff vermeiden will, kann man zu Mitteln wie *Calcium fluoricum* (syn. *Calcium fluoratum*) D30, *Silicea* (syn. *Acidum silicicum*) D30 und *Thuja* D30 greifen.

Tränensackentzündung (Dakryozystitis)

Eine solche Entzündung des Tränensacks kann einhergehen mit einer chronischen Bindehautentzündung (Konjunktivitis), die durch Bakterien hervorgerufen wurde. Ganz typisch ist eine Schwellung im inneren Augenwinkel. Wenn man auf diesen Bereich drückt, kann Eiter herauslaufen. Je nach Schweregrad und Krankheitsstadium sollte eines (oder mehrere) der folgenden Mittel zur Behandlung genommen werden: *Hepar sulfuris* D30 ist für Hunde, die äußerst empfindlich reagieren, während *Silicea* (syn. *Acidum silicicum*) D30 bei langen chronischen Erkrankungen zum Tragen kommt. Wenn zusätzlich eine Bindehautentzündung vorliegt, sollte man *Argentum nitricum* D6 verabreichen. *Pulsatilla* D6 kommt bei übermäßig gebildetem, cremigem Eiter zum Tragen. Wenn das Auge (schon mal) verletzt war, dann sind *Ledum* D6 und *Symphytum* D200 geeignete Mittel. Das Auge sollte regelmäßig mit einer zehnfach verdünnten *Hypericum-Calendula*-Lösung gebadet werden.

Erkrankungen der Bindehaut (Konjunktiva)

Bindehautentzündung (Konjunktivitis)

Unter Konjunktivitis versteht man eine Entzündung der inneren Lidoberfläche, die sehr häufig vorkommt und ein oder beide Lider befällt. Eine beidseitige Bindehautentzündung ist oft allergisch bedingt.

Symptome

Sichere Anzeichen für eine Bindehautentzündung sind die zahlreichen kleinen Blutgefäße, wodurch das Auge stark gerötet erscheint. Meist bilden sich auch Ödeme, ein klarer Schleim sickert aus dem Auge, der bei einer bakteriellen Sekundärinfektion auch eitrig werden kann.

Behandlung

Das Auge sollte wiederum mit einer zehnfach verdünnten *Hypericum-*

Calendula-Lösung gespült werden, um den Ausfluß zu entfernen. Gleichzeitig wird hierdurch auch die Oberfläche der Konjunktiva beruhigt. Anschließend sollte man mit einer (ebenfalls) zehnfach verdünnten *Euphrasia*-Lösung nachspülen, die alle Teile des Auges stärkt.

Als interne Heilmittel kommen hauptsächlich in Frage: *Argentum nitricum* D6, *Pulsatilla* D6, *Ledum* D6, *Symphytum* D200, *Rhus toxicodendron* D6, *Arnica montana* D30, *Hepar sulfuris* D30 und *Mercurius solubilis* D30.

ANMERKUNG: Eine akute, stark tränende Bindehautentzündung kann das Frühstadium einer Staupe- oder Hundehepatitisinfektion sein. Die Behandlung muß dann dementsprechend geändert werden (siehe Kapitel »Viruserkrankungen«).

Erkrankungen der Hornhaut (Kornea)

Einfache Abschürfungen, Entzündungen (Keratitis) und Ulzerationen sind die hauptsächlichsten Erkrankungen der Kornea.

Korneaverletzungen

Bei einer Abschürfung verliert die Hornhaut ihren Glanz und erscheint trübe und stumpf. Die Augen des Hundes tränen stark, und seine Bindehaut ist leicht entzündet. Diese äußeren Beschwerden kann man wiederum mit *Hypericum-Calendula*-Lösung bzw. *Euphrasia*-Lösung kurieren (jeweils 10%ige Urtinktur). Von innen helfen Mittel wie *Symphytum* D200 und *Ledum* D6.

Hornhautgeschwüre

Ulzerationen an der Hornhaut sind nicht selten, weswegen man manchmal auch von ulzerativer Keratitis spricht. Häufig treten sie nach äußeren Verletzungen auf, sie können jedoch auch völlig unabhängig davon entstehen. Die Ulzeration liegt meist zentral und kann sich sekundär mit Eiterbakterien infizieren. Neben diesen sehr auffälligen Symptomen scheut der Hund häufig auch helles Licht. Je nach Gesamtbild lassen sich alle hier genannten Arzneien erfolgreich verwenden: *Acidum nitricum* D30 oder D200, *Ledum* D6, *Kalium bichromicum* D6, *Mercurius corrosivus* D30 und *Symphytum* D200. Äußerlich kann man die Ulzeration zunächst mit 10%iger *Hypericum-Calendula*-Lösung spülen und anschließend mit *Euphrasia*-Lösung (1:10 verdünnte Ø) behandeln.

Hornhauttrübungen

Trübungen der Kornea sind an einem milchigen Film über dem Auge zu erkennen. Diese Form der Erkrankung spricht gut auf *Cannabis sativa* D6, *Calcium fluoricum* (syn. *Calcium fluoratum*) D30 sowie *Silicea* (syn. *Acidum silicicum*) D30 an. Eine beginnende Keratitis läßt sich ideal mit *Argentum nitricum* D6,

Ledum D6 und *Phosphorus* D30 behandeln. Mit diesen Mitteln kann man auch Vorsorge treffen, daß das Leiden nicht zu einer chronischen Erkrankung (z. B. Ulzeration, Augentrübung) auswächst.

Erkrankungen der mittleren Augenhaut (Uvea)

Die mittlere Augenhaut umfaßt die Regenbogenhaut (Iris), den Ziliarkörper und die Aderhaut (Chorioidea).

Entzündung der Uvea (Uveitis)

Am häufigsten entzünden sich Iris und Ziliarkörper (man spricht dann von einer Iridozyklitis), und zwar infolge einer Wundinfektion oder einer Ulzeration der Hornhaut (Kornea). Diese Entzündung kann akut oder chronisch verlaufen. Bei einer akuten Iridozyklitis sind sehr viele kleine Äderchen zu sehen, die Pupillen sind zusammengezogen, und der Hund reagiert lichtscheu. Das Auge erscheint durch das wäßrige, leukozytenhaltige Exsudat aus Iris und Ziliarkörper trübe. Bei einer chronischen Entzündung können Iris und Ziliarkörper miteinander verkleben. Gleichzeitig kann durch Stauung des intraokularen Abflußsystems ein Grüner Star (Glaukom) entstehen. Die Behandlung dieser Erkrankung sollte mit *Aconitum napellus* D30 (möglichst in der frühen Phase) sowie mit *Ledum* D6, *Symphytum* D200 und *Phosphorus* D30 durchgeführt werden.

Erkrankungen der Linse

Grauer Star (Katarakt)

Die hauptsächliche Krankheit der Linse ist der Graue Star (Katarakt), den man oft bei alten Hunden beobachten kann. Dieses Leiden kann aber auch angeboren sein. Der Graue Star kann in unterschiedlichen Formen vorkommen und ist oft sehr schwierig zu behandeln. Im Anfangsstadium haben sich *Conium maculatum*, *Calcium fluoricum* (syn. *Calcium fluoratum*), *Natrium muriaticum* (syn. *Natrium chloratum*) und *Phosphorus*, jeweils in der Potenz D30, als geeignet erwiesen. In Verbindung mit anderen Arzneien kann *Cineraria maritima* als äußerliches Mittel eingesetzt werden (ein bis zwei Wochen lang täglich einige Tropfen einer 10%igen ∅). Die spezielle Form des Grauen Stars bei Diabetes könnte der Auslöser sein, dieses Leiden zu behandeln.

Erkrankungen der Netzhaut (Retina)

Zu den Erkrankungen der Retina zählen die progressive Netzhautatrophie und der Grüne Star (Glaukom), die beide schwer zu behandeln sind.

Progressive Netzhautatrophie

Bei den Netzhautatrophien unterscheidet man in zentrale und allgemeine Atrophien, die bei jeweils unterschiedlichen Rassen vorkommen können. Zu den Symptomen der zentralen Form zählen ein reduziertes Sehvermögen bei Nacht. Mit zunehmender Krankheit kann der Hund auch tagsüber schlechter sehen, seine Pupillen weiten sich, und es kann sich Grauer Star bilden. Bei jüngeren Hunden ist hingegen die allgemeine Netzhautatrophie häufiger. Ein typisches Frühsymptom ist, wenn das Tier nahe gelegene Gegenstände offenbar nicht sieht, jedoch weiter entfernte Dinge erkennen kann. Als Therapieversuch bietet sich *Phosphorus* D200 an. Zwar kann man damit kein bereits zerstörtes Gewebe wiederherstellen, jedoch konnte bei einigen Hunden ein weiterer Abbau der Retina gestoppt werden. Desweiteren kann man eine Behandlung mit *Hamamelis* D200 und *Crotalus horridus* D200 versuchen – allerdings hat der Autor noch keine persönliche Erfahrung mit diesen beiden Mitteln bei der Behandlung der Netzhautatrophie gemacht.

Grüner Star (Glaukom)

Hierunter versteht man eine Schädigung von Netzhaut und Sehnerv infolge eines überhöhten Augeninnendrucks (z. B. durch Zunahme der Glaskörperflüssigkeit). Normalerweise bildet sich ein Glaukom als Folge einer anderen Erkrankung oder Entzündung des Auges, wie beispielsweise durch Uveitis. Dieser Abflußstau kann akut oder chronisch verlaufen. Bei der akuten Form ist die Bindehaut gerötet, und klares Sekret läuft aus dem Auge, das halb geschlossen ist. Der Hund mag es überhaupt nicht, wenn man seinen Augapfel berührt. Die Hornhaut ist milchig-trüb. Wenn das akute Glaukom nicht behandelt wird, entwickelt sich daraus ein chronischer Grüner Star. Das gesamte Auge und besonders die Blutgefäße sind deutlich vergrößert, die Hornhaut verdickt sich bzw. ulzeriert sogar. Vielfach bleibt die Behandlung eines Glaukoms ohne Erfolg. Dennoch sollte man folgende Mittel (in der Potenz D200) versuchen:

Aconitum napellus sollte am besten in der frühen Phase gegeben werden, und im Anschluß *Belladonna*. *Apis mellifica* kann eventuell vorhandene Ödeme beseitigen, während Mittel wie *Spigelia* und *Colocynthis* im akuten Fall schmerzlindernd wirken. Bei chronischem Glaukom erweist sich wiederum *Phosphorus* als ein ideales Arzneimittel.

Erkrankungen der Ohren

Zu den Ohrkrankheiten, die hier besonders interessieren, gehören verschiedene Entzündungen, beispielsweise die Entzündung des äußeren Gehörgangs (Otitis externa) und die Innen- und Mittelohrentzündung (Otitis media). Bei Hunden kommt am häufigsten eine Otitis externa vor, doch kann sich diese auch auf das Innen- und Mittelohr ausbreiten. Die Otitis externa wird gemeinhin auch als Ohrwurm oder Ohrenzwang bezeichnet.

Gehörgangs-entzündung (Otitis externa)

Dieser krankhafte Zustand tritt recht oft auf und kann sich als einfache Rötung mit leichter Entzündung des äußeren Gehörgangs bis hin zur Verdickung des Epithelgewebes in der Ohrmuschel äußern. Eine Otitis externa kann akut oder chronisch verlaufen. Bei einer akuten Gehörgangsentzündung fühlt sich das Ohr einfach nur übermäßig warm an, und es entstehen Geschwüre und Eiter. Gelegentlich wird auch nur übermäßig viel Ohrenschmalz (Cerumen) gebildet. Eine chronische Otitis externa ist durch eine Verdickung der Ohrmuschel (im äußeren Bereich) gekennzeichnet, gelegentlich von Geschwürbildung begleitet.

Ursachen

Die unterschiedlichsten Faktoren können zu einer Gehörgangsentzündung führen. Eine Verengung des Ohrkanals kann sie ebenso auslösen wie eine zu dichte Behaarung (z. B. beim Pudel), und manchmal reicht es schon, wenn der Hund lange Schlappohren hat (wie beispielsweise ein Cockerspaniel). Bei solchen langohrigen Rassen kann die Entzündung durch Ohrmilben hervorgerufen werden (siehe »Ohrmilben-Räude«). Auch wenn Wasser oder andere Flüssigkeiten in den Gehörgang gelangen, kann sich der Gehörgang entzünden. Häufig ist allerdings auch eine Ekzembildung an einer anderen Körperstelle der Auslöser (systemischer Ursprung).

Symptome

Im Frühstadium wird als direkte Folge der Entzündung außerordentlich viel Ohrenschmalz gebildet, das sehr weich und halbflüssig ist. Wenn sich das Leiden verschlimmert oder nicht behandelt wird, können Sekundärinfektionen im Gehörgang entstehen. Dieser kann nun vereitern, und es wird ein eitriges Exsudat gebildet. Bei einer chronischen Gehörgangsentzündung kommt es oft nicht nur zu Gewebewucherungen (möglicherweise auch zu Ulzerationen), sondern auch zu Hautdermatiden in den angrenzenden Bereiche – z. B. auch im äußeren Bereich der Ohrmuschel (Aurikel). Ein erstes deutliches Anzeichen für eine Otitis externa ist es, wenn der Hund (wie unwillig) mit dem Kopf schüttelt; häufig kann man auch beobachten, daß er mit der Pfote gegen das erkrankte Ohr stupst oder daran kratzt oder es am Boden reibt. Der Kopf wird auf die Seite mit dem erkrankten Ohr gezogen, so daß der Hundekopf schief steht. Bei genauerer Untersuchung stellt man fest, daß sich sehr viel Ohrenschmalz gebildet hat. Die Schleimhaut des Gehörgangs ist gerötet und weist möglicherweise auch Ulzerationen auf. In gravierenderen Fällen bilden sich starke Vereiterungen auf der Ohrkanalschleimhaut und ein übel riechendes eitriges Exsudat bei gleichzeitiger Verdickung des Ohrepithels. Da der Hund sich oft am Ohr kratzt, entsteht sehr häufig eine Dermatitis an der Ohrmuschel des erkrankten Ohrs.

Behandlung

Für die einzelnen Phasen der Krankheit stehen mehrere ausgezeichnete Mittel zur Verfügung:

Aconitum napellus D30 Sollte zu Beginn der Krankheit gegeben werden, wenn das Ohr zunächst gerötet ist und sich heiß anfühlt. Dieses Mittel besänftigt das Tier.

Belladonna D30 Diese Arznei bietet sich ebenfalls im Anfangsstadium an, wenn das Ohr des Hundes heiß und geschwollen ist und klopft.

Sulfur C30 Ist ebenfalls in der frühen Entzündungsphase angesagt. Das Ohr ist rötlich entzündet, auch im Afterbereich sowie oberhalb des Schwanzes wird man rote (entzündete) Stellen entdecken. *Sulfur* eignet sich vorbeugend gegen eine Verschlimmerung der Erkrankung.

Arsenicum album (syn. Acidum arsenicosum) D6 Erweist sich als nützlich, wenn seröses Sekret aus dem Ohr fließt. Der Hund hält sich mit Vorliebe im Warmen auf und ist gewöhnlich sehr unruhig. Die Symptome verschlimmern sich gegen Mitternacht.

Rhus toxicodendron D6 Ganz typisch ist, daß sich die Ohrmuschel heiß anfühlt, manchmal können sich auch Bläschen und Knötchen bilden. Meist ist das linke Ohr stärker mitgenommen als das rechte. Als systemische Beschwerden leidet der Hund an steifen Gelenken; wenn man ihn jedoch zu körperlicher Bewegung anhält, bessern sich diese Symptome wieder.

Tellurium D30 Ist ein Patentmittel bei Ohrerkrankungen. Die Ohrmuschel erscheint verdickt, und es entstehen ekzemartige Läsionen, die sich auch auf die äußere Deckschicht des Ohrs ausbreiten können. Auch hier ist das linke Ohr häufiger entzündet als das rechte, und der wäßrige, beißende Ausfluß riecht sehr abstoßend. Bei Vernachlässigung der Entzündung kann auch das Trommelfell vereitern und ulzerieren.

Hepar sulfuris D30 Der Hund weicht jeder Berührung aus und signalisiert so seine Schmerzen. Die Entzündung ist zumeist sehr tief lokalisiert, oft sind auch die angrenzenden lymphatischen Organe angeschwollen. Es wird übermäßig viel halbflüssiges Ohrenschmalz gebildet.

Mercurius solubilis D30 Ist ein geeignetes Mittel, wenn nach den pathologischen Veränderungen im Frühstadium die eitrige Phase einsetzt, in der ein grünlicher Ausfluß gebildet wird. Meist riecht der Hund muffig.

Mercurius corrosivus D30 Ist bei ernsteren eitrigen Entzündungen erforderlich, wenn der grünliche Eiter Blutspuren enthält. Auch aus der Nase kann Eiter fließen. Als weitere systemische Komplikationen findet man oft ekzemartige Läsionen in Verbindung mit einem schleimigen, durchfallartigen Kot während der Nachtstunden.

Psorinum D30 Diese Nosode ist für fröstelnde Hunde mit schmutzigem Fell geeignet, die sich übermäßig kratzen und muffig riechen.

Pulsatilla D30 Ist das geeignete Mittel für den scheuen, liebebedürftigen Hund mit angeschwollener Ohrmuschel, dessen Ausfluß nicht mit Bakterien infiziert ist. Gegen Abend werden die Symptome schlimmer. Und das Hörvermögen kann teilweise ganz verschwinden.

ANMERKUNG: Das Ohr sollte regelmäßig mit einer *Hypericum-Calendula-* oder einer Wasserstoffperoxid-Lösung gebadet werden, die jeweils zehnfach verdünnt ist.

Erkrankungen der endokrinen Drüsen

Viele Erkrankungen der endokrinen Drüsen lassen sich weder homöopatisch noch auf andere Weise behandeln. Vielfach handelt es sich um Geschwulste (Tumoren), die die Drüsenfunktion beeinträchtigen und eine Über- oder Unterfunktion verursachen. Tumoren der Hirnanhangdrüse (Hypophyse) kommen nicht selten vor und können zu Dysfunktionen anderer Drüsen führen. Zu den Drüsen, die hier interessieren, gehören Bauchspeicheldrüse (Pankreas), Hirnanhangdrüse (Hypophyse) und die Nebennierendrüsen, deren Fehlfunktionen Diabetes mellitus, Diabetes insipidus bzw. das Cushing-Syndrom hervorrufen. Häufig treten auch Störungen der Schilddrüse auf. Bei einer Unterfunktion dieser Drüse sollte man unbedingt Schilddrüsenhormon (Thyroxin) verabreichen. Eine Überfunktion (Basedowsche Krankheit) wird nur selten beobachtet.

Erkrankungen der Bauchspeicheldrüse (Pankreas)

Diese Drüse hat eine doppelte Aufgabe. Sie produziert das Hormon Insulin, das den Zuckerstoffwechsel reguliert (endokrine Funktion) und Verdauungsenzyme bildet (exokrine Funktion). Leiden im Hinblick auf die exokrine Funktion (die Pankreatitis) wurden im Kapitel »Erkrankungen des Verdauungssystems« behandelt. In diesem Kapitel erfolgt eine Beschränkung auf die endokrine Funktion, insbesondere die Unterfunktion, Diabetes mellitus.

Diabetes mellitus

Diese Krankheit kann schon länger bestehen, bevor chrakteristische Symptome auftreten. Offenbar kommt sie bei Hunden, vor allem bei weiblichen Tieren, die fünf Jahre oder älter sind, häufiger vor.

Ursachen

Der Hauptgrund für diese Erkrankung ist eine verringerte Produktion des Hormons Insulin. Diese hängt von vielen anderen Faktoren ab, unter anderem von der Funktion der Hirnanhangdrüse (Hypophyse).

Symptome

Die Symptome können schleichend sein, sie treten oft auf, lange bevor ein Arzt aufgesucht wird. Gewichtsverlust und übermäßiges Saufen sind gewöhnlich die Anzeichen, die als erste auffallen. Der Appetit ist meist normal, während bei schwerer Erkrankung grauer Star und Hautwunden mehr oder weniger regelmäßig auftretende Komplikationen sind. Die Leber wird ebenfalls in Mitleidenschaft gezogen. Durch die unvollständige Verbrennung der Fette entsteht eine Azidose (Ansäuerung des Blutes).

Behandlung

Hier muß ganz deutlich gesagt werden, daß die aufgeführten Arzneimitteln kein Ersatz für eine Insulintherapie sind, sondern diese nur unterstützen sollen. Leichte Erkrankungen können jedoch auf eine sorgfältige Diät und die je nach Bedarf angewandten Mittel ansprechen.

Syzygium D3 Dieses Mittel ist bei verstärktem Abgang von Urin mit einem hohen Zuckergehalt angezeigt. Gewöhnlich hat das Tier großen Durst.

Silicea (syn. Acidum silicicum) D30 Diese Arznei kann bei grauem Star helfen.

Calcium fluoricum (syn. Calcium fluoratum) D30 Ein gutes Gewebemittel, das auch bei Augentrübungen hilft.

Uranium nitricum D30 Dieses Mittel ist angezeigt, wenn der Hund nachts vermehrt Wasser lassen muß, wobei der Urin blaß und milchig aussieht. Bevor Zucker im Urin ausgeschieden wird, entwickelt sich eine Albuminurie (Eiweiß im Harn).

Iris versicolor D30 Typische Symptome sind ein weicher gelblicher Kot und Urin mit hoher Dichte. *Iris* gilt als gutes Mittel gegen Erkrankungen der Bauchspeicheldrüse.

Jodum D30 Der Urin kann intensiv gelb bis grün gefärbt sein und milchig aussehen. Der Kot ist locker und blaß, bisweilen schaumig sowie gelb und breiig.

Pancreatinum D30 Wenn man diese Nosode vorübergehend verabreicht, kann die Wirkung der genannten Mittel unterstützt werden.

Erkrankung der Hirnanhangdrüse (Hypophyse)

Diabetes insipidus

Sie erkennen diese besondere Form der Zuckerkrankheit bei Ihrem Hund daran, daß er große Mengen klaren, wäßrigen Harns ausscheidet und gleichzeitig viel säuft. Die Erkrankung tritt häufiger bei älteren Tieren auf.

Ursachen

In vielen Fällen ist die Erkrankung auf Verletzungen des Hypophysenhinterlappens und des Zwischenhirns zurückzuführen. Manchmal gibt es jedoch keine erkennbare Ursache für die Krankheit.

Symptome

Dem Hundebesitzer wird auffallen, daß sein Hund große Mengen Wasser säuft und entsprechend viel Harn produziert. Dieser ist wäßrig und von sehr geringer Dichte. Die Symptome können sich ganz allmählich entwickeln, aber auch plötzlich auftreten. Die Urinproduktion kann während der Nacht ansteigen. Das Fell sieht insgesamt stumpf aus, die Schleimhäute im Maul wie auch Maul und Zunge sehen trocken aus.

Behandlung

Eine dauerhafte Heilung ist selten, aber das verstärkte Wasserlassen und das übermäßige Saufen können durch die folgenden Mittel ziemlich gut eingedämmt werden.

Uranium nitricum D30 Diese Arznei wirkt sich allgemein sehr positiv auf die Arbeit der Bauchspeicheldrüse aus. Je nach Zusammensetzung des Futters schwankt der Urin zwischen hoher und niedriger Dichte.

Acidum aceticum D30 Essigsäure ist dann angezeigt, wenn der Leib angeschwollen ist und der Urin Phosphate enthält. Als Begleiterscheinung tritt Durchfall auf.

Alfalfa D1 Ein aufgeblähter Leib und Urin mit erhöhtem Harnstoff- und Phosphatgehalt können dieses Gras notwendig machen. Der Kot ist locker und gelb.

Cannabis indica D30 Das Tier kann nur unter Schwierigkeiten Wasser lassen. Der Urin selbst ist blaß. Der Hund leidet an einem gelblichen Durchfall.

Eupatorium purpureum D30 Während der Nacht wird verstärkt Wasser abgeschlagen. Der Urin enthält Harnsteinsediment.

Apocynum cannabinum D30 Der Urin ist reichlich und wird fast unwillkürlich abgegeben. Er enthält keinen Niederschlag.

Acidum phosphoricum D30 Wenn man den Urin länger stehen läßt, wird er dick und trübe. Der Lendenbereich reagiert empfindlich, und das Tier ist vor dem Wasserlassen recht unruhig.

Adrenocorticotropes Hormon (ACTH) D30 Das verdünnte Steroid unterstützt die Wirkung anderer Arzneimittel und kann zwischenzeitlich gegeben werden.

Erkrankung der Nebennierendrüsen

Hier soll nur das Cushing-Syndrom berücksichtigt werden. Diese Krankheit ist durch eine erhöhte Funktion der Nebennierenrinde bedingt.

Cushing-Syndrom

Ursachen

Diese Erkrankung entsteht durch übermäßige Produktion eines Steroidhormons, das von der Außenschicht (Rinde oder Cortex) der Nebennierendrüse gebildet wird. Bei Hunden, die älter als sieben Jahre sind, kann man diese Krankheit häufiger antreffen. Sie kann bei allen Rassen auftreten.

Symptome

Frühsymptome sind eine Vergrößerung der Leibeshöhle und ein stumpf aussehendes Fell. Im fortgeschrittenen Stadium verlieren die Haarfollikel ihre Spannkraft, was zu Haarausfall führt. Dieser beginnt symmetrisch an beiden Flanken und greift auf andere Bereiche über, z. B. auf die Vorderseite der Läufe, die Bereiche hinter den Ohren, die Gelenkbeugen sowie auf den Schwanz. Je schlechter der Zustand des Hundes wird, desto stärker nimmt sein Leib an Umfang zu. Hauterkrankungen treten auch auf, ein finniger Ausschlag auf rauher, schuppiger Haut. Eine Blutuntersuchung ergibt eine Abnahme der weißen Blutkörperchen (Leukozyten), und zwar der Lymphozyten und der eosinophilen Granulozyten.

Behandlung

Folgende Arzneimittel werden hauptsächlich angewendet:

Adrenocorticotropes Hormon (ACTH) D30   Mit diesem Hormon wurden gute Heilerfolge erzielt. *ACTH* reduziert übermäßige Gewebsflüssigkeit und verbessert allgemein die Arbeitsweise der Nebennierendrüse.

Cortisonum D30   Auch diese Nosode hilft in verdünnter Form, die Wirkungen zuviel produzierten natürlichen Hormons zu bekämpfen.

Thallium aceticum D30   Dieses Mittel versorgt Haut und Haarfollikel mit Nährstoffen und hilft, daß dem Hund wieder ein gesundes Fell wächst.

ANMERKUNG: Erfahrungsgemäß kann das gleiche klinische Bild wie bei einer richtigen Krankheit hervorgerufen werden, wenn man Kortison und anderen Steroidhormone aufs Geratewohl bzw. in einer Überdosis gibt. Dies läßt sich häufig nach längerer Behandlung von Hautkrankungen mit Steroiden beobachten. Hierdurch ist die homöopathische Medikation schwerwiegend gefährdet, da die Arzneimittel nicht richtig wirken, wenn diese Steroide im Überschuß vorliegen. Wenn man verdünntes Hormon zusammen mit Mitteln wie *Nux vomica* und *Thuja* gibt, kann dieser Effekt vermieden werden.

Erkrankungen durch Bakterien

Wundstarrkrampf (Tetanus)

Obwohl Hunde gegen diese Infektion ziemlich resistent sind, verläuft die Krankheit nach dem üblichen Schema, wenn das Gift in das zentrale Nervensystem eingedrungen ist.

Ursachen

Die Krankheit wird durch das Bakterium *Clostridium tetani* hervorgerufen. Dabei handelt es sich um einen sporenbildenden anaeroben Erreger, d. h., das Bakterium wächst nur, wenn es keinem molekularen Sauerstoff (aus der Luft) ausgesetzt wird.

Symptome

Jede Hautverletzung kann zu einer Tetanusinfektion führen – insbesondere wenn die Stelle, an der das Bakterium eingedrungen ist, schnell geschlossen wird, so daß die Luftzufuhr unterbrochen ist. Dies gilt auch, wenn der Gegenstand, an dem sich das Tier verletzt hat, rostig oder verschmutzt war. Die Inkubationszeit nach der Wundinfektion kann bis zu acht Tagen betragen. Bevor das Toxin in das zentrale Nervensystem eindringt, kommt es sporadisch zu unterschiedlich starken Muskelkrämpfen. Diese Krämpfe führen zu zahlreichen Mißbildungen und Entstellungen, z. B. einem Vorfall der Nickhaut (sogenanntes drittes Augenlid), zurückgezogenen Lippen und oberen Augenlidern sowie einem Anspannen des ganzen Körpers. Wenn das Toxin in das Nervensystem eingedrungen ist, steigert sich zunächst die Empfindlichkeit gegenüber Außenreizen. Je weiter die ursprüngliche Wunde vom zentralen Nervensystem entfernt liegt, desto später tauchen die Symptome auf.

Behandlung

Ledum palustre D6 Diese Arznei wird generell gegeben, wenn sich das Tier eine tiefe Wunde zugezogen hat. Sie wirkt von allem dann, wenn der Bereich um die Wunde kalt wird und sich verfärbt.

Hypericum M1 Wirkt besonders auf das Nervensystem. Frühzeitig verabreicht, dämmt es das Vordringen des Toxins zu den peripheren Nerven und danach zum Rückenmark ein. Im Frühstadium kann es abwechselnd mit *Ledum* verabreicht werden.

Strychninum purum D30 Charakteristische Symptome sind starke Muskelkontraktionen. Das Tier krümmt den Rücken und streckt die Beine soweit wie möglich von sich.

Curare D30 Eignet sich bei allgemeiner Muskelstarre, insbesondere der Hals- oder Schultermuskulatur. Der Kopf ist zurückgeworfen.

Gelsemium D30 Leichtere Fälle mit Muskelschwäche und Bewegungsunlust können auf dieses Arzneimittel ansprechen. Das Tier kann schläfrig wirken.

Tetanus-Nosode D30 Kann als Ergänzung zu allen hier genannten Mitteln gegeben werden.

Leptospirose, Weil-Krankheit, Stuttgarter Hundeseuche

Diese Krankheit kann akut oder chronisch verlaufen und bricht in vielen Fällen plötzlich aus.

Ursachen

Diese Krankheit wird durch Spiralmikroben hervorgerufen. Die Haupterreger sind *Leptospira icterohaemorrhagiae* und *Leptospira canicola*.

Epidemiologie

Die Erreger sind in der Natur weit verbreitet. Sie werden über infizierten Urin von Ratten auf Hunde übertragen, können aber auch über eine Hautabschürfung eindringen. Sie werden noch viele Monate nach der Genesung des Tieres im Urin ausgeschieden.

Symptome

Die akute Form der Leptospirose kann sehr plötzlich ausbrechen. Zunächst erbricht sich das Tier und scheidet einen lockeren Kot aus. Der Hund verliert anschließend den Appetit und sieht ausgetrocknet aus. Das Fell wird rauh und trocken. Das Tier kann nur unter großen Schwierigkeiten laufen, da sich Anzeichen von Steifheit im Kreuzbereich bemerkbar machen. Beim Abtasten des Leibes (Palpieren) hat der Hund offensichtlich Schmerzen. Die

Schleimhäute an den Lippen schwellen an, jedoch tritt nicht immer Gelbsucht auf. Geschwüre der Schleimhäute sind häufig. Die Auswirkungen auf den Magen-Darm-Trakt äußern sich in Erbrechen – mit Gallenflüssigkeit – sowie in dunkelbraunem oder rötlichem Kot, der gelegentlich Blutspuren enthält. Gallenpigmente können den Kot auch grünlich färben. Die Atemwege sind gleichfalls betroffen. Schnupfen mit Husten ist ein häufig auftretendes Symptom. Der Urin wird dunkel und enthält Gallenfarbstoff.

Behandlung

Die Behandlung sollte unbedingt sobald wie möglich begonnen werden. Folgende Arzneimittel sind am besten geeignet:

Aconitum napellus D12 Ist aufgrund des plötzlichen Ausbruchs der Krankheit besonders wichtig. Eisenhut mildert den Schock und dämpft die Krankheit.

Arsenicum album (syn. Acidum arsenicosum) D30 Dieses Mittel kann bei den Magen-Darm-Symptomen helfen und ein mögliches Austrocknen (Dehydrieren) des Hundes unterbinden.

Mercurius corrosivus D30 Ist ein sehr wichtiges Arzneimittel, wenn sich schon Geschwüre auf den Mundschleimhäuten gebildet haben. Auch bei schleimigem, blutverfärbten Durchfall ist es angezeigt.

Baptisia D30 Mit dieser Heilpflanze können Erschöpfung und Muskelkater bekämpft werden. Bei faulig riechenden Exkrementen und fauligem Atem ist ihre Anwendung besonders angebracht. In klassischen Fällen kann dieses Mittel besser wirken als alle anderen.

Crotalus horridus D30 Bei Gelbsucht-Symptomen sollte die Gabe von *Crotalus* in Betracht gezogen werden, da es bei Blutvergiftungen die Leberfunktion positiv beeinflußt. Das Schlangengift kann auch als Adjuvans genommen werden, um eine Blutungsneigung in den Griff zu bekommen.

Phosphorus D30 Diese Arznei hilft gegen Husten, der bei Atemwegserkrankungen auftritt, und soll positiv auf die Leber wirken, so daß das Erbrechen zurückgeht.

Berberis vulgaris D30 Wirkt sehr gut auf die Leber, kann aber auch den Gallenstoffwechsel beeinflussen. Nach der Verabreichung sollten die Gallenfarbstoffe aus dem Urin verschwinden. Das Mittel hilft auch gegen die Steifheit im Kreuzbereich.

Lycopodium M1 Die chronischen Fälle mit Kraft- und Appetitlosigkeit können durch *Lycopodium* gebessert werden, was eine langfristige Wirkung auf die Arbeitsweise der Leber zur Folge hat.

Leptospirose-Nosode D30 Diese Nosode kann zusammen mit allen vorgenannten Mitteln gegeben werden. Wenn man sie während der Rekonvaleszenz gibt, kann verhindert werden, daß sich der Erreger in den Nieren festsetzt. Somit wird eine nichteitrige Entzündung der Nieren (interstitielle Nephritis) vermieden. Außerdem können die Erreger nicht mit dem Harn ausgeschieden werden.

Vorbeugung

Die *Leptospirose*-Nosode kann entweder allein oder in Kombination mit *Hundehepatitis-Nosode und Staupe*-Nosode im selben Zeitraum verabreicht werden.

Ehrlichiose (Infektion mit *Ehrlichia canis*)

An dieser von Rickettsien (einzelligen Lebewesen) übertragenen Krankheit können sowohl Hunde als auch Füchse erkranken.

Ursachen

Die Krankheit wird von einer Rikkettsie verursacht, die unter dem Namen *Ehrlichia canis* bekannt ist.

Epidemiologie

Der Erreger ist weit verbreitet und wird einzig und allein von einer Zecke auf den Hund übertragen. Alle Entwicklungsstadien dieser Zecke sind von *Ehrlichia* befallen.

Symptome

Die Inkubationszeit kann drei Wochen betragen und endet in einem ersten Fieberanfall, der nur einige Tage dauert. Dabei kann sich eine Bindehautentzündung mit schleimig-eitrigem Ausfluß entwickeln. Meistens ist das zentrale Nervensystem betroffen. Die Symptome reichen von leichten Bewegungsstörungen bis hin zu Krämpfen und vollständiger Lähmung zweier symmetrischer Extremitäten. Weiterhin können Durchfall und Appetitlosigkeit auftreten. Diese Kennzeichen sind jedoch für diese Krankheit nicht sehr charakteristisch.

Behandlung

Aconitum napellus D12 Ist eigentlich bei allen Infektionen mit anfänglichem Fieber angezeigt.
Pulsatilla D6 Die Küchenschelle kann die Absonderungen aus dem Auge erfolgreich beseitigen, insbesonders dann, wenn der Ausfluß rasch von klar-serös zu schleimigeitrig wechselt.
Conium D30 Ist das Hauptmittel gegen Bewegungsstörungen, das auffälligste Symptom der Nervenerkrankung. Je nach Grad der Erkrankung – von Koordinationsstörungen bis hin zu Lähmungen – können höhere Potenzen erforderlich sein.
Belladonna M1 Sollte man bei Krämpfen anwenden.

Viruserkrankungen

Staupe

Die Hauptursache für diese weit verbreitete Erkrankung ist ein Virus. Die Staupe kann allerdings durch die Symptome und Prozesse einer bakteriellen Sekundärinfektion kompliziert werden.

Epidemiologie

Im frühen akuten Stadium der Erkrankung findet man das Virus in den Absonderungen und Exkremente von Hunden. Das Staupe-Virus kann nun die Umgebung kontaminieren, und da es sich in der Luft befindet, wird es leicht auf andere anfällige Tiere übertragen. Welpen sind stärker gefährdet als ältere Hunde. Die Krankheit kann auch durch Füchse, Frettchen und Wiesel übertragen werden.

Symptome

Bei sehr jungen Welpen kann das einzige Symptom der Staupe ein manchmal blutiger Durchfall sein; auch wollen sie meist nicht fressen. Diese Symptome sind das Ergebnis einer blutigen Darmentzündung. Ältere Welpen und junge Hunde (über vier Monate) haben anfänglich Fieber, die Temperatur steigt um 3 bis 4 °C. Im klassischen Fall ist die Nase trocken und heiß, die Augen haben einen ängstlichen Ausdruck. Danach tritt ein zunächst wäßriger, klarer Ausfluß aus Augen und Nase auf, der später schleimig und manchmal eitrig wird. Die Atemwegserkrankung beginnt mit einem leichten Husten. Dieser besondere Husten ist für die Krankheit kennzeichnend geworden. Das Tier hat fast immer eine rauhe, trockene Haut mit Knötchen- oder Bläschenausschlag auf dem Bauch und den Innenseiten der Läufe. Der Hund leidet konstant an meist blutigem und faulig riechendem Durchfall. Wenn die Krankheit nicht behandelt wird oder eine früh-

zeitige Behandlung erfolglos ist, entwickelt sich eine (manchmal schwere) Lungenentzündung mit rostfarbenem Auswurf, und auch die Nase läuft. Wenn die Tiere überleben, ist meistens das Nervensystem auf die eine oder andere Weise geschädigt, z. B. Muskelzuckungen und Chorea (Veitstanz), von der das Gehirn oder die periphere Nerven betroffen sind; Im Extremfall arten die Spätfolgen in Krämpfe aus, die immer stärker werden, je länger das Tier überlebt. Das Rückenmark kann stärker betroffen sein, was zu unterschiedlich starken Lähmungen führt. In gravierenden Fällen können die Extremitäten vollständig gelähmt sein. Bei einer Schädigung des Nervensystems sind gewöhnlich auch die Fußballen verdickt oder verhärtet. Die häufigsten Folgen, wenn eine Behandlung erfolglos blieb, sind Muskelzuckungen (Chorea) und verschieden starke Lähmungen. Für den Hundebesitzer ist dies besonders betrüblich, da das Tier voll bei Bewußtsein bleibt und meist einen guten Appetit behält.

Behandlung

Gegen Staupe gibt es viele homöopathische Mittel. In dieser Hinsicht bietet die Homöopathie bessere Möglichkeiten als konventionelle oder allopathische Behandlungsmethoden. Je nach Krankheitsstadium und den auftretenden Symptomen stehen mehrere ausgezeichnete Arzneimittel zur Wahl.

Anfangsstadium

Aconitum napellus D30 Eignet sich hervorragend für die Anfangsphase und sollte sofort verabreicht werden, wenn Anzeichen wie Appetitlosigkeit und andere Symptome einer beginnenden Staupe auftreten. Das Tier ist ängstlich und zittert oder zeigt andere Anzeichen eines Schocks. *Aconitum* kann allein schon die Entwicklung der späteren Symptome unterbinden. Man gibt jede halbe Stunde bis zu sechs Gaben täglich.

Ferrum phosphoricum D6 In den frühen Stadien eignet sich diese Arznei vor allem, wenn das Tier empfindlich oder nervös, jedoch nicht ängstlich ist. Der Rachen ist rot und entzündet, und es kommt zu Nasenbluten.

Belladonna D30 Sollte bei folgenden Symptomen gegeben werden: geweitete Pupillen, Reizbarkeit, starkem, schnellen Puls und heiße, trockene Haut.

Stadium mit Schnupfen und Tränenfluß

Arsenicum album (syn. Acidum arsenicosum) M1 Ist ideal bei unruhigen Tiere. Das Tier säuft häufig Wasser, aber immer nur kleine Mengen. Gegen Mitternacht sind die Symptome stärker. Der Ausfluß aus Augen und Nase ist beißend und aggressiv gegen die Haut.

Mercurius corrosivus D30 Charakteristisch ist ein stärkerer Tränenfluß. Die Absonderungen werden eitrig und sammeln sich als gelbe Pfropfen in den Augenwinkeln. Die Symptome sind nachts meist ausgeprägter als tagsüber.

Pulsatilla D30 Eignet sich bei häufig auftretendem, katarrhalischem Ausfluß (mit starkem Schleimfluß), der nicht reizt. Ein ideales Mittel für verschüchterte oder freundliche Hunde.

Stadium mit Atemwegserkrankungen

Antimonium tartaricum D6 Brechweinstein hilft im Anfangsstadium des Hustens. In der Brust ist ein rasselndes Geräusch zu hören. Gleichzeitig können Lethargie und Bewegungsunlust auftreten. Zwar wird in den Bronchien sehr viel Schleim gebildet, jedoch nur ein sehr kleiner Teil ausgeworfen.

Ipecacuanha D30 Bei Symptomen wie häufigem Husten, eventuell mit Auswurf von hellrotem Blut und gleichzeitigem Erbrechen, ist dieses Mittel geeignet.

Bryonia D30 Der Hund hat sichtbare Schwierigkeiten beim Atmen und offensichtlich auch Schmerzen im Brustkorb. Aufgrund der Schmerzen im Brustfell kann man nun die Bauchatmung sehen. Das Tier legt sich bevorzugt auf die erkrankte Seite. Wenn man Druck auf den schmerzenden Bereich ausübt, schafft dies dem Hund Erleichterung.

Lycopodium D30 Spricht bei abgemagerten und hinfällig aussehenden Tieren gut an, bei denen die Symptome periodisch auftreten und sich am späten Nachmittag und frühen Abend verschlechtern. *Lycopodium* kann erforderlich sein, wenn die Lungenentzündung eingesetzt hat oder wenn sich die Nasenöffnungen unwillkürlich bewegen, diese Bewegung aber mit dem Atmen nichts zu tun hat. Der Deutsche Schäferhund spricht generell gut auf dieses Mittel an.

Phosphorus D30 Kann auch erforderlich sein, wenn sich die Lungenentzündung bereits festgesetzt hat. Gewöhnlich ist auch der Magen in Mitleidenschaft gezogen. Der Hund erbricht sich, nachdem er Wasser gesoffen hat. Dieses Wasser wird wieder ausgespuckt, wenn es im Magen erwärmt wurde. Bestimmte Hunderassen sprechen auf *Phosphorus* sehr gut an, insbesondere Collies, Irish Setter und Whippets.

Stadium mit Erkrankungen des Magen-Darm-Traktes

Arsenicum album (syn. Acidum arsenicosum) M1 Das kranke Tier hat beißenden Durchfall, der oft blutverfärbt ist und nach Verwesung riecht. Gewöhnlich tritt Erbrechen auf. Die Haut um den After ist angegriffen. Das Tier ist unruhig und säuft häufig kleine Mengen Wasser. Die Haut ist trocken und rauh. Die Symptome werden gegen Mitternacht schlimmer.

Mercurius corrosivus D30 Charakterische Symptome sind ein ruhrartiger, schleimiger Kot, der unter Pressen abgegeben wird und während der Nacht stärker ist, sowie geschwürartige Wunden im Maul.

Veratrum album D30 Der Hund leidet an wäßrigem Durchfall, der unter Pressen abgegeben wird. Anzeichen von Zusammenbruch (Kollaps), Erschöpfung oder Schmerzen vor dem »Stuhlgang« sind ebenfalls typisch. Das Tier reagiert unwillig, wenn sein Bauch berührt wird.

Baptisia D30 Sollte bei dunklem und blutigem Kot verabreicht werden. Der Bereich über der Leber reagiert empfindlich. Das Tier hat großen Durst, nachdem es sich übergeben hat. Der Hund kann feste Nahrung nur mit Mühen schlucken, er wirkt schläfrig oder wie im Koma.

China D30 Kräftigt den Hund, wenn er nach einem Durchfall viel Flüssigkeit verloren hat, und kann diesen Durchfall auch abschwächen.

Pyrogenium M1 Ist das Idealmittel für schwere Fälle, die durch die folgenden Symptome gekennzeichnet sind: Fieber, begleitet von einem trägen, kleinen Puls, äußerst abstoßende Absonderungen, ein insgesamt schlechtes Aussehen sowie ein allgemeiner Zusammenbruch (Kollaps).

Stadium mit Hauterkrankungen

Antimonium crudum D6 Dies ist das klassische Arzneimittel zur Behandlung von Knötchen, die sich zu Bläschen und Pusteln weiterentwickeln. Der Hund leidet an starkem Juckreiz, der nachts am schlimmsten ist.

Arsenicum album (syn. Acidum arsenicosum) D30 Die Haut

spannt, ist trocken und schuppt sich. Das Fell wird struppig und sträubt sich wegen des starken Juckreizes. Die Symptome werden gegen Mitternacht immer schlimmer, das Fieber sinkt.

Sulfur jodatum D6 Parallel zu den Hautsymptomen können die Mandeln vergrößert sein. Der Ausschlag juckt, und die Haut ist rot.

Stadium mit Erkrankungen des Nervensystems

Gelsemium D30 Das Tier ist allgemein lethargisch und bewegungsunlustig. Die Augenlider hängen, und erste Lähmungserscheinungen treten auf. Die Muskel schmerzen, wenn man sie berührt.

Belladonna M1 Hilft am besten gegen Anfälle oder Krämpfe, wenn es sofort nach dem Auftreten der Symptome und anschließend alle halbe Stunde bis zu sechsmal verabreicht wird. Die Augen sind gerötet, die Pupillen geweitet und die Haut heiß. Der Puls ist kräftig und hüpfend. Sie sollten den Hund vor Licht schützen.

Strychninum D30 Sollte gegeben werden, wenn Symptome von Chorea (Veitstanz) erscheinen. Die Zuckungen treten an verschiedenen Stellen auf, insbesondere im Gesicht und auf dem Rücken. Das Tier streckt häufig seine Hinterläufe hinter dem Körper aus.

Conium D30 Wirkt der Lähmung der Hinterbeine entgegen. Die ersten Anzeichen dieser Schwäche treten zunächst in den Pfoten auf und stei-

gen allmählich nach oben. Gewöhnlich benötigt man immer stärkere Potenzen über einen Zeitraum von einigen Wochen.

Causticum D6 Die Lähmungserscheinungen treten in anderen Bereichen auf, z. B. in den Vorderläufen. Die Tiere können aufgrund einer Muskelschwäche und Zittern nicht mehr stehen. Vor dieser Phase zeigt der Hund, daß keine Lust auf körperliche Bewegung verspürt. Die Gelenke werden steif und knacken beim Bewegen.

Hyoscyamus D30 Typische Symptome für diese Pflanze sind neben Anfällen allesamt Anzeichen, die das Gehirn betreffen. Der Kopf wird hin- und hergeschlagen, und der Hund wird aufgrund von Schwindel unruhig. Seine Augen können nicht starr auf einen Punkt blicken, und er ist meist sehr aufregt. Im Anschluß hieran passieren dann die Anfälle.

Stramonium D30 Dem Hund ist verstärkt schwindelig, und er fällt häufig auf eine Seite, gewöhnlich die linke. Beim geringsten Geräusch schreckt das Tier auf. Helle oder glitzernde Gegenstände lösen einen Anfall aus, und daher sollte das Tier im dunklen Raum gehalten werden.

Stadium mit Erkrankungen des Auges

Typische Augenerkrankungen sind Hornhautentzündungen, wobei sich auch Geschwüre auf der Hornhautoberfläche bilden.

Aurum metallicum D30 Die Schädelknochen um die Augen herum (Augenhöhle) schmerzen bei Berührung. Die Augen sind gerötet und stehen hervor.

Mercurius corrosivus D30 Heilt Hornhautgeschwüre, wenn sich dabei grünlicher Eiter im inneren Augenwinkel bildet und sich eventuell eine eitrige Bindehautentzündung (Konjunktivitis) einstellt.

Silicea (syn. Acidum silicicum) D30 Eignet sich bei langanhaltenden Erkrankungen mit Augentrübungen, nachdem die Geschwüre abgeheilt sind. *Silicea* kann Narbengewebe absorbieren und sollte zweimal wöchentlich über einen Zeitraum von einigen Monaten verabreicht werden.

Euphrasia D6 Kennzeichnend sind ein übermäßiger Tränenfluß im Anfangsstadium sowie angeschwollene Augenlider, die schwer erscheinen.

Acidum nitricum D30 Ein sehr gutes Arzneimittel gegen Hornhautgeschwüre. Gleichzeitig können die Bereiche um Maul und After erkranken.

Argentum nitricum D6 Ist ebenfalls gegen Hornhautgeschwüre geeignet, paßt jedoch besser auf die Erfordernisse junger Tiere. Die Bindehaut ist deutlich dunkelrosa gefärbt, und es wird reichlich Eiter abgesondert. Diese Symptome werden besser, wenn sich das Tier an der frischen Luft bewegt. *Argentum nitricum* ist besonders dann geeignet, wenn sich die Symptome der Augen verschlechtern, sobald die Beschwerden im Bauchbereich beginnen.

Pulsatilla D30 Schmerzen in den Augen veranlassen das Tier, seinen Kopf gegen jeden geeigneten Gegenstand zu pressen. Gewöhnlich tritt reichlicher, milchiger Ausfluß auf, der die Augenlider verklebt. Die Symptome sind in der Nacht meist stärker. Die Augen blicken starr. Das Sehvermögen geht verloren, wahrscheinlich durch den einsetzenden grauen Star. Der Hund ist sehr lichtempfindlich.

Als äußerliche Behandlung sollten Sie in allen Fällen die Augen mehrmals täglich mit einer zehnfach verdünnten *Calendula-Hypericum*-Lösung gespült werden. Falls die Erkrankungen frühzeitig erkannt wird, kann die Anwendung der *Staupe*-Nosode (als Hochpotenz bis M50) spektakuläre Ergebnisse erzielen. Das potenzierte Virus sollte jedoch besser mit den hier aufgeführten Arzneimitteln kombiniert und täglich an drei aufeinanderfolgenden Tagen gegeben werden.

Vorbeugung gegen Staupe

Viele Hundezüchter und Hundebesitzer wissen vielleicht nicht, daß es eine homöopathische Alternative zur konventionellen Impfung gibt, und zwar in Form einer Nosode oder Schluckimpfung, die aus verschiedenen Staupeexsudaten hergestellt wird; diese Nosoden enthalten das abgetötete Virus, das auf die Stärke D30 potenziert wurde. Der konventionellen Impfung soll dadurch nicht unterstellt werden, sie sei wertlos; schließlich bietet sie Schutz, weil nach der Impfung Antikörper im Blut zirkulieren. Die Mehrzahl der so geschützten Hunde ist für das Virus nicht mehr anfällig. Diese Methode ist aber für einen geringen Prozentsatz der Tiere nicht ungefährlich. So haben einige Welpen nach der Impfung Ekzeme entwickelt, die medikamentös nicht behandelt werden können, und manchmal kam es infolge des anaphylaktischen Schocks (Eiweißschock) zu Anfällen.

Die Homöopathie bietet alternativ eine Nosodentherapie, die über einen Zeitraum von sechs Monaten verabreicht wird. Dies mag langwierig erscheinen, jedoch ist die Methode vollkommen sicher und ohne jede Nebenwirkung. Versuche in den USA haben ergeben, daß Welpen, die auf diese Weise geschützt wurden, die Infektion mit einem virulenten Staupevirus problemlos überstanden. Als einzige Reaktion trat ein leichter Husten auf, der innerhalb von 48 Stunden verschwand.

Infektiöse Hunde-Hepatitis, Rubarth-Krankheit

Dieses Virus scheint nur die Hundefamilie (Canidae oder Hundeartige) zu befallen, zu denen u. a. auch Schakale, Füchse und Wölfe zählen. Das Virus kann für sich allein eine Infektion auslösen oder durch die Staupe kompliziert werden. Dann ist die Sterblichkeit höher. Meist ist der Krankheitsverlauf mild und wird häufig nicht erkannt. An dieser Stelle sollen die schwere Form sowie ihre Therapie beschrieben werden.

Epidemiologie

Da sowohl Füchse als auch Hunde anfällig sind, bilden Füchse ein großes Reservoir des Virus. Beim Fuchs manifestiert sich die Krankheit als Enzephalitis (Gehirnentzündung). Das Virus wird über den Urin und – im Gegensatz zu dem Staupe-Virus – nicht über die Luft verbreitet. Nach der Genesung können die Hunde das Virus noch viele Monate lang über die Nieren ausscheiden. Anfällige Tiere werden infiziert, wenn sie die mit dem Urin kontaminierten Flächen ablecken oder kontaminiertes Futter fressen.

Symptome

Das Virus infiziert Hunde aller Altersklassen. Nach einer Inkubationszeit von zehn Tagen steigt die Temperatur, fällt nach ein oder zwei Tagen wieder, um nach fünf oder sechs Tagen erneut zu steigen. Bei leichten Fällen brauchen keine anderen Symptome aufzutreten. Wenn die Krankheit andauert, kommt es zu Appetitlosigkeit, die von starkem Durst begleitet wird. In den (sichtbaren) Schleimhäuten treten kleine Blutungen sowie Stauungen auf, wodurch sie rötlich-rosafarben oder ziegelrot erscheinen. Der Rachen wird empfindlich und schwillt an, weil die Mandeln entzündet sind. Die Leber ist meistens auch angegriffen, so daß das Tier in dieser Körperregion druckempfindlich wird. Zu den häufig auftretenden Erkrankungen der Augen gehören tränende Augen, aber auch Bindehautentzündung mit serösen Absonderungen. Als weitere

Komplikation trübt sich oft die Hornhaut, wodurch die Augen blau erscheinen. Weil das Blut dünnflüssig wird und schlecht gerinnt, kommt es zu kleinen Hautblutungen, insbesondere am Bauch. Genesende Tiere verlieren viel Gewicht; dies kann weiter anhalten, auch wenn der Appetit wieder normal geworden ist.

Behandlung

Die nachstehend aufgeführten Arzneimittel haben alle ihren eigenen Anwendungsbereich und sind entsprechend den auftretenden Symptomen zu verabreichen.

Aconitum napellus D30 Dämmt – wie schon bei anderen Infektionskrankheiten – die Entwicklung der Krankheit weitgehend ein, wenn es frühzeitig gegeben wird. *Aconitum* muß einige Stunden lang mehrmals verabreicht werden.

Rhus toxicodendron D6 Ist ideal, wenn die Schleimhaut erkrankt und rötlich verfärbt ist, und wirkt sich auch heilend auf die Augen aus.

Phytolacca D30 Die Symptome im Rachen werden durch *Phytolacca* gemildert, insbesondere wenn die Mandeln vergrößert sind.

Mercurius bijodatus D6 Wirkt sich positiv auf die linke Rachenseite aus.

Mercurius jodatus flavus D6 Das gelbe Quecksilberjodid hilft ebenfalls im Rachenraum, jedoch bevorzugt auf der rechten Seite.

Phosphorus D30 Zum Arzneimittelbild des Phosphors gehören punktförmige Hautblutungen und subkutane Blutungen; *Phosphorus* kann auch auf die Leber günstig wirken.

Crotalus horridus D30 Ist wohl das beste Mittel, wenn die Lebertätigkeit angeregt werden muß und sich Blutungen schlecht stillen lassen.

Silicea (syn. Acidum silicicum) D30 Sollte bei bläulicher Verfärbung der Augen gegeben werden, da es die Absorption des Hornhautödems, welches die Trübung ausgelöst hat, beschleunigt und außerdem die Bildung von Narbengewebe verhindert.

Berberis vulgaris D6 Wirkt sich positiv auf Leber, Gallenblase und Nieren aus. *Berberis* bewahrt die Niere vor Schäden durch das Virus, das ja dauernd in diesem Organ vorkommt.

Hepatitis-Nosode D30 Diese Nosode kann mit allen hier genannten Arzneimitteln kombiniert werden. Sie unterstützt in großem Maße den Heilungsprozeß und ist für das genesende Tier besonders geeignet, da es nun schnell wieder an Gewicht zulegt. Die Nosode kann daher auch mit einem Stärkungsmittel wie *Lycopodium* D30 gegeben werden.

Vorbeugung gegen Hunde-Hepatitis

Es gibt eine spezielle *Hunde-Hepatitis*-Nosode, die entweder allein oder zusammen mit der *Staupevirus*-Nosode gegeben werden kann. Dieses Oral-Vakzin steht nicht als Kombinationspräparat mit der handelsüblichen *Staupevirus*-Nosode zur Verfügung, sondern muß als eigenständiges Präparat gekauft werden. Zuerst ist an drei aufeinanderfolgenden Tagen jeweils abends und morgens eine Dosis zu geben, danach sechs Monate lang jeweils eine Dosis pro Monat.

Infektion mit Herpes-Viren

Diese Krankheit bricht vor allem bei jungen Welpen aus und kann zum Tode führen. Ältere Tiere werden hingegen nicht so stark betroffen.

Epidemiologie

Das Virus breitet sich wahrscheinlich aus, wenn zu viele Tiere auf zu engem Raum gehalten werden, und wird durch direkten Kontakt (und sehr wahrscheinlich nicht durch die Luft) übertragen. Noch 14 Tage nach der Infektion können infizierte Hunde das Virus mit dem Ausfluß aus Nase und Maul, aber auch über den Urin abgeben. Wenn trächtige Hündinnen infiziert werden, sind die Welpen sowohl während der Tragezeit als auch während der Geburt (durch Übertragung des Virus im Geburtskanal) gefährdet. Falls man bei der Geburt nicht ausreichend auf Hygiene achtet, kann sich die Infektion ebenfalls ausbreiten.

Symptome

Bis zum Alter von drei Wochen können die Welpen Anzeichen einer Infektion zeigen. Krankheitssymptome im Bauchraum (ein weicher grünlicher Kot) sind das erste Anzeichen. Danach treten als allgemeine Krankheitssymptome Atembeschwerden, Würgen und Erbrechen auf. Der Welpe rudert mit den Beinchen und jault unaufhörlich, wahrscheinlich aufgrund der starken Bauchschmerzen. Für gewöhnlich sind in einem Wurf alle Welpen erkrankt. Bei älteren Tieren sind Nasenausfluß und Schluckbeschwerden meist die einzigen Symptome.

Behandlung

Für diese Krankheit ist typisch, daß der Hund kein Fieber hat. Wenn die Welpen schnell in einen warmen, trockenen Raum gebracht und gut eingewickelt werden, ist ihre Genesungschance wesentlich größer. Die folgenden Mittel sollten für den eventuell Notfall bei jeder Geburt parat sein.

Aconitum napellus D12 Wird allen Welpen zweimal im Abstand von einer Stunde routinemäßig verabreicht.

Arsenicum album (syn. Acidum arsenicosum) D30 Hilft gegen Würgen und Bauchschmerzen und läßt die Temperatur steigen.

Carbo vegetabilis D200 Welpen, die im Sterben liegen, sprechen gut auf dieses Arzneimittel an. *Carbo vegetabilis* erleichtert auch das Atmen während der Wehen, weil es eine vertiefte Atmung ermöglicht.

Abrotanum D1 Dieses Arzneimittel sollte man immer berücksichtigen, wenn bei neugeborenen Welpen Komplikationen eintreten. Dies gilt insbesondere für Nabelanomalien, wie z. B. einem geöffneten Harngang (Urachus).

Herpesvirus-Nosode D30 Sollte zusammen mit den anderen Arzneimitteln gegeben werden.

Vorbeugung gegen Herpes-Viren

Die *Herpesvirus*-Nosode kann aus infektiösen Absonderungen hergestellt werden und sollte allen Hündinnen während einer Trächtigkeit einmal pro Woche gegeben werden. Mit einer wesentlich geringeren Wahrscheinlichkeit werden dadurch infizierte Welpen geboren. Homöopathische Oral-Vakzine und Nosoden haben den großen Vorteil, daß sie aufgrund ihrer Zellaffinität die Plazenta-Barriere überwinden können. Dies gelingt ihnen aber auch, weil sie die in den Arzneien steckende Kraft übertragen.

Erkrankungen durch Parvoviren

Diese Virusinfektion befällt hauptsächlich Welpen, in geringerem Maße ältere Tiere. Nach der Infektion können junge Hunde sehr rasch sterben, weil sie in erster Linie austrocknen (Dehydratation), aber auch weil der Herzmuskel geschädigt wird.

Ursachen

Verschiedene Viren wurden mit Bezeichnugen wie CPV (parvovirusartig) und CCV (coronavirusartig) belegt. Vermutlich ist das Virus eng mit denjenigen verwandt, die bei Nerzen Enteritis (Darmentzündung) und bei Katzen das sogenannte Katzenfieber

hervorrufen können. Der Hund wird durch Streß für diese Erkrankung anfälliger.

Symptome

Typischerweise bricht die Krankheit ganz plötzlich aus. Das Befinden des kranken Hundes ist sichtbar beeinträchtigt, er wirkt »depressiv«. Sehr bald setzen Erbrechen und Durchfall ein, der Kot ist wäßrig, riecht stark faulig und ist gelborange. Sowohl im Mageninhalt als auch im Kot kann man Blutspuren finden. Besonders die Welpen trocknen stark aus (Dehydrierung). Die Temperatur kann leicht erhöht sein, genauso oft ist sie auch normal. Im Maul bilden sich kleine Bläschen, die nach dem Platzen eine rauhe, blutende Oberfläche hinterlassen.

Diagnose

Die Diagnose stützt sich auf die Symptome. Durch Labortests kann man jedoch das Virus identifizieren, das die Krankheit auslöste. Das Blutbild ergibt, daß die Zahl der weißen Blutkörperchen (Leukozyten) zurückgegangen ist.

Behandlung

Falls der Verdacht auf eine Parvovirose besteht, sollten folgende Arzneimittel benutzt werden.

Aconitum napellus D30 Dieses Arzneimittel gibt man am besten sofort (vier Gaben in einstündigem Abstand). Eisenhut ist aber auch für jeden Hund gut, der nach Meinung seines Besitzers »in letzter Zeit zuviel Streß hatte«.

Phosphorus D30 Hilft generell bei Symptomen im Magenbereich (vier Gaben in einstündigem Abstand). Zumeist wird das Erbrechen auf diese Weise erfolgreich unterbunden. *Phosphorus* kann auch Magenblutungen stillen.

Arsenicum album (syn. Acidum arsenicosum) D30 Ist das Mittel der Wahl bei akutem Durchfall und sollte ebenfalls in häufigen Dosierungen gegeben werden.

Iris versicolor D30 Wenn *Aconitum*, *Phosphorus* und *Arsenicum album* die akuten Symptome erfolgreich bekämpft haben, dann kommt *Iris* zum Einsatz.

Crotalus horridus D30 Eignet sich als zusätzliches Mittel (zu den bereits genannten Arzneien), wenn das kranke Tier mit dem Kot zuviel Blut verloren hat. *Crotalus* ist eines der bedeutendsten blutstillenden Arzneimittel, die in der Homöopathie verfügbar sind. Es sollte häufiger dosiert verabreicht werden.

Vorbeugung gegen Parvoviren

Eine homöopathische orale Impfung (mit einem Oral-Vakzin, das exakt aus dem Erreger dieser Krankheit gewonnen wurde) ist ebenfalls möglich. Für gewöhnlich wird folgendermaßen vorgegangen:

Drei Tage hintereinander wird abends und morgens jeweils eine Dosis verabreicht, danach sechs Monate lang jeweils eine pro Monat. Diese Nosode kann schon jungen, d. h. zwei bis drei Wochen alten Welpen gegeben werden, was ein Vorteil gegenüber den herkömmlichen Impfstoffen ist. Die Nosode ist voll-kommen ungefährlich und hat keine Nebenwirkungen. In der Praxis wurden mit dieser Nosode ständig gute Ergebnisse erzielt (bisher ohne eine einzige Erkrankung). Das Oral-Vakzin kann auch die hier genannten Arzneimittel in ihrer Wirkung unterstützen.

Infektionen durch Einzeller (Protozoen)

Piroplasmose (Babesiose)

Diese Krankheit, eine seuchenhafte Blutinfektion, wird von Vektoren (Ektoparasiten, die einen Erreger an das Wirtstier abgeben) übertragen und ist auch als Gallenfieber und akute gelbe Leberatrophie bekannt.

Ursachen

Babesia canis ist die häufigste *Babesia*-Art, die diese Krankheit hervorrufen kann. Die Krankheit wird durch Zecken (Holzböcke) übertragen, die als Zwischenwirt dienen.

Symptome

Die Inkubationszeit kann bis zu vier oder fünf Wochen dauern. Danach steigt die Temperatur, aber auch die Herz- und Atemfrequenz nehmen zu. Nach und nach kann man die Symptome einer Anämie erkennen,

z. B. an der Blässe der (sichtbaren) Schleimhäute. Der Hund leidet an Appetitlosigkeit und einer Beeinträchtigung des Wohlbefindens. Außerdem kann sich eine Gelbsucht einstellen, die auf eine Erkrankung der Leber deutet. Diese wiederum führt zu Aszites (Bauchwasser).

Behandlung

Aconitum napellus D12 Ist für das frühe Stadium mit Fieber geeignet und sollte so frühzeitig wie möglich gegeben werden.

Crotalus horridus D30 Ist wahrscheinlich das wichtigste Mittel gegen Gallenerkrankungen mit Komplikation durch Blutungen. Wenn charakteristische pathologische Veränderungen auftauchen, die auf eine Gelbsucht hinweisen, sollte der Hund ebenfalls *Crotalus* bekommen. Während eines akuten Schubs muß es häufiger genommen werden.

Phosphorus D30 Eignet sich bei nicht so gravierenden Fällen, indem es die Symptome an der Leber, aber auch kleinere Blutungen bekämpft.

China D30 Läßt den erkrankten Hund wieder zu Kräften kommen, nachdem dieser viel Körperflüssigkeit verloren hat, und sollte immer mit anderen Arzneimitteln kombiniert werden.

Trinitrotoluol D30 Kann normalerweise rote Blutkörperchen zerstören, was zu einem Verlust an Hämoglobin führt. *Trinitrotoluol* sollte deshalb bei Gallenfieber verwendet werden, da sein Arzneimittelbild viele Symptome dieser Krankheit abdeckt.

Toxoplasmose

Diese Krankheit wird von dem Einzeller *Toxoplasma gondii* (eine Kokzidien-Art) hervorgerufen, der intrazellulär lebt und eine Art Lungenentzündung mit Komplikationen in Abdomen und zentralem Nervensystem (ZNS) hervorruft.

Symptome

Je nach betroffenen Geweben oder Organen und entsprechend dem Alter des erkrankten Tieres treten unterschiedliche Symptome auf. Welpen zeigen schwerere Symptome als ältere Hunde. Das zunächst erscheinende Fieber führt zu einer Lungenentzündung mit Husten. Aus Nase und Augen tritt schleimig-eitriger Ausfluß aus. Bei der ebenfalls auftretenden abdominalen Form entsteht ein Magen-Darm-Katarrh, das Tier reagiert auf Druck im Magenbereich empfindlich. Meistens ist das zentrale Nervensystem betroffen. Zu den Symptomen zählen Koordinationsschwierigkeiten, Anfälle und verschieden starke Lähmungserscheinungen. Der Augenausfluß hängt z. B. von Entzündungen der Regenbogenhaut (Iris) und der Hornhaut (Kornea) ab.

Behandlung

Aconitum napellus D12 Sollte der Hund bei den ersten Anzeichen von Fieber bekommen.

Phosphorus D30 Zu den Symptomen dieses sehr bedeutenden Arzneimittels zählt eine Lungenentzündung, die von einem rostrot gefärbten Nasenausfluß begleitet wird.

Wenn der Hund Durst verspürt, so erbricht er das gesoffene Wasser, nachdem dieses im Magen erwärmt wurde.

Arsenicum album (syn. Acidum arsenicosum) M1 Ist das beste Arzneimittel bei Erkrankung des Magen-Darm-Trakts. Das Fell ist struppig und trocken. Das Tier sucht normalerweise warme Plätze auf. Die Symptome verschlimmern sich gegen Mitternacht.

Mercurius corrosivus D30 Hilft bei Augenerkrankungen mit schleimig-eitrigem Ausfluß. Gelegentlich kann der Hund auch an schleimigem, blutverfärbtem Durchfall leiden.

Belladonna M1 Ist wahrscheinlich das beste Mittel, wenn die Tiere krampfartige Anfälle bekommen.

Conium D30 Eignet sich immer dann, wenn der Hund die ersten Anzeichen zeigt, daß er an den hinteren Flanken teilweise oder vollständig gelähmt (paralysiert) wird.

Strychninum D200 Lindert Muskelzuckungen und Veitstanz.

Krankheiten der Welpen

Abgesehen von Geburtsfehlern und chirurgischen Eingriffen, die hier nicht behandelt werden, lohnt es sich, die folgenden Erkrankungen genauer unter die Lupe zu nehmen.

Ernährungsbedingte Anämie

Diese Erkrankung kann bei Welpen auftreten, die etwa zwei Wochen alt sind. Die Schleimhäute sind blaß, und das Tier wird immer schwächer. Hier können Arzneimittel wie *Trinitrotoluol* D30, *Ferrum jodatum* D6 und *China* D30 helfen. Wer *Trinitrotoluol* in den letzten beiden Wochen der Trächtigkeit verabreicht, kann eventuell einer Anämie bei den Welpen vorbeugen.

Rachitis

Diese Erkrankung ist bei Welpen, die im Winter geworfen werden, nicht ungewöhnlich und viel häufiger als bei Hunden, die im Frühling oder Frühsommer geboren werden. Erkrankte Welpen haben geschwollene Gelenke und lahmen. In fortgeschrittenem Stadium verkrümmen sich die Röhrenknochen der Läufe und des Brustkorbs. Auf alle Fälle brauchen die Welpen Vitamin D, jedoch können sich die folgenden Arzneimittel auch als sehr wertvoll erweisen.

Calcium carbonicum D30 Ist für verweichlichte, dicke Welpen geeignet, insbesondere für Tiere mit breitem Köpfchen (Caput quadratum). Man sollte ihnen zwei Monate lang einmal pro Woche *Calcium carbonicum* verabreichen, da das Mittel den Kalziumstoffwechsel unterstützt.

Calcium phosphoricum D30 Wirkt genauso wie *Calcium carbonicum*, eignet sich aber besser für schwächere Welpen.

Knochenzellvermehrung (Hypertrophe Osteodystrophie)

Diese Erkrankung tritt bei älteren Welpen bis zum Zeitpunkt der Entwöhnung und auch später noch auf. Charakteristisch sind Schwellungen an den Enden der Röhrenknochen, die sehr schmerzhaft sind. Aus diesem Grunde wollen sich die kranken Hündchen überhaupt nicht von der Stelle rühren und nicht einmal eine noch so kurze Strecke laufen. Das Allgemeinbefinden wird durch eine erhöhte Temperatur beeinträchtig. Wenn die Haut ebenfalls befallen ist, können skorbutähnliche Symptome auftreten. Glücklicherweise gibt es mehrere wirksame homöopathische Arzneimittel, da die konventionelle Medizin hier nur wenig helfen kann.

Calcium fluoricum (syn. Calcium fluoratum) D30 Dieses gute allgemeine Mittel gegen Knochenerkrankungen reduziert Schwellungen der Knochenhaut und der Gelenke, sollte jedoch nicht zu häufig angewendet werden.

Hekla lava D1 Zielt gleichfalls mit seiner Wirkung auf die Knochen, vor allem auf Knochenverdickungen und »Überbeine« (Exostosen) am Oberkiefer.

Ruta graveolens D6 Wirkt hervorragend gegen Knochenhautentzündung in der Anfangsphase, indem das Mittel rasch den Schmerz stillt und einer weiteren Verschlechterung entgegenwirkt.

Angustura vera D30 Hilft gegen steife Gelenke, aber auch bei schweren Gliedern, die fast gelähmt erscheinen. Einige Knochen können bereits Anzeichen von Nekrosen und Knochenfraß aufweisen.

Calcium phosphoricum D30 Hält die Skelettmuskulatur des heranwachsenden Tieres gesund.

Staupe

Diese Krankheit kann durch die Mutter übertragen werden, wenn die Welpen bereits im Uterus eine schwache Konstitution besaßen. Die jungen Hunde werden dann nach der Geburt irgendwann an Staupe erkranken. Die klassischen Symptome der Staupe sind bei Welpen und älteren Hunden gleich, weshalb man die Behandlung auch nach denselben Richtlinien durchführen sollte (siehe Abschnitt über Staupe im Kapitel »Viruserkrankungen«). Wenn die trächtige Hündin die *Staupe*-Nosode D30 erhält, ist es viel unwahrscheinlicher, daß die Krankheit auf die ungeborenen Welpen übertragen wird.

Hepatitis

Diese Krankheit kann bei jungen Welpen manchmal symptomfrei auftreten. Ein Verdacht auf Hepatitis besteht, wenn sich der Allgemeinzustand der ansonsten gesunden Welpen plötzlich verschlechtert, und die Tiere bis zu 18 Stunden lang ununterbrochen jaulen. Sie können die *Hepatitis*-Nosode mit Arzneimitteln wie *Phosphorus* D30 und *Lycopodium* D30 kombinieren, die beide einen heilenden Einfluß auf die Leber ausüben. Eine begleitende Gelbsucht kann mit *Chelidonium* D30 oder *Crotalus horridus* D30 erfolgreich bekämpft werden.

Blutvergiftung der neugeborenen Welpen

Die Symptome dieser Erkrankung, die durch Streptokokken ausgelöst wird, sind so ähnlich wie bei infektiösen »Kinderkrankheiten«: akute Verschlechterung des Allgemeinzustands bei Tieren, die sonst immer gesund waren. Diese Welpen sterben dann meist rasch. Die Tiere haben starke Leibschmerzen, und der Bauch ist oft hart und gespannt. Prophylaktisch kann die Hündin mit *Streptococcinum* D30 behandelt werden; am geeignetsten ist in diesem Fall eine Nosode aus mehreren Erregern. Eine Blutvergiftung kann bei Neugeborenen weiterhin durch *Pseudomonas*-Arten und verschiedene *Escherichia coli*-Stämme ausgelöst werden. In diesen Fällen kann vorbeugend eine Nosode aus dem jeweiligen Erreger gegeben werden. Zur Behandlung leichter Blutvergiftungen können *Echinacea* als Tiefpotenz und *Pyrogenium* als Hochpotenz verabreicht werden.

Hautpusteln

Am Kopf bildet sich ein pickel- oder pustelförmiger Ausschlag, der sich auch auf Augen und Lippen ausdehnen kann. Infolge von Sekundärinfektionen schwellen die benachbarten Lymphknoten unter Eiterbildung an. Hilfreiche Arzneimittel sind u. a. *Hepar sulfuris* D30, das die Vereiterung bekämpft und eine Ausbreitung der Infektion verhindert, *Antimonium crudum* D6, das gegen die Knötchen hilft, sowie *Variolinum* (Pocken-Nosode), das bei frühzeitiger Gabe verhindert, daß die Pickel sich zu Pusteln und Schorf entwickeln. *Rhus toxicodendron* D6 hilft, wenn die Erkrankungen von einem Erythem (entzündliche Rötung) und starkem Juckreiz begleitet werden. Auch wenn man zwischendurch *Staphylococcinum* D30 gibt, wird die Wirkung der übrigen Arzneimittel unterstützt.

Literaturverzeichnis

Da besonders die Materia medica in dem vorliegenden Buch nicht vollständig sein können, sollen ein paar Standardwerke der Homöopathie genannt werden, in denen der interessierte Leser weitere Fakten nachschlagen kann. Weiterhin werden einige Bücher aufgezählt, die sich ebenfalls mit dem Thema »Homöopathische Behandlung von Haustieren« beschäftigen. Es sei darauf hingewiesen, daß es sich hier nur um eine beschränkte Literaturauswahl handelt.

Braun, Arthur: *Methodik der Homöopathie*. 3. Auflage, Johannes Sonntag, Regensburg (1985)

Braun, Hans/Frohne, Dietrich: *Heilpflanzenlexikon für Ärzte und Apotheker*. 5. Auflage, Gustav Fischer, Stuttgart (1987)

Dorcsi, Mathias: *Homöopathie. Band 5 – Arzneimittellehre*. 3., verbesserte Auflage, Haug, Heidelberg (1991)

Illing, Kurt-Hermann: *Homöopathische Taschenbücher*. Haug, Heidelberg (1984–1988) – 4 Bände

Julian, Othon-André: *Materia medica der Nosoden*. 7. Auflage, Haug, Heidelberg (1991)

Köhler, Gerhard: *Lehrbuch der Homöopathie*. 5. Auflage, Hippokrates, Stuttgart (1988) – 2 Bände

Mandl, Elisabeth. *Arzneipflanzen in der Homöopathie*. Wilhelm Maudrich, Wien (1985)

Rakow, Barbara/Rakow, Michael: *Bewährte Indikationen der Homöopathie in der Veterinärmedizin*. Johannes Sonntag, Regensburg (1988)

Rakow, Barbara: *Der homöopathische Hundedoktor*. Franck-Kosmos, Stuttgart (1986)

Voisin, Henri: *Materia medica des homöopathischen Praktikers*. 2. Auflage, Haug, Heidelberg (1985)

Wiesenauer, Markus: *Homöopathie*. 2. Auflage, Hippokrates, Stuttgart (1983)

Wiesenauer, Markus: *Homöopathische Heilmittel*. 2. Auflage, Hippokrates, Stuttgart (1984)

Wolff, Hans Günther: *Unsere Hunde gesund durch Homöopathie*. 4. Auflage, Johannes Sonntag, Regensburg (1984)

Wolter, Hans: *Klinische Homöopathie in der Veterinärmedizin*. 4. Auflage, Haug, Heidelberg (1988)

Register

217